Schulz · Nachbarrecht

Wolfram R. Schulz

Nachbarrecht
in Wort und Bild
erläutert für
Hessen

Bauverlag GmbH · Wiesbaden und Berlin

CIP-Titelaufnahme der Deutschen Bibliothek

Schulz, Wolfram R.:
Nachbarrecht : in Wort u. Bild ; erl. für Hessen / Wolfram R.
Schulz. - Wiesbaden ; Berlin : Bauverl., 1988
ISBN 3-7625-2638-9

© 1988 Bauverlag GmbH, Wiesbaden und Berlin

Druck: Druck- und Verlagshaus Chmielorz GmbH, 6200 Wiesbaden-Nordenstadt

ISBN 3-7625-2638-9

Inhalt

Abkürzungsverzeichnis 7
Vorwort 11

I Das zivile Nachbarrecht 13
  1 Einleitung 13
  2 Grenzstreitigkeiten 17
    2.1 Grenzabmarkung 18
    2.2 Grenzverwirrung 21
    2.3 Mitwirkung des Ortsgerichts bei Festsetzung
       und Erhaltung von Grundstücksgrenzen 21
  3 Grenzeinrichtungen 22
    3.1 Errichtung und Unterhaltung der Einfriedung 23
    3.2 Nachbar- und Grenzwand 28
    3.2.1 Nachbarwand 30
    3.2.1.1 Die Beschaffenheit der Nachbarwand 33
    3.2.1.2 Anbau an die Nachbarwand 33
    3.2.1.3 Nichtbenutzung der Nachbarwand 34
    3.2.1.4 Beseitigung der Nachbarwand 34
    3.2.1.5 Erhöhen der Nachbarwand 36
    3.2.1.6 Verstärken der Nachbarwand 37
    3.2.2 Grenzwand 37
    3.2.3 Winkel und Gassen 40
    3.3 Überbau 41
  4 Notwegerecht 45
  5 Grundstücksabsenkung und Vertiefung; Aufschüttung 49
  6 Gefahrdrohende Anlagen – Gebäudeeinsturz 50
  7 Fenster- und Lichtrecht 52
  8 Dachtraufe 56
  9 Hammerschlags- und Leiterrecht 59
 10 Höherführen von Schornsteinen 63
 11 Duldung von Leitungen 64
 12 Veränderung des Grundwasserspiegels 69
 13 Wild abfließendes Wasser 71
 14 Anpflanzungen im Nachbarrecht 72
    14.1 Grenzbaum 74
    14.2 Früchte vom Nachbarbaum 75
    14.3 Überhang von Wurzeln und Ästen –
       die Beseitigung des Baumes 76

14.2.1 Die Bedeutung von Baumschutzregelungen
   für nachbarliche Beziehungen 78
14.4 Laub von Nachbargrundstücken 79
14.5 Grenzabstände für Anpflanzungen 82

II Lästige nachbarliche Einwirkungen (Immissionen) und ihre Abwehr 91
 15 Einleitung 91
  15.1 Zum Rechtsweg 94
  15.2 Die Eigentumsbeschränkung durch § 906 BGB 94
 16 Einzelfälle 95
  16.1 Gase, Dämpfe und Gerüche 96
  16.2 Rauch, Ruß und Staub 98
  16.3 Geräusche 99
  16.3.1 Enteignungsentschädigung bei Straßenlärm –
   Schutzauflagen gegen Verkehrslärm bei Straßenneubau – 99
  16.3.1.1 Enteignungsentschädigung bei Straßenlärm 99
  16.3.1.2 Rechtsprechung zur straßenbaurechtlichen Seite 101
  16.3.2 Parkplätze, Bushaltestellen, Halten mit
   laufenden Motoren 104
  16.3.3 Fluglärm 106
  16.3.4 Musikausübung 107
  16.3.5 Volksfeste 109
  16.3.6 Sportanlagen 114
  16.3.7 Kinderspielplätze 116
  16.3.8 Gaststätten – Diskotheken – Jugendheime 118
  16.3.9 Tiere 121
  16.3.10 Verschiedenes 125
  16.4 Erschütterungen 126
  16.5 Ähnliche Einwirkungen 127
 17 An wen kann man sich wenden um Rechtsrat einzuholen? 129

Anhang
Bürgerliches Gesetzbuch
vom 18. August 1896 mit späteren Änderungen – Auszug – 132
Hessisches Nachbarrechtsgesetz
vom 24. September 1962 (GVBl. S. 417) 147
Hessische Bauordnung (HBO)
vom 31. August 1976 mit späteren Änderungen – Auszug – 162

Anmerkungen 178
Stichwortverzeichnis 189

Abkürzungsverzeichnis

AbmarkungsG	Abmarkungsgesetz vom 3.7.1956 – GVBl. 1956, S. 124 zuletzt geändert durch Gesetz vom 14.7.1977 – GVBl. I S. 319
a.F.	alte Fassung
AG	Amtsgericht
AtomG	Gesetz über die friedliche Verwendung der Kernenergie und den Schutz gegen ihre Gefahren in der Fassung der Bekanntmachung vom 15.7.1985 – BGBl. I S. 1565, geändert durch Gesetz vom 18.12. 1986 – BGBl. I S. 265
AZ	Aktenzeichen
BauGB	Baugesetzbuch vom 8.12.1986 – BGBl. I S. 2191 in der Fassung der Bekanntmachung vom 8.12.1986 – BGBl. I S. 2253
BGH	Bundesgerichtshof
BGB	Bürgerliches Gesetzbuch vom 18.8.1896 – RGBl. S. 195
BGBl.	Bundesgesetzblatt
BImSchG	Bundes-Immissionsschutzgesetz vom 15.3.1974 – BGBl. I S. 721
BauR	Baurecht, Zeitschrift für das gesamte öffentliche und zivile Baurecht nach Jahrgang und Seite
BlGBW	Blätter für Grundstücks-, Bau- und Wohnungsrecht nach Jahrgang und Seite
BRS	Baurechtssammlung, begründet von Thiel, weitergeführt von Gelzer
BVerwG	Bundesverwaltungsgericht
db (A)	Dezi-Bel, gemessen nach der A-Bewertung
DB	Der Betrieb, Zeitschrift nach Jahrgang und Seite
DNotZ	Deutsche Notar-Zeitschrift nach Jahrgang und Seite
DÖV	Die öffentliche Verwaltung, nach Jahrgang und Seite
DVBl	Deutsches Verwaltungsblatt, nach Jahrgang und Seite
DWW	Deutsche Wohnungswirtschaft, nach Jahrgang und Seite
EGBGB	Einführungsgesetz zum Bürgerlichen Gesetzbuch
ForstG	Hessisches Forstgesetz in der Fassung vom 4.7.1978 – GVBl. I S. 423, geändert durch Gesetz vom 28.6. 1983 – GVBl. I S. 103

Abkürzungsverzeichnis

FStrG	Bundesfernstraßengesetz in der Fassung vom 1.10. 1974 − BGBl. I S. 2413, ber.S. 2908, zuletzt geändert durch Gesetz vom 19.12.1986 − BGBl. I S. 2669
GaststättenG	Gaststättengesetz vom 5.5.1970 − BGBl. I S. 465, ber.S. 1298, zuletzt geändert durch Gesetz vom 16.12.1986 − BGBl. I S. 2441
GBO	Grundbuchordnung vom 24.3.1897 − RGBl. S. 139, in der Fassung der Bekanntmachung vom 5.8.1935 − RGBl. I S. 1073
GG	Grundgesetz vom 23.5.1949 − BGBl. I S. 1
GewO	Gewerbeordnung, in der Fassung der Bekanntmachung vom 1.1.1987 − BGBl. I S. 425
GVBl.	Gesetz- und Verordnungsblatt für das Land Hessen nach Jahrgang und Seite
GVG	Gerichtsverfassungsgesetz in der Fassung vom 9.5. 1975 − BGBl. I S. 1077
HBO	Hessische Bauordnung in der Fassung vom 16.12. 1977, GVBl. I S. 1, zuletzt geändert durch Gesetz vom 24.3.1986 − GVBl. I S. 102
HessStraßenG	Hessisches Straßengesetz vom 9.10.1962 − GVBl. S. 437
HessVGRspr	Beilage Hessischer Staatsanzeiger − Hessische Verwaltungsgerichtsrechtsprechung nach Jahrgang und Seite
HSGZ	Hessische Städte- und Gemeindezeitung nach Jahrgang und Seite
i.V.m.	In Verbindung mit
KatasterG	Katastergesetz vom 3.7.1956 − GVBl. S. 121, zuletzt geändert durch Gesetz vom 14.7.1977 − GVBl. I S. 319
LärmbekämpfungsVO	Polizeiverordnung über die Bekämpfung des Lärms in der Fassung vom 8.12.1970 − GVBl. 1970 I S. 745, zuletzt geändert durch Gesetz vom 4.9.1974 − GVBl. 1974 I S. 361
LG	Landgericht
LuftverkehrsG	Luftverkehrsgesetz in der Fassung der Bekanntmachung vom 14.1.1981 − BGBl. I S. 61
MDR	Monatszeitschrift für Deutsches Recht nach Jahrgang und Seite
NJW	Neue Juristische Wochenzeitschrift nach Jahrgang und Seite
NJW-RR	Rechtsprechungsreport −− Zivilrecht nach Jahrgang und Seite

NRG	Hessisches Nachbarrechtsgesetz vom 24.9.1962 – GVBl. S. 417
NVwZ	Neue Zeitung für Verwaltungsrecht nach Jahrgang und Seite
OLG	Oberlandesgericht
OLGZ	Entscheidungen der Oberlandesgerichte in Zivilsachen (seit 1965)
OVG	Oberverwaltungsgericht
RGBl	Reichsgesetzblatt
SperrzeitVO	Verordnung über die Sperrzeit vom 19.4.1971 – GVBl. I S. 96
StVO	Straßenverkehrs-Ordnung vom 16.11.1970 – BGBl. I S. 1565, ber. 1971, S. 38
TA-Luft	Technische Anleitung zur Reinhaltung der Luft vom 4.4.1986 – GMBl. S. 95 ber. S. 202 Verwaltungsvorschrift nach § 48 BImSchG
TA-Lärm	Technische Anleitung zum Schutz gegen Lärm vom 16.7.1968 – Beilage Bundesanzeiger 1968 Nr. 137 Verwaltungsvorschrift nach § 16 GewO
VDI	Verband Deutscher Ingenieure, Richtlinien
VG	Verwaltungsgericht
VO	Verordnung
VGH	Verwaltungsgerichtshof
WEG	Gesetz über das Wohnungseigentum und das Dauerwohnrecht (Wohnungseigentumsgesetz) vom 15.3.1951 – BGBl. I S. 175, Ber. S. 209
VwGO	Verwaltungsgerichtsordnung vom 21.1.1960 – BGBl. I S. 17, zuletzt geändert durch Gesetz vom 8.12.1986 – BGBl. I S. 2191
WM	Wohnungswirtschaft und Mietrecht nach Jahrgang und Seite
ZMR	Zeitschrift für Miet- und Raumrecht nach Jahrgang und Seite
ZPO	Zivilprozeßordnung vom 30.1.1877 – RGBl. S. 87 in der Fassung vom 12.9.1950 – BGBl. S. 533, zuletzt geändert durch Gesetz vom 9.12.1986 – BGBl. I S. 2326

Vorwort

"Es kann der Frömmste nicht in Frieden bleiben, wenn es dem bösen Nachbarn nicht gefällt."
Aus "Wilhelm Tell" (Friedrich Schiller 1804), Gespräch Tells mit dem Flurschützen

Wie sollte es bei einem Büchlein mit dem Gegenstand "Nachbarrecht in Wort und Bild" anders sein? Ziel und Aufgabe bestehen darin, den "Betroffenen", und zwar in erster Linie den juristischen Laien Hilfestellung für den tagtäglichen Umgang als Nachbar mit Nachbarn zu leisten: Im weitestgefaßten Sinne sind dies die Eigentümer und dinglich Berechtigten von Grundstücken jedweder Nutzungsart, aber auch sonstige Nutzungsberechtigte wie Mieter und Pächter. Schwerpunkt der nachstehenden Ausführungen ist das **zivile Nachbarrecht**, nicht aber das **öffentliche Baunachbarrecht**, in dem der Schutz des Nachbarn z.b. im Baugenehmigungsverfahren eine zunehmende Bedeutung erfahren hat. Gleichwohl werden auch die öffentlich-rechtlichen Bezüge des Nachbarrechts in der gebotenen Weise berücksichtigt. Die von der Bauaufsichtsbehörde erteilte Baugenehmigung besagt nur, daß das Vorhaben in Einklang mit öffentlich-rechtlichen Vorschriften steht. Will der Bauherr keine Risiken eingehen, wird er genau zu prüfen haben, ob seinem Vorhaben nicht auch etwa (zivil-) nachbarrechtliche Bestimmungen entgegenstehen.

Das "Nachbarrecht" ist in besonderem Maße von dem unserer Rechtsordnung innewohnenden Grundsatz von Treu und Glauben geprägt: Nachbarn sind einander verpflichtet, unter Berücksichtigung ihrer eigenen Rechtsposition auf die Belange des jeweils anderen Rücksicht zu nehmen. Dieses Rücksichtnahmegebot spielt gerade in unseren dicht besiedelten Bereichen, von der historischen Altstadt bis zur modernen Trabantenstadt, im dörflichen Bereich, aber auch in Gebieten, in denen Nutzungsarten verschiedenster Weise aufeinanderstoßen, eine herausragende Rolle. Nicht nur durch die Errichtung, Änderung oder den Abriß einer baulichen Anlage, sondern auch durch ihre Benutzung können nachbarrechtlich relevante Bestimmungen zur Entscheidung und Lösung nachbarlicher Konfliktsituationen berufen sein. Das gleiche gilt für die Bodennutzung, sei es der häusliche Garten, der Erwerbsgarten oder die land- oder forstwirtschaftlich genutzten Flächen, insbesondere wo Anpflanzungen jedweder Art angesprochen sind. Die Grenze und ihre Einfriedung können Gegenstand nachbarlicher Auseinandersetzungen sein, ebenso auch Aufschüttungen und Vertiefungen. Das Nachbarrecht hat ebenfalls die Abwehr von Immissionen zum Gegenstand.
Ohne Frage: Zur Durchsetzung von Ansprüchen führt im Falle der Uneinsichtigkeit des gegnerischen Nachbarn nur — von wenigen Ausnahmen der berech-

tigten Selbsthilfe abgesehen — der Weg über die Gerichte zum Ziel. Die gerichtliche Auseinandersetzung zwischen Nachbarn bringt jedoch in fast allen Fällen eine derartige Verhärtung der vormals unter Umständen gut nachbarlichen Beziehungen mit sich, daß auch in Zukunft mit "harten Bandagen" unter Inkaufnahme oft erheblicher Kosten gekämpft wird. Rechtsbewußtsein setzt Rechtskenntnis voraus, und so möchte das vorgelegte Werk dazu verhelfen, Rechtskenntnisse im Bereich des zivilen Nachbarrechtes in Hessen für Jedermann verständlich zu verschaffen, um so den "streitenden" Nachbarn zu einem verständigen Ausgleich ihrer oftmals widerstreitenden Interessen zu verhelfen. Wenn "Nachbarrecht in Wort und Bild" nicht nur bei den betroffenen Laien Anklang finden sollte, sondern auch bei jenen Personen, die durch ihre Berufsausübung mit nachbarrechtlichen Fragen zu tun haben, Verwalter von Liegenschaften, haupt- und ehrenamtliche Magistratsmitglieder, Ortschöffen und Angehörige rechtsberatender Berufe, so würden sich hierüber Autor und Verlag freuen.

I Das zivile Nachbarrecht

1 Einleitung

Der Komplex des zivilen Nachbarrechts umfaßt als Ausschnitt der Privatrechtsordnung sämtliche rechtlichen Beziehungen zwischen Eigentümern und Besitzern einander benachbarter Grundstücke. Die Rechtsquellen des Nachbarrechts in Hessen finden sich nicht nur in den Bestimmungen des Bürgerlichen Gesetzbuches vom 18.8.1986 [1], sondern infolge eines Vorbehaltes im Einführungsgesetz zum Bürgerlichen Gesetzbuch heutzutage in den Bestimmungen des Hessischen Nachbarrechtsgesetzes vom 24.9.1962 [2]. Artikel 3 des Einführungsgesetzes zum Bürgerlichen Gesetzbuche vom 18.8.1896 [3] (im folgenden — EGBGB) enthält in Artikel 3 einen Vorbehalt der Landesgesetzgebung: "Soweit in dem Bürgerlichen Gesetzbuch oder in diesem Gesetze die Regelung den Landesgesetzen vorbehalten oder bestimmt ist, daß landesgesetzliche Vorschriften unberührt bleiben oder erlassen werden können, bleiben die bestehenden landesgesetzlichen Vorschriften in Kraft und können neue landesgesetzliche Vorschriften erlassen werden". Mit Inkrafttreten des Bürgerlichen Gesetzbuches am 1.1.1900 traten die privatrechtlichen Vorschriften der Landesgesetze außer Kraft, allerdings mit der Maßgabe des Artikel 55 EGBGB, "soweit nicht in dem Bürgerlichen Gesetzbuch oder in diesem Gesetz ein anderes bestimmt ist". Nach Artikel 124 EGBGB bleiben die landesgesetzlichen Vorschriften unberührt, welche das Eigentum an Grundstücken zu Gunsten der Nachbarn noch anderen als den im Bürgerlichen Gesetzbuch bestimmten Beschränkungen unterwerfen. Dies gilt insbesondere auch von den Vorschriften, nach denen Anlagen sowie Bäume und Sträucher nur in einem bestimmten Abstand von der Grenze gehalten werden dürfen. Mit Inkrafttreten des Hessischen Nachbarrechtsgesetzes (in folgendem NRG) am 1.11.1962 (§ 49 NRG) hat das bislang geltende Partikularrecht seine Geltung verloren. Insgesamt 17 verschiedene Gesetze wurden aufgehoben, von der Frankfurter Reformation vom 10.9.1611 über die Kurhessische Greben-Verordnung vom 6.11.1739, das Allgemeine Landesrecht für die Preußischen Staaten vom 5.2.1794 bis zur Nassau-Catzenelnbogischen Land-Ordnung vom 1.5.1711 sowie eine Fülle weiterer partikularrechtlicher Vorschriften, denen heute nur noch rechtshistorisches Interesse gilt.

Die den Nachbarn wechselseitig zustehenden Ansprüche, die entweder auf ein Tätigwerden oder ein Unterlassen gerichtet sind, müssen vor den ordentlichen Gerichten geltend gemacht werden. Aber nicht nur das Zivilrecht, sondern auch das öffentliche Recht enthält Vorschriften, die von nachbarrechtlicher Bedeutung sind. Das öffentliche Baurecht hat den Bauwilligen mit Ge- und Verboten zum Adressaten. Es gewährt dem Nachbarn eines Bauherrn in gewissem Umfang im Rahmen des Baugenehmigungsverfahrens Anhörungs- und Beteilungsmöglichkeiten bis zur Klage, die jetzt allerdings von den Verwaltungsgerichten erhoben werden muß, wenn z.b. die Bauaufsichtsbehörde dem Bauherrn eine Befreiung oder Ausnahme von Vorschriften gewährt hat, die auch dem Schutz des Nachbarn dienen. Zur Begründung einer Nachbarklage reicht jedoch die Verletzung einer allgemeinen Rechtsvorschrift nicht aus. Ein nachbarrechtliches Abwehrrecht ist vielmehr nur dann gegeben, wenn die Nutzung einer baulichen Anlage gegen zwingende Vorschriften des öffentlichen Baurechtes verstößt, die auch dem Schutz des Nachbarn zu dienen bestimmt sind, eine tatsächliche Beeinträchtigung des Nachbarn hinsichtlich der durch diese Vorschriften geschützten nachbarlichen Belange eintritt oder durch die Nutzung die vorgegebene Grundstückssituation nachhaltig geändert und dadurch der Nachbar schwer und unerträglich getroffen wird. Anspruchsinhaber ist der sich betroffen fühlende Nachbar, Anspruchsgegner die Bauaufsichtsbehörde, nicht aber der Bauherr des Nachbarn. Die Baugenehmigung ergeht unbeschadet der Rechte Dritter (§ 96 Abs. 6 HBO).

Die Baugenehmigungsbehörde prüft nicht, ob der Verwirklichung des Bauvorhabens zivil-nachbarrechtliche Vorschriften entgegenstehen. Unsere Rechtsordnung überläßt es den Nachbarn in autonomer Weise, im Wege einer Nachbarrechtsvereinbarung strittige Fragen des Baugeschehens zu regeln. Kommt eine Einigung nicht zustande, muß der betroffene Nachbar eine Entscheidung der ordentlichen Gerichtsbarkeit herbeiführen, um auf diese Weise den Bauherrn an der Verwirklichung seiner Bauabsichten zu hindern oder eine eingetretene Beeinträchtigung zu beseitigen.

Adressat der wechselseitig aus den §§ 903−924 fBGB folgenden Ansprüchen sind die jeweiligen Grundstückseigentümer. Auch das NRG wendet sich zum einen Teil an die Eigentümer eines Grundstückes (§ 1−19), zum anderen aber auch an dessen Nutzungsberechtigten (§§ 20−44 NRG). Anknüpfungspunkt ist insoweit § 100 BGB, wonach Nutzungen die Früchte einer Sache oder eines Rechtes sowie jene Vorteile sind, welche der Gebrauch der Sache oder des Rechtes gewährt. Nutzungsberechtigte sind also solche, die ein dingliches Nutzungsrecht besitzen, wie z.B. der Nießbrauchinhaber gemäß den §§ 1030 f BGB, aber auch all jene, die ein schuldrechtliches Nutzungsrecht vom Eigentümer eingeräumt bekommen haben, vor allem Mieter und Pächter.

Der Sprachgebrauch des täglichen Lebens unterscheidet nicht zwischen Eigentum und Besitz. Anders jedoch das Recht, das eine scharfe Trennung dieser beiden Begriffe vornimmt. Eigentum ist das dingliche Vollrecht und gewährt dem Inhaber ein umfassendes Herrschaftsrecht über die Sache. Gemäß § 903 BGB kann der Eigentümer einer Sache, soweit nicht das Gesetz oder Rechte Dritter entgegenstehen, mit der Sache nach Belieben verfahren und andere von jeder Einwirkung ausschließen. Dieses Recht des Eigentümers ist jedoch in vielfältiger Weise, wie die weiteren Ausführungen zeigen werden, im Hinblick auf die Interessen der Allgemeinheit und der jeweiligen Nachbarn begrenzt. Demgegenüber verstehen wir im Rechtssinn unter Besitz nur die tatsächliche, von einer rechtlichen Zuordnung unabhängige tatsächliche Gewalt über die Sache (§ 854 BGB). An Eigentum unterscheiden wir im wesentlichen das Alleineigentum auf der einen Seite vom Gesamteigentum und Miteigentum nach Bruchteilen auf der anderen Seite. Der Unterschied zwischen Gesamteigentum und Miteigentum besteht darin, daß bei ersterem die Sache einem Vermögen zugehörig ist, das mehreren zur gesamten Hand zusteht. Die Nutzungs- und Verwertungsbefugnis steht demzufolge nur allen Gesamthändern oder in ihrer Vertretung einem von ihnen zu. Bei Miteigentum steht jedem Miteigentümer ein bestimmter, fester Anteil an der Sache zu. Miteigentumsanteil ist Eigentum, und jeder Miteigentümer kann hierüber wie über Alleineigentum frei verfügen. Eine besondere Form des Miteigentums nach Bruchteilen eines Grundstückes ist das Wohnungseigentum [4]. Wohnungseigentum (§ 1 Abs. 2 WEG) ist das Sondereigentum an einer Wohnung in Verbindung mit dem Miteigentumsanteil an dem gemeinschaftlichen Eigentum, zu dem es gehört. Teileigentum (§ 1 Abs. 3 WEG) ist das Sondereigentum an nicht zu Wohnzwecken dienenden Räumen eines Gebäudes in Verbindung mit dem Miteigentumsanteil an dem gemeinschaftlichen Eigentum, zu dem es gehört.

Ein Hauptfall der eigentumsähnlichen Rechte stellt als grundstücksgleiches Recht das sogenannte Erbbaurecht [5] dar.

Wir haben weiter oben festgestellt, daß im Gegensatz zum Eigentum Besitz nur die tatsächliche Gewalt über die Sache darstellt. Wir unterscheiden hier nach den §§ 854 ff den unmittelbaren vom mittelbaren Besitz.

Besitzt jemand eine Sache als Nießbrauchinhaber, Pächter oder Mieter, so ist der betreffende mittelbarer Besitzer: Er besitzt auf Grund eines Rechtsverhältnisses (§ 868 BGB), "vermöge dessen er einem anderen gegenüber auf Zeit zum Besitze berechtigt oder verpflichtet ist". Auch dem Besitz räumt unsere Rechtsordnung eine bedeutende Rechtsstellung ein, was daraus ersehen werden kann, daß der Besitzer sich z B. gemäß § 859 BGB verbotener Eigenmacht mit Gewalt erwehren darf.

Kehren wir zum Eigentum zurück. Das Recht des Eigentümers eines Grundstückes erstreckt sich auf den Raum über der Oberfläche und auf den Erdkörper unter der Fläche (§ 905 Satz 1 BGB). Einwirkungen, die in solcher Höhe oder Tiefe vorgenommen werden, daß der Eigentümer an deren Ausschließung kein Interesse hat, kann er nicht verbieten (§ 905 Satz 2 BGB). Einwirkungen in diesen geschützen Bereich hinein kann der Eigentümer gemäß § 1004 BGB verbieten, es sei denn, daß über § 905 Satz 2 BGB infolge mangelnden Eigeninteresses das Verbietungsrecht ausgeschlossen ist.

Duldungspflichten · Inhaltsbeschränkungen des Eigentums

Beispiel:
Unter dem Grundstück des N. wird in 150 m Tiefe ein Straßentunnel gebaut. Er hat insoweit kein Verbietungsrecht, wenn die absolute Festigkeit des Gesteins durch einen Sachverständigen bestätigt wird.

Eine entsprechende Duldungspflicht kann aber unabhängig aus § 905 Satz 2 BGB aus anderen Vorschriften folgen, z.b. aus den §§ 30 ff NRG, wonach der Eigentümer zu dulden hat, daß der Nachbar auf seine Kosten Versorgungs- und Abwasserleitungen durch sein Grundstück hindurchführt. Zu erwähnen sind ferner die Einschränkungen kraft öffentlichen Rechts. Man denke an die Führung von Telegraphen- und Fernsprechleitungen über private Grundstücke; eine diesbezügliche Duldungspflicht legt dem Grundstückseigentümer § 12 des Telegraphenwegegesetzes vom 18.12.1899 [6] auf.

§ 1 des Luftverkehrsgesetzes [7] vom 14.1.1981 gestattet die Benutzung des Luftraumes durch Luftfahrzeuge. Im Bauschutzbereich von Flughäfen dürfen z.b. Bauwerke im Umkreis von 1,5 km Halbmesser nur mit Zustimmung der Luftfahrtbehörde errichtet werden. Auch in der weiteren Umgebung eines Flughafens ist unter bestimmten in den §§ 12 ff LuftVG genannten Voraussetzungen die Zustimmung der Luftfahrtbehörden erforderlich, wenn Bauwerke gewisse Begrenzungen überschreiten sollen. Auch das Bundesberggesetz [8] vom 13.8.1980 geht von dem Grundsatz aus, das sich das Grundeigentum nicht auf sogenannte bergfreie Bodenschätze erstreckt, also das Recht des Eigentümers hinsichtlich des Erdkörpers unter der Oberfläche.

Von dieser Inhaltsbeschränkung des Eigentums mangels Eigeninteresse unterscheiden wir diejenigen aus überwiegendem Einwirkungsinteresse. Hierzu zählt einmal der Fall des Notstandes, der in § 904 BGB geregelt ist, zum anderen aber auch der sogenannte Überbau (geregelt in den §§ 912 ff BGB) und das Notwegerecht, das seine gesetzliche Regelung in § 917 und § 918 BGB findet. Dieser Fallgruppe ist gemeinsam, daß dem Eigentümer wegen des überwiegenden Interesses des Einwirkenden eine Duldungspflicht auferlegt wird. Als Ausgleich hierfür kann er jedoch den hierdurch entstehenden Schaden ersetzt verlangen. § 904 BGB besagt, daß der Eigentümer z.B. eines Grundstückes nicht berechtigt ist, die Einwirkung eines anderen hierauf zu verbieten, wenn diese zur Abwendung einer gegenwärtigen Gefahr notwendig und der drohende Schaden gegenüber dem aus der Einwirkung dem Eigentümer entstehenden Schaden unverhältnismäßig groß ist. Diese Vorschrift schafft also eine Duldungspflicht des unbeteiligten Eigentümers und gewährt ihm einen Ersatzanspruch hinsichtlich des ihm entstandenen Schadens. Man spricht hier von dem sogenannten Angriffsnotstand im Gegensatz zum Verteidigungsnotstand des § 228 BGB.

Beispiele:

Das Haus des A. brennt; die umliegenden Häuser sind gefährdet, können aber gerettet werden, wenn eines dieser Häuser eingerissen wird, obgleich von diesem keine Gefahr droht (Fall des § 904 BGB).

Der Nachbar reißt eine brennende Holzwand nieder, durch deren Einsturz seine Glasveranda gefährdet ist (Fall des Verteidigungsnotstandes — § 228 BGB).

Wo es um nachbarliche Individualbelange geht, wird das absolute Herrschaftsrecht des Eigentümers und seine Eigentumsfreiheit eingeschränkt aus den nachbarrechtlichen Bestimmungen der §§ 906—923 BGB und des Hessischen Nachbarrechtgesetzes. Wo es um Allgemeinbelange geht, in zunehmendem Maße durch das Umweltschutzrecht, so wird das Eigentum durch zahlreiche öffentlich-rechtliche Vorschriften den gebotenen Einschränkungen unterworfen. Zu denken ist hier in erster Linie an das Bundesimmissionsschutzgesetz [9] vom 21.3.1974, das in § 1 seine Zweckbestimmung dahingehend beschreibt, "Menschen sowie Tiere, Pflanzen und andere Sachen vor schädlichen Umwelteinwirkungen und, soweit es sich um genehmigungsbedürftige Anlagen handelt, auch vor Gefahren, erheblichen Nachteilen und erheblichen Belästigungen, die auf andere Weise herbeigeführt werden, zu schützen und dem Entstehen schädlicher Umwelteinwirkungen vorzubeugen". Dieses Gesetz enthält öffentlich-rechtliche Beschränkungen und Verpflichtungen des Anlageneigentümers, die aber auch privatrechtliche Auswirkungen deswegen haben, weil sie über die §§ 823 Abs. 2, 1004 BGB auch zu Gunsten anderer Eigentümer — der Nachbarn — wirken können. Durch zahlreiche weitere Spezialgesetze soll schädlichen Umwelteinwirkungen entgegengewirkt werden: hierunter fallen z.B. das Wasserhaushaltsgesetz in der Fassung vom 16.10.1976 [10], das Bundesnaturschutzgesetz vom 20.12.1976 [11], das Hessische Naturschutzgesetz vom 19.9.1980 [12], das Abfallbeseitigungsgesetz vom 5.1.1977 [13], eine Reihe von Verordnungen zur Bekämpfung von Schädlingen, über die Beseitigung von pflanzlichen Abfällen außerhalb von Abfallbeseitigungsanlagen uvm.

2 Grenzstreitigkeiten

Häufig bildet die gemeinsame Grenze zwischen Grundstücken Anlaß zu Auseinandersetzungen zwischen Nachbarn. Streitigkeiten können in dieser Hinsicht auftreten, wenn die Grenze eines Grundstückes zwar bekannt und feststehend ist, aber die Grenzzeichen im Laufe der Zeit unkenntlich wurden. Schließlich kann Streit über den Verlauf der Grenze selbst vorliegen.

2.1 Grenzabmarkung

Gemäß § 919 Abs. 1 BGB kann der Eigentümer eines Grundstücks von dem Eigentümer eines Nachbargrundstücks verlangen, daß dieser an der Errichtung fester Grenzzeichen und, wenn ein Grenzzeichen verrückt oder unkenntlich geworden ist, an der Wiederherstellung mitwirkt.

Dieser auf Mitwirkung bei der Grenzabmarkung gerichtete Anspruch ist rein dinglicher Natur und setzt zwei unmittelbar aneinander anstoßende Grundstücke voraus. Dies ist dann nicht der Fall, wenn zwei Grundstücke durch ein drittes oder einen Gewässerlauf getrennt sind. Voraussetzung ist weiter, daß der Verlauf der Grenze als solcher unstreitig ist. Der Anspruch auf § 919 Abs. 1 BGB ist erfüllt, wenn entweder Grenzzeichen überhaupt fehlen, z.B. durch Naturereignisse verrückt geworden sind, oder im Laufe der Zeit unkenntlich wurden. Aktiv- und passivlegitimiert zur Geltendmachung des Grenzabmarkungsanspruches sind lediglich die Eigentümer der einander angrenzenden Grundstücke, nicht aber die an den Grundstücken dinglich Berechtigten, wie z.B. Nießbrauchinhaber, Dienstbarkeitsberechtigte, aber auch obligatorisch Berechtigte wie Mieter usw.

Der Anspruch ist auf die Mitwirkung des Nachbarn zur Abmarkung gerichtet. Im Falle der Weigerung eines Nachbarn kann der andere ihn im Klagewege zur Mitwirkung zwingen. Der Klageantrag kann entweder darauf gerichtet werden, den Nachbarn zu verurteilen, bei einer Abmarkung mitzuwirken oder darin einzuwilligen, daß der zuständige Katasterbeamte die Abmarkung der Grundstücke auf gemeinschaftliche Kosten vornimmt. Im erstgenannten Falle handelt es sich um eine nach § 887 ZPO vollstreckbare, da vertretbare Handlung. Hiervon spricht man, wenn die Vornahme der Handlung durch einen Dritten erfolgen kann. Im zweiten genannten Fall gilt die Einwilligung gemäß § 894 Abs. 1 Satz 1 ZPO als abgegeben, sobald das Urteil Rechtskraft erlangt hat.

Die Art der Abmarkung und das Verfahren bestimmen sich gemäß § 919 Abs. 2 BGB nach den Landesgesetzen, in Hessen nach dem Abmarkungsgesetz vom 3.7.1956 [14]. § 1 Abs. 1 des Abmarkungsgesetzes verpflichtet die Grundstückseigentümer, die Grenzen ihrer Grundstücke dauerhaft abmarken zu lassen, soweit die Grenzen nicht bereits durch Grenzsteine, Gebäude oder Mauerecken oder in anderer Weise hinreichend erkennbar festgelegt sind. Ungeeignete Grenzmale sind durch neue zu ersetzen, entbehrliche zu entfernen. Hierbei handelt es sich jedoch um die öffentlich-rechtliche Abmarkungspflicht, von der die zivilrechtliche Mitwirkungspflicht zur Vornahme der Grenzabmarkung nach § 919 Abs. 1 BGB zu unterscheiden ist.

Das Abmarkungsgesetz enthält aber die hier interessierenden Bestimmungen über die Art der Abmarkung und das Verfahren. Zur Ermöglichung der Abmarkung ist der Eigentümer eines Grundstückes und von Bauwerken nach § 2

Abs. 1 des Abmarkungsgesetzes insoweit zur Duldung verpflichtet, als diese für die Abmarkung von Dreiecks-, Polygon- und Höhenfestpunkten sowie von sonstigen Vermessungspunkten in Anspruch genommen werden. Für Schäden, die durch die Abmarkung entstehen, hat gemäß § 2 Abs. 2 des Abmarkungsgesetzes Ersatz zu leisten, wer die Kosten der Abmarkung trägt.

Grenz- und Vermessungsmarken dürfen gemäß § 5 des Abmarkungsgesetzes nur von den zuständigen Vermessungsstellen gesetzt, aufgerichtet oder entfernt werden. Zuständige Vermessungsstellen sind einmal die Katasterbehörden, ferner die öffentlich bestellten Vermessungsingenieure sowie die Vermessungsdienststellen der Bundes-, Landes- und Kommunalbehörden im Rahmen ihrer Befugnis zur Ausführung von Katastervermessungen. Wer mit den örtlichen Arbeiten zur Durchführung des Abmarkungsgesetzes beauftragt ist, ist gemäß § 17 des Abmarkungsgesetzes berechtigt, Grundstücke zu betreten und die nach seinem Ermessen erforderlichen Arbeiten auf ihnen durchzuführen. Für hierdurch entstehende Flurschäden hat wiederum derjenige Ersatz zu leisten, der die Kosten der Maßnahme trägt.

Über die Art der Abmarkung gibt § 7 des Abmarkungsgesetzes Auskunft. Grundstücksgrenzen sind hiernach in der Regel so abzumarken, daß von einem abgemarkten Punkte zum anderen gesehen werden kann und die gerade Verbindungslinie dieser Punkte mit der Grenze zusammenfällt. Die Abmarkung der Grenzpunkte geschieht regelmäßig in der Weise, daß die abzumarkenden Punkte durch dauerhafte Merkmale (Marken) oberirdisch bezeichnet werden.

Ist die unmittelbare Abmarkung eines Grenzpunktes wegen örtlicher Hindernisse nicht möglich oder nicht zweckmäßig, so ist die Grenzmarke nach der Ortsüblichkeit (z.B. als Rückmarke) zu setzen oder die Abmarkung nachzuholen, sobald die Hindernisse beseitigt sind. Hinzuweisen ist an dieser Stelle noch auf die Vorschrift des § 8 des Abmarkungsgesetzes, der die Eigentümer von Grundstücken und Bauwerken sowie hier auch die anderen Nutzungsberechtigten verpflichtet, die Grenz- und Vermessungsmarken zu schonen und — soweit sie nicht unterirdisch angebracht sind — erkennbar zu halten. Eigentümer sind darüber hinaus auch verpflichtet, verlorengegangene, schadhafte, nicht mehr erkennbare oder aus ihrer Lage gekommene Grenzmarken wiederherstellen zu lassen. Wer im übrigen Arbeiten vornehmen will, die den festen Stand einer Grenz- oder Vermessungsmarke oder ihre Erkennbarkeit gefährden können, hat deren Sicherung oder Versetzung rechtzeitig zu veranlassen.

Das Abmarkungsverfahren ist in den §§ 10—16 des Abmarkungsgesetzes geregelt. Die zuständige Vermessungsstelle lädt die beteiligten Grundstückseigentümer schriftlich zu einem Abmarkungstermin ein, wobei in der Ladung die betroffenen Flurstücke angegeben werden müssen. In der Ladung ist darauf hinzuweisen, daß trotzdem abgemarkt werden kann, wenn ein beteiligter und ordnungsgemäß geladener Grundstückseigentümer am Abmarkungstermin nicht teilnimmt. Kosten, welche durch Versäumnis entstehen, können dem zur Last gelegt werden, der sie verschuldet hat. Eine Mitteilung des Abmarkungstermines ist entbehrlich, wenn eine Grenze dauerhaft abgemarkt oder aufgrund einer einwandfreien Katastervermessung eindeutig bestimmbar ist. In diesem Falle genügt die Mitteilung des Abmarkungstermines oder seine öffentliche Bekanntmachung.

Im Abmarkungstermin wird dann von den zuständigen Beamten geprüft, ob die örtlichen Grenzen mit dem rechtmäßigen Bestand der Grundstücke übereinstimmen. Weicht der örtliche Grenzverlauf vom Katasternachweis ab oder ist eine Grenze strittig, so ist mit den Beteiligten zu verhandeln. Ist die Abweichung des örtlichen Grenzverlaufes auf eine willkürliche Grenzveränderung zurückzuführen und oder bleibt die Grenze strittig, kann die katastermäßige Grenze abgemarkt werden, wenn hiergegen nach sachverständigem Ermessen keine Bedenken bestehen. Über die Abmarkung der Grenzpunkte und über die Verhandlung im Abmarkungstermin ist ein Abmarkungsprotokoll aufzunehmen. Wird die abgemarkte Grenze von den beteiligten Grundstückseigentümern anerkannt, so ist dies im Protokoll zu vermerken. Ist die abgemarkte Grenze von den beteiligten Grundstückseigentümern im Abmarkungstermin nicht anerkannt worden, so hat die Vermessungsstelle ihnen einen Abmarkungsbescheid zu erteilen. Streitigkeiten über die öffentlich-rechtliche Abmarkungspflicht, über die Gültigkeit einer Abmarkung oder über die Art der Abmarkung sind auf dem Verwaltungsrechtweg auszufechten. Die von den zuständigen Behörden vorgenommene Abmarkung ist im übrigen ein sogenannter feststellender Verwaltungsakt, der nach Ablauf der einmonatigen Widerspruchsfrist gemäß den §§ 70, 58 Abs. 2 VwGO nicht mehr angefochten werden kann.

In zivilrechtlicher Hinsicht muß man wissen, daß die Abmarkung den Grenzverlauf als solchen nicht ändert und damit auch keine Auskünfte über die Eigentumsverhältnisse und die dinglichen Rechte Dritter gibt. Die Abmarkung ist aber als Beweismittel im Sinne der Vorschrift des § 286 ZPO geeignet. Wenn der Abmarkungsbescheid Bestandskraft erlangt hat, also nicht mehr mit einem Rechtsbehelf angefochten werden kann, kann er nur noch durch Einigung unter den Nachbarn oder durch zivilrechtliches Urteil abgeändert werden.

Bevor der Klageweg beschritten wird, sollte jeweils geprüft werden, ob nicht mit dem Nachbarn ein Grenzfeststellungsvertrag abgeschlossen werden kann. Dieser Vertrag ist formfrei, wenn die Nachbarn davon ausgehen, daß durch ihn die richtige Grenze festgelegt wird. Ein solcher Vertrag bedarf notarieller Form gemäß § 313 BGB, wenn die Vertragsschließenden der Auffassung sind, daß eine von der wahren Grenze abweichende geschaffen werden soll, da dies den Wechsel eines Grundstücksteiles voraussetzt.

Der Abmarkungsanspruch aus § 919 BGB unterliegt nicht der Verjährung
(§ 924 BGB).

2.2 Grenzverwirrung

Dient § 919 BGB der Kennzeichnung einer festliegenden **bekannten** Grundstücksgrenze, so bezweckt § 920 BGB die Ermittlung einer **unbekannten**
Grundstücksgrenze. Die Grenzfeststellung setzt eine Unsicherheit über den
Verlauf des Eigentums bis zu einer bestimmten Grenze voraus, weshalb § 920
BGB von einer "Grenzverwirrung" spricht. Der Tatbestand der Grenzverwirrung ist nicht gegeben, wenn nach § 891 BGB eine Vermutung aufgrund
einer Eintragung im Grundbuch für das Eigentum des einen Beteiligten an
dem umstrittenen Grenzstreifen spricht und nicht widerlegt werden kann.
Wer sein Eigentum bis zu einer bestimmten Grenze nachweisen kann, muß
über die §§ 985, 1004 BGB oder über eine Eigentumsfeststellungsklage vorgehen. Das Grenzscheidungsverfahren des § 920 BGB ist also nur dort am
Platz, wo weder ihm noch dem gegnerischen Nachbarn der Beweis bzw. Gegenbeweis gelingt. Diese Situation wird oft dort eintreten, wo die Grenze
nicht ordnungsgemäß abgemarkt ist. Durch die Grenzscheidungsklage soll
wahrscheinliches in wirkliches Eigentum verwandelt werden, wobei zunächst
der gegenwärtige fehlerfreie Besitzstand maßgebend ist. Kann der Besitzstand
nicht in eindeutiger Weise festgestellt werden, so "ist jedem ein gleichgroßes
Stück der streitigen Fläche zuzuteilen"; führt eine diese Vorschrift entsprechende Bestimmung der Grenze schließlich zu dem Ergebnis, daß diese mit
den ermittelten Umständen, insbesondere mit der feststehenden Größe der
Grundstücke, nicht übereinstimmt, ist die Grenze so zu ziehen, wie es unter
Berücksichtigung dieser Umstände der Billigkeit entspricht.

Mit dem rechtskräftigen Urteil wird also den beteiligten Eigentümern die
Grenze verbindlich festgesetzt und Eigentum an dem strittigen Grenzstreifen
ohne Auflassung begründet. Die Berichtigung des Grundbuches erfolgt über
§ 22 GBO aufgrund des Urteils, so daß eine Zwangsvollstreckung aus dem Urteil selbst — von den Kosten einmal abgesehen — nicht stattfindet.

Der Grenzscheidungsanspruch unterliegt nicht der Verjährung (§ 924 BGB).

2.3 Mitwirkung des Ortsgerichts bei Festsetzung und Erhaltung von Grund- stücksgrenzen

Nach § 17 des Ortsgerichtgesetzes [15] ist das Ortsgericht zuständig, auf Antrag eines Beteiligten oder auf Ersuchen einer Behörde bei der Feststellung
und Erhaltung der Grenzen der Grundstücke, die in seinem Bezirk liegen,
insbesondere bei der Errichtung fester Grenzzeichen mitzuwirken. Der Grund

hierfür besteht darin, daß die Mitglieder des Ortsgerichtes aufgrund ihrer lang-
jährigen Ortskenntnis oftmals eingehende Kenntnisse über den Verlauf von
Grundstücksgrenzen besitzen.

3 Grenzeinrichtungen

Unter einer Grenzeinrichtung verstehen wir, wie aus § 921 BGB folgt, eine
"Einrichtung", welche zwei Grundstücke, obgleich dem Vorteile beider die-
nend, voneinander scheidet. Das Gesetz führt beispielhaft eine Reihe solcher
Grenzlagen auf, wie den Zwischenraum, den Rain, den Winkel, den Graben,
die Mauer, eine Hecke oder eine Planke. Hierzu zählen auch die Einfriedung,
die Nachbarwand sowie die Grenzwand. Letztere stehen allerdings gemäß
Artikel 124 EGBGB unter dem Vorbehalt des Landesrechtes, also des NRG.
§ 921 BGB stellt eine gesetzliche Vermutung auf, daß die Eigentümer der
Grundstücke zur **Benutzung** der vorbezeichneten Einrichtungen gemeinschaftlich berechtigt sind, sofern nicht äußere Merkmale darauf hinweisen, daß
diese einem der Nachbarn allein gehören. § 921 BGB stellt keine Vermutung
hinsichtlich des **Eigentums** der aufgeführten Einrichtungen dar. Für die Eigentumsverhältnisse gelten die allgemeinen Vorschriften, so daß jeder Nachbar
grundsätzlich Eigentümer des auf seinem Grundstück stehenden Teiles ist.
Anders wiederum ist die Rechtslage beim sogenannten Überbau im Sinne von
§ 912 BGB, der Nachbarwand im Sinne der §§ 1—7 NRG sowie bei der auf
der Grenze errichteten Einfriedung im Sinne von § 14 NRG und schließlich
dann, wenn es sich um sogenannte Scheinbestandteile gemäß § 95 Abs. 1
BGB handelt.

Beispiel:
Der Pächter errichtet ein Gewächshaus auf dem gepachteten Grundstück.

Die mit den Eigentumsverhältnissen verbundenen Fragen werden weiter unten
bei der Behandlung der Einfriedung, der Nachbarwand und des Überbaus behandelt.

Beantwortet § 921 BGB die Frage, unter welchen Voraussetzungen Nachbarn
an den hier angesprochenen Einrichtungen zur Benutzung berechtigt sind, so
befaßt sich § 922 BGB mit der Art der Benutzung der gemeinschaftlichen
Grenzanlage und deren Unterhaltung. § 922 BGB gilt jedoch nur, soweit die
Benutzungsvermutung des § 921 BGB besteht. Jeder der Nachbarn kann die
Grenzanlage zu jenem Zwecke, der sich aus ihrer Beschaffenheit ergibt, be-
nutzen, soweit nicht die Mitbenutzung des anderen beeinträchtigt wird. Die
Unterhaltungskosten sind von den Nachbarn zu gleichen Teilen zu tragen.

Wichtig ist, daß die Einrichtung nicht ohne Zustimmung des einen Nachbarn beseitigt oder geändert werden kann, solange der andere an dem Fortbestand der Einrichtung ein Interesse hat. Hinsichtlich der Art der Benutzung und der Unterhaltung sind von den Grundsätzen des § 922 BGB abweichende Vereinbarungen zwischen den Nachbarn zulässig, sogar mit Wirkung gegenüber dem Einzelrechtsnachfolger, wenn dies durch eine Grunddienstbarkeit abgesichert ist. Ergänzend verweist § 922 Satz 3 BGB auf die Vorschriften über die Gemeinschaft (§ 741 ff BGB).

Wer sein an eine gemeinsame Giebelmauer angebautes Haus abreißt, muß dann gemäß den §§ 921, 922 Satz 3, 1004 BGB die Kosten einer dadurch nötig gewordenen Außenisolierung der Mauer tragen [16].

3.1 Errichtung und Unterhaltung der Einfriedung

Einfriedungen dienen neben der Grenzsicherung dem Zweck, das Grundstück gegen unbefugten Eintritt von Menschen und Tieren zu schützen. Gemäß §§ 903, 905 BGB kann der Grundstückseigentümer nach eigenem Ermessen auf seinem Grundstück Umfriedungen anlegen oder beseitigen bzw. ändern.

Öffentlich-rechtliche Vorschriften und die §§ 14 ff NRG schränken den Handlungsspielraum des Eigentümers indessen ein, wobei die für Einfriedungen geltenden öffentlich-rechtlichen Vorschriften darüber hinaus auch Vorrang vor den §§ 14 ff NRG haben. Die Hessische Bauordnung (HBO) enthält an drei Stellen die Einfriedung betreffende Vorschriften. Zunächst ist auf § 14 HBO und das darin enthaltene Verunstaltungsverbot hinzuweisen. Gemäß § 11 HBO sind Grundstücke, die mit Gebäuden bebaut sind oder nach öffentlichem Recht mit Gebäuden bebaut werden können, entlang der öffentlichen Verkehrsfläche einzufrieden oder abzugrenzen, wenn die öffentliche Sicherheit oder Ordnung oder die Gestaltung dies erfordern. Nach § 88 Nr. 8 HBO ist die Errichtung und Änderung von Einfriedungen, die nicht an öffentlichen Verkehrsflächen liegen und mehr als 1,50 m hoch sind anzeigebedürftig. Genehmigungs- und anzeigefrei ist gemäß § 89 Ab. 1 Nr. 5 HBO die Errichtung und Änderung von Einfriedungen, die nicht an öffentlichen Verkehrsflächen liegen und bis 1,50 m hoch sind, außer im Außenbereich. Nach § 97 HBO hat der Bauherr die Bauanzeige bei der Bauaufsichtsbehörde und eine Zweitausfertigung hiervon bei der Gemeinde einzureichen. Stehen öffentlichrechtliche Vorschriften dem Vorhaben entgegen, ist es zu untersagen. Mit der Ausführung der anzeigebedürftigen Errichtung einer Einfriedung darf zwei Monate nach Eingang der Bauanzeige bei der Bauaufsichtsbehörde begonnen werden, wobei die Bauaufsichtsbehörde dem Bauherrn zuvor den Tag des Eingangs der Bauanzeige mitgeteilt hat. Gemäß § 118 Abs. 1 Nr. 1 HBO schließlich können die Gemeinden durch örtliche Satzung Vorschriften über die Art der Einfriedung erlassen. Zäune dürfen nicht errichtet werden, wenn

Einfriedungen: (zivil) · nachbarrechtliche Anforderungen

hierdurch die Sicherheit oder Leichtigkeit des Verkehrs beeinträchtigt werden kann. Soweit solche die Sicherheit oder Leichtigkeit des Verkehrs beeinträchtigten Zäune bereits vorhanden sind, haben die Eigentümer und Besitzer ihre Beseitigung zu dulden (§ 27 Abs. 2 Hess. StraßenGes [17]; das gleiche gilt gemäß § 11 Abs. 2 FStrG [18] für Zäune an Bundesstraßen).

§ 14 Abs. 1 Satz 1 NRG

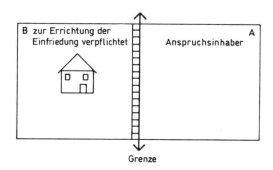

In privatrechtlicher Hinsicht ist die Entschließungsfreiheit des Grundstückseigentümers nach Maßgabe der § 14 ff NRG eingeschränkt. Gemäß § 14 Abs. 1 Satz 1 NRG ist der Eigentümer eines bebauten oder gewerblich genutzten Grundstücks auf Verlangen des Eigentümers des Nachbargrundstücks verpflichtet, sein Grundstück einzufrieden, soweit die Grenze zum Nachbargrundstück nicht mit Gebäuden besetzt ist. Sind beide Grundstücke bebaut

§ 14 Abs. 1 Satz 2 NRG

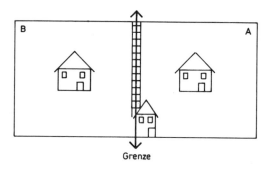

A und B sind wechselseitig zur Errichtung der Einfriedung verpflichtet

24

oder gewerblich genutzt, so sind die Eigentümer der Grundstücke wechselseitig verpflichtet, bei der Errichtung der Einfriedung mitzuwirken (§ 14 Abs.
1 Satz 2 NRG). Wird das Verlangen im erstgenannten Fall vom Eigentümer
eines Grundstücks gestellt, das weder bebaut noch gewerblich genutzt ist,
aber innerhalb eines im Zusammenhang bebauten Ortsteiles liegt oder in
einem Bebauungsplan als Bauland ausgewiesen ist, so ist er berechtigt, bei der
Errichtung der Einfriedung mitzuwirken.

Im Falle des § 14 Abs. 1 Satz 1 NRG ist die Einfriedung entlang der Grenze,
im zweitgenannten Fall des § 14 Abs. 1 Satz 2 NRG auf der Grundstücksgrenze zu errichten. Als gewerblich genutzt gilt im übrigen auch ein dem Erwerbsgartenbau dienendes Grundstück. Gemäß § 16 Abs. 1 Satz 1 NRG muß
die Einfriedung von der Grenze eines Grundstücks, das außerhalb eines im Zusammenhang bebauten Ortsteiles liegt und nicht in einem Bebauungsplan als
Bauland ausgewiesen ist, 0,5 m zurückbleiben und zwar auch dann, wenn ein
Einfriedungsverlangen nach § 14 Abs. 1 NRG nicht gestellt worden ist. Dies
gilt nicht gegenüber Grundstücken, für die nach Lage, Beschaffenheit oder
Größe eine Bearbeitung mit Gespann oder Schlepper nicht in Betracht
kommt.

In jenen Fällen, in denen eine Einfriedung in einem geringeren Abstand errichtet wurde, kann der Nachbar deren Beseitigung nur innerhalb einer Ausschlußfrist von zwei Jahren klageweise verlangen. Das gleiche gilt im übrigen
für Einfriedungen, die bei Inkrafttreten des NRG am 1.11.1962 vorhanden
waren, wenn deren Abstand dem bisherigen Recht entsprach. Derartige Alt-
anlagen haben also nach dem 31.10.1964 Bestandsschutz.

Um nochmals auf jenen Umstand zurückzukommen, daß der Eigentümer eines
Grundstückes hierauf nach seinem Belieben Einfriedungen schaffen kann, so
muß man wissen, daß ein nachbarlicher Abwehranspruch allein daraus, daß es
sich hierbei unter Umständen um eine optisch wahrnehmbare und ästhetisch
störende Einrichtung handeln kann, nicht gerechtfertigt ist [19].

Hiervon macht die Rechtsprechung allerdings insoweit Ausnahmen, als es um
die Frage geht, ob eine unmittelbar neben die Grundstücksgrenze gesetzte
Einfriedung nicht möglicherweise gegen die Art und Weise der nachbarrechtlichen Einfriedungspflicht verstößt. Soweit eine solche Zaunanlage unmittelbar neben eine vorhandene Grenzeinrichtung gesetzt wird, kann sie auf diese
unmittelbar so einwirken, daß sie in ihrem ortsüblich gestalteten Erscheinungsbild völlig verändert wird und damit ihrem Wesen nach nicht mehr dem
entspricht, was der Grundstücksnachbar als Einfriedung verlangen kann.
Gemäß § 15 NRG besteht die Einfriedung aus einem ortsüblichen Zaun. Läßt
sich eine ortsübliche Einfriedung nicht feststellen, so besteht sie aus einem
1,2 m hohen Zaun aus verzinktem Maschendraht. Schreiben öffentlich-
rechtliche Vorschriften eine andere Art der Einfriedung vor, wobei hier an

eine entsprechende Satzung nach § 118 Abs. 1 Nr. 1 HBO zu denken ist, so tritt diese an die Stelle der eingangs genannten Einfriedungsart. Die gesetzliche Verpflichtung zur Schaffung einer ortsüblichen Einfriedung auf der Grenze zwischen zwei bebauten Grundstücken bestimmt über das Erfordernis der Ortsüblichkeit in beiderseitigem Interesse auch die zweckgerichtete und daüber hinaus die ihnen optisch-ästhetisch zumutbare Beschaffenheit der Einfriedung, weil gerade in Bezug auf das äußere Erscheinungsbild einer Einfriedung die Interessen der Nachbarn häufig wiederstreiten. Aus diesem Grunde kann ein Abwehranspruch aus § 1004 BGB gegen eine solche Anlage auf dem Grundstück des Nachbarn nicht nur dann bestehen, wenn diese Anlage eine vorhandene Grenzeinrichtung in ihrer Substanz beeinträchtigt oder ihre Pflege bzw. die Errichtung einer verlangten ortsüblichen Einfriedung vereitelt, sondern auch dann, wenn diese Anlage entweder seinem Anspruch auf Erhaltung einer durch das NRG auch in ihrer optisch-ästhetischen Beschaffenheit festgelegten Einfriedung verletzt oder wenn sich nur durch Beseitigung dieser Anlage der nachbarrechtliche Anspruch auf eine ortsübliche, von der bisherigen in ihrem Erscheinungsbild wesentlich abweichenden Einfriedung verwirklichen läßt [20].

Streitende Nachbarn müssen schließlich wissen, daß Einfriedungen — wie sich aus § 7 Abs. 4 HBO ausdrücklich ergibt — nicht unter die Bauwichvorschriften fallen. Auch die Vorschriften des § 14 HBO (Verunstaltungsverbot) über die Gestaltung baulicher Anlagen können nicht zur Stützung eines Beseitiggungsanspruchs über § 823 Abs. 2 BGB herangezogen werden, da diese Vorschriften nicht dem Individualschutz des Grundstücksnachbarn dienen [21]. Um auf die Frage der Beschaffenheit der Einfriedung einzugehen, die in § 15 NRG geregelt ist, so ist es den Nachbarn unbenommen, eine dementgegenstehende Vereinbarung zu treffen, z.B. über die Errichtung eines Jägerzaunes. Für eine solche Vereinbarung ist dort jedoch kein Raum, wo öffentlich-rechtliche Vorschriften eine andere Art der Einfriedung bestimmen. Wer auf der Grenze — ohne daß eine Vereinbarung mit dem Nachbarn in dieser Hinsicht getroffen worden ist — eine Einfriedung errichtet, die den Bestimmungen der §§ 14, 15 NRG widerspricht, ist einem Beseitigungsanspruch hinsichtlich des nicht ortsüblich errichteten Zaunes ausgesetzt und muß unter der Voraussetzung des § 14 Abs. 1 Satz 1 NRG damit rechnen, hinsichtlich der Mitwirkung zur Errichtung einer ortsüblichen Einfriedung in Anspruch genommen zu werden [22].

Mit den Kosten der Errichtung der Einfriedung befaßt sich § 17 NRG. Sind beide Grundstücke gewerblich genutzt oder bebaut, tragen die beteiligten Grundstückseigentümer die Kosten der Errichtung zu gleichen Teilen. Wird das an ein eingefriedetes Grundstück angrenzende Grundstück bebaut oder gewerblich genutzt, so ist der Eigentümer des angrenzenden Grundstücks, sofern eine Verpflichtung zur Übernahme anteiliger Errichtungskosten für

Lfd. Nr.	Einfriedungsverpflichtung				Kostentragung	
	Wer	Wem gegenüber	Wo	Wie	Errichtung	Unterhaltung
1)	Eigentümer eines bebauten oder gewerblich genutzten Grundstückes (auch Erwerbsgartenbau) § 14 Abs. 1 Satz 1, Abs. 3 NRG	Eigentümer des Nachbargrundstücks, dessen Grenze nicht mit Gebäuden besetzt ist § 14 Abs. 1 Satz 1 NRG	1. Innenbereich entlang der Grenze § 14 Abs. 2 NRG 2. Außenbereich ohne Baulandausweisung in einem Bebauungsplan wie 1. mit 0,5 m Abstand zur Grenze Ausnahme: Grundstück ist zur Bearbeitung mit Gespann oder Schlepper ungeeignet § 16 Abs. 1 NRG	1. nach Maßgabe öffentlich-rechtlicher Vorschriften (z.B. Satzung nach § 118 Abs. 1 Nr. 1 HBO) 2. ortsübliche Einfriedung 3. 1,2 m hoher verzinkter Maschendraht, wenn Ortsüblichkeit nicht feststellbar § 15 NRG	Der zur Einfriedung Verpflichtete mit Ausgleichsanspruch § 17 Abs. 2 NRG 1. wenn Nachbar nach Errichtung der Einfriedung sein Grundstück bebaut oder gewerblich nutzt 2. wenn Nachbargrundstück zum Innenbereich oder im Bebauungsplan als Bauland ausgewiesen wird und Nachbar oder sein Rechtsvorgänger Einfriedung verlangt hat	Der zur Einfriedung Verpflichtete wie 3)
2)	wie 1)	wie 1) Grundstück liegt aber im Innenbereich oder ist im Bebauungsplan als Bauland ausgewiesen. Nachbar ist berechtigt, bei Errichtung mitzuwirken § 14 Abs. 1, Satz 3 NRG	auf der Grenze § 14 Abs. 2 NRG	wie 1)	Die beteiligten Grundstückseigentümer je zu gleichen Teilen § 17 Abs. 1 NRG	Die beteiligten Grundstückseigentümer je zur Hälfte § 18 Abs. 1 NRG Umfang der Kosten § 18 Abs. 2 i.v.m. § 17 Abs. 3 NRG
3)	Eigentümer benachbarter Grundstücke, die beide bebaut oder gewerblich genutzt sind § 14 Abs. 1 Satz 2 NRG	Wechselseitige Verpflichtung bei der Errichtung mitzuwirken	auf der Grenze § 14 Abs. 2 NRG	wie 1)	Die beteiligten Grundstückseigentümer je zu gleichen Teilen § 17 Abs. 1 NRG	Die beteiligten Grundstückseigentümer je zur Hälfte § 18 Abs. 1 NRG Umfang der Kosten § 18 Abs. 2 i.v.m. § 17 Abs. 3 NRG

Gilt nur für Einfriedungen zwischen Grundstücken, die nicht an öffentlichen Straßen, öffentlichen Grünflächen und Gewässern (auch privaten) grenzen (§ 19 NRG)

27

ihn noch nicht entstanden ist, zur Zahlung einer Vergütung in Höhe der Hälfte der Kosten zur Errichtung der Einfriedung unter angemessener Berücksichtigung der bisherigen Abnutzung verpflichtet. Das gleiche gilt, wenn das angrenzende Grundstück in den im Zusammenhang bebauten Ortsteil einbezogen oder in einem Bebauungsplan als Bauland ausgewiesen wird, sofern der Eigentümer dieses Grundstücks oder sein Rechtsvorgänger die Errichtung der Einfriedung verlangt hatte. Wer als Eigentümer eines bebauten oder gewerblich genutzten Grundstücks auf Verlangen des Eigentümers des Nachbargrundstücks zur Einfriedung seines Grundstücks verpflichtet ist, trägt selbstverständlich die Errichtungskosten allein.

Zu den Kosten der Unterhaltung der Einfriedung besagt § 18 Abs. 1 NRG, daß diese die beteiligten Grundstückseigentümer je zur Hälfte tragen, wenn für sie oder ihre Rechtsvorgänger die Verpflichtung zur Tragung von Errichtungskosten begründet worden ist. Hat der Nachbar die Kosten der Errichtung allein zu tragen — im Falle des § 14 Abs. 1 Satz 1 NRG — so fallen ihm auch ausschließlich die Kosten der Unterhaltung und Erneuerung der Einfriedung zur Last.

Die Bestimmungen der §§ 14—18 NRG gelten nicht für Einfriedungen zwischen Grundstücken und den diesen angrenzenden öffentlichen Straßen, öffentlichen Grünflächen und Gewässern, im letzgenannten Fall also auch gegenüber Privatgewässern.

3.2 Nachbar- und Grenzwand

Bei einem Gang durch unsere Ortschaften, Städte und Gemeinden begegnen wir oft in sich geschlossenen Straßenzügen mit einer teils einheitlichen Bebauung. Baulücken als Folge der Zerstörung im Zweiten Weltkrieg wurden bzw. werden zunehmend geschlossen. Die Häuser grenzen aneinander mit ihren Giebelwänden oder verfügen teilweise über eine gemeinsame Brandmauer. Teilweise wurden die Häuser gleichzeitig errichtet, häufiger war es jedoch so, daß zunächst ein Nachbar sein Haus errichtete und hierbei die Abschlußwand über die Grundstücksgrenze hinausgehend auch unter Inanspruchnahme von Grund und Boden des Nachbarn errichtete. Der später anbauende Nachbar verwandte dann die zum Teil auf seinem Boden stehende nachbarliche Mauer als Umfassungsmauer seines Neubaus. Bei Grundstücken kleinen Zuschnittes hat dies insbesondere jenen Vorteil, daß Baugrund erspart wird. Mit seinem Nachbarrechtgesetz hat das Bundesland Hessen die Rechtsverhältnisse der Nachbar- und Grenzwand in den §§ 1 f und 8 ff mit Ausnahme der Eigentumsverhältnisse hieran geregelt.

Die Frage nach den Eigentumsverhältnissen beantwortet sich ausschließlich nach den Bestimmungen des BGB. Das NRG hat jedoch keinen Kommun-

Funktionen der Nachbarwand

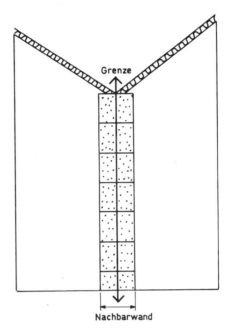

Das Nachbardach wird mitgetragen

Die Nachbarwand dient der Unterstützung des Bauwerkes des Anbauenden:

Die Wand hat tragende Funktion für die eingelassenen Decken.

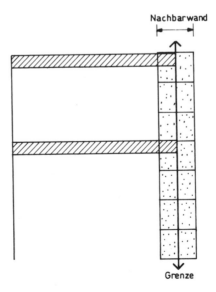

Funktionen der Nachbarwand

Durch die vorgenommene Verzahnung werden Zug und Druck verhindert.

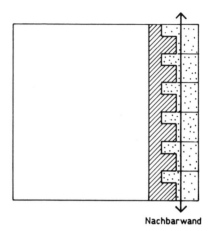

Nachbarwand

mauerzwang eingeführt, wie dies vorher in weiten Landesteilen unseres Bundeslandes feststellbar war [23].

Da die Frage nach der Schaffung einer solchen "Grenzeinrichtung" notwendigerweise auch die Frage nach den eigentumsrechtlichen Verhältnissen nach sich zieht, wird dieser Fragenkomplex bei der Behandlung der Nachbarwand und der Grenzwand mit berücksichtigt.

3.2.1 Nachbarwand

Mit der Nachbarwand befassen sich die §§ 1–7 NRG. § 1 Abs. 1 definiert die Nachbarwand als "die auf der Grenze zweier Grundstücke errichtete Wand, die auf diesen Grundstücken errichteten oder zu errichtenden Bauwerken als Abschlußwand oder zur Unterstützung oder Aussteifung dient oder dienen soll". Bei der Nachbarwand handelt es sich also stets um einen Überbau im Sinne von § 912 BGB. Im Unterschied hierzu bezeichnet § 8 Abs. 1 NRG die entlang der gemeinsamen Grenze ausschließlich auf dem Grundstück des Bauherrn errichtete Wand als Grenzwand. Damit der Überbau als Nachbarwand charakterisiert werden kann, muß dieser bestimmte Merkmale aufweisen, er muß nämlich als Abschlußwand oder zur Unterstützung bzw. Aussteifung dienen.

§ 1 Abs. 2 NRG regelt, unter welchen Voraussetzungen der Grundstückseigentümer eine Nachbarwand errichten darf. Die Errichtung der Nachbarwand muß zunächst nach bauplanungsrechtlichen Vorschriften zulässig sein, und darüber hinaus muß der Eigentümer des benachbarten Grundstücks einwilli-

30

gen. Hierbei handelt es sich um die zivilrechtlichen Voraussetzungen der Zulässigkeit der Nachbarwand, nicht aber die bauordnungsrechtliche, die sich nach § 16 Abs. 2 HBO richtet.

Hiernach ist die Verwendung gemeinsamer Bauteile für mehrere bauliche Anlagen zulässig, wenn **rechtlich** und **technisch** gesichert ist, daß die gemeinsamen Bauteile beim Abbruch einer der baulichen Anlagen stehen bleiben können. Zur rechtlichen Sicherung ist in Hessen ausreichend, daß der Eigentümer gegenüber dem an der Nachbarwand beteiligten Nachbarn am Abriß der Wand gehindert ist, was aus § 5 Abs. 1 NRG folgt. Der Eigentümer der Nachbarwand ist nämlich nur insoweit berechtigt, diese ganz oder teilweise zu beseitigen, solange und soweit noch nicht angebaut ist. Die bauordnungsrechtliche Zulässigkeit der Nachbarwand ist ihrerseits jedoch für die Frage der zivilrechtlichen Zulässigkeit der Nachbarwand unbeachtlich. Bauplanungsrechtlich ist die Errichtung einer Nachbarwand zulässig, wenn diese Bauweise ohne daß ein Bebauungsplan existiert, nach der vorhandenen Bauweise zulässig ist, oder wenn der Bebauungsplan gemäß § 22 Abs. 1 BauNVO [24] die geschlossene Bauweise festgesetzt hat.

Neben der bauplanungsrechtlichen Zulässigkeit der Nachbarwand muß, damit der Grundstückseigentümer eine solche errichten kann, die vorherige Zustimmung (Einwilligung) des Nachbarn eingeholt worden sein. Es versteht sich, daß allein aus Beweisgründen heraus eine schriftliche Einwilligung des Nachbarn zu erbitten ist, wenngleich dies sicherlich nicht vorgeschrieben ist. Die vom Nachbarn erklärte Einwilligung bindet jedoch dessen Rechtsnachfolger nicht. Will man dies erreichen, dann kann dies nur durch Eintragung einer Grunddienstbarkeit im Grundbuch gesichert werden.

Den Nachbarn ist es unbenommen, hinsichtlich der Beschaffenheit der Nachbarwand, des Anbaus hieran, der Benutzung oder Nichtbenutzung der Nachbarwand und deren Beseitigung bzw. Erhöhung oder Verstärkung privatrechtliche Abmachungen zu treffen. Die §§ 1—44 NRG gelten nämlich nur, soweit öffentlich-rechtliche Vorschriften nicht entgegenstehen oder **die Beteiligten nichts anderes vereinbaren**. Die §§ 2—7 NRG sind also nur dort heranzuziehen, wo die Nachbarn nicht im Wege der zulässigen Vereinbarungen anderes geregelt haben. Dies gilt selbstverständlich nicht im Hinblick auf die **Eigentumsverhältnisse** an der Nachbarwand die sich ausschließlich nach den Bestimmungen des BGB richten. Die nachstehende Tabelle soll dies im Überblick verdeutlichen, wobei hier jedoch aus Praktikabilitätsgründen ausschließlich die Rechtsauffassung des Bundesgerichtshofes [25] zu Grunde gelegt ist.

Eigentumsverhältnisse bei Überbau
— nur unter Berücksichtigung der BGH-Rechtssprechung —

		Einigung der Nachbarn	Keine Einigung der Nachbarn
Nachbarwand im Sinne der §§ 1 ff NRG	vor Anbau	Alleineigentum des Erbauers	Alleineigentum des Erbauers bei rechtmäßigem und entschuldigtem Überbau i.S.d. § 912 BGB; Nachbar hat Rentenanspruch gemäß §§ 912 Abs. 2, 913 BGB oder Abkaufanspruch aus § 915 BGB
	nach Anbau	ideelles Miteigentum des Nachbarn	ideelles Miteigentum der Nachbarn, da in der Vornahme des Anbaues die Genehmigung des Überbaus liegt
rechtswidriger und unentschuldigter Überbau	vor Anbau	⟶	Eigentum am Gebäude wird auf der Grenzlinie der Grundstücke real geteilt. Anspruch des Nachbarn aus §§ 985, 1004 BGB
	nach Anbau	⟶	ideelles Miteigentum der Nachbarn, da mit der Vornahme des Anbaues die Schutzbedürftigkeit des Anbauenden wegfällt

3.2.1.1 Die Beschaffenheit der Nachbarwand

Mangels Vereinbarung unter den beteiligten Nachbarn ist die Nachbarwand in ihrer Art und Dicke so auszuführen, wie es notwendig ist, um den beabsichtigten Zweck zu erreichen. Die Beschaffenheit der Nachbarwand wird also ausschließlich von ihrer Zweckbestimmung her bestimmt, wobei jedoch § 16 HBO zu beachten ist, wonach technisch sicher gestellt sein muß, daß "die gemeinsamen Bauteile beim Abbruch einer der baulichen Anlagen stehen bleiben können". Allerdings darf der Bauherr allenfalls mit der Hälfte der nach § 2 Satz 1 NRG gebotenen Dicke der Wand auf das Nachbargrundstück überbauen. Im Gegensatz zum eigenen Grundstück: jeder Grundstückseigentümer darf die Nachbarwand auf seinem Grundstück verstärken (§ 7 NRG). § 2 Satz 2 NRG ist von Bedeutung für den Ausgleichsanspruch gemäß § 3 Abs. 2 NRG. Wird das angrenzende Grundstück mit mehr als der Hälfte der gebotenen Dicke in Anspruch genommen, setzt sich der Erbauer der Nachbarwand Beseitigungsansprüchen des Nachbarn wegen des unerlaubten Grenzüberbaues aus, es sei denn, daß ein entschuldigter Überbau im Sinne § 912 BGB angenommen werden könnte

3.2.1.2 Anbau an die Nachbarwand

§ 3 Abs. 1 Satz 1 NRG gibt dem Eigentümer des Nachbargrundstückes das Recht, nicht aber die Pflicht, an die Nachbarwand anzubauen, diese als Abschlußwand oder zur Unterstützung oder Aussteifung des neuen Bauwerks mitzubenutzen.

Soweit der Eigentümer des Nachbargrundstücks die Nachbarwand durch Vornahme eines Anbaus nutzt, ist er zur Zahlung einer Vergütung in Höhe des halben Wertes der Wand verpflichtet. Nimmt die Nachbarwand das Grundstück des Anbauberechtigten mit seiner Bodenfläche über die Hälfte der nach § 2 Satz 2 NRG gebotenen Dicke hinaus in Anspruch, so ist dies bei der Festsetzung der Vergütung angemessen zu berücksichtigen.

Beispiele:
1. *Die Nachbarwand wird mit einem Drittel durch Anbau genutzt. Die Vergütung beträgt 1/6 des Wertes der Nachbarwand.*
2. *Die Wand ist doppelt so dick ausgebildet wie eine nach Sachlage erforderliche Wand. An Stelle des tatsächlichen Wertes der Wand von — unterstellt 6.000,— DM — sind nur 3.000,— DM zu Grunde zu legen. Wird an diese Nachbarwand zur Hälfte angebaut, muß der anbauende Eigentümer des Nachbargrundstücks einen Ausgleich von 750,— DM entrichten.*

Für die Berechnung des Wertes der Nachbarwand und für die Fälligkeit der Vergütung ist nach § 3 Abs. 2 Satz 3 NRG "der Zeitpunkt der Rohbauabnahme des Anbaus" maßgebend. Da die Hessische Bauordnung vom 1.1.1978 die Bauordnung vom 6.7.1957 [26] aufgehoben hat, und in ihrer jetzigen Fassung eine obligatorische Rohbauabnahme nicht mehr vorsieht, ist zur Frage des Zeitpunktes "Rohbauabnahme" auf den Zeitpunkt abzustellen, von dem an der Beginn der Ausbauarbeiten gemäß den Bestimmungen in § 105 HBO gestattet ist.

Der Errichter der Nachbarwand kann von dem anbauwilligen Nachbarn Sicherheit in Höhe der voraussichtlich zu gewährenden Vergütung verlangen und letzterer gar mit dem Anbau erst nach Leistung der Sicherheit beginnen oder ihn fortsetzen. Dies Unterhaltungskosten der Nachbarwand fallen bis zum Anbau ausschließlich dem Eigentümer zur Last. Nach dem Anbau sind die Unterhaltungskosten für den gemeinsam genutzten Teil der Nachbarwand von beiden Grundstückseigentümern entsprechend dem Verhältnis ihrer Beteiligung zu tragen.

Beispiel:
An die Nachbarwandist nur zu 2/3 angebaut. Hier treffen hinsichtlich dieses Wandteiles den Anbauenden die Unterhaltungskosten nur zu einem Drittel.

3.2.1.3 Nichtbenutzung der Nachbarwand

Wir hatten weiter oben festgestellt, daß der Eigentümer des Nachbargrundstücks nicht verpflichtet ist, die Nachbarwand durch Anbau mitzubenutzen. Baut der Nachbar an die Nachbarwand heran, ohne diese selber mitzubenutzen, so hat der anbauberechtigte Eigentümer für die durch die Errichtung der Nachbarwand entstandenen Mehraufwendungen gegenüber den Kosten der Herstellung einer Grenzwand Ersatz zu leisten. Im Rahmen dieses Ersatzanspruchs ist zu berücksichtigen, daß das Nachbargrundstück durch die ja bereits stehende Nachbarwand teilweise weiter genutzt wird. Der zu erstattende Betrag ist begrenzt auf jenen, den der Eigentümer des Nachbargrundstücks im Falle des Anbaues nach § 3 Abs. 2 Satz 1—3 NRG zu zahlen hätte. Zur Frage der Fälligkeit des Ausgleichsanspruchs bei Nichtbenutzung der Nachbarwand ist auf die Ausführungen zu 3.2.1.2 zu verweisen. Falls der anbauberechtigte Eigentümer des Nachbargrundstücks an die Nachbarwand anbaut, muß er nach § 4 Abs. 2 NRG die Fuge zwischen der Nachbarwand und dem an die Nachbarwand herangebauten Bauwerk auf seine Kosten bündig mit der Außenfläche seines Bauwerkes verdecken.

3.2.1.4 Beseitigung der Nachbarwand

Falls öffentlich-rechtliche Vorschriften — man denke etwa an ein Baugebot zur Schließung einer Baulücke — oder eine Vereinbarung mit dem Nachbarn dem nicht entgegensteht, kann der Errichter der Nachbarwand diese vollständig oder in Teilen beseitigen, "solange und soweit noch nicht angebaut ist" (§ 5 bs. 3 NRG). Reißt der Eigentümer der Nachbarwand diese, bevor sie durch Anbau genutzt wurde, ab, muß er dem Eigentümer des Nachbargrundstücks für die Dauer der Nutzung seines Grundstücks durch den herübergebauten Teil der Nachbarwand eine angemessene Vergütung leisten (§ 5 Abs. 5 NRG).

Nun fragt sich der Erbauer einer Nachbarwand, ob und wie lange er diese vorhalten muß. Ist er gehalten, seinem Nachbarn die Anbaumöglichkeit zeitlich unbeschränkt zu erhalten? Sein Nachbar wiederum hat mit der Einwilligung zur Errichtung der Nachbarwand auf der Grenze die Anbaumöglichkeit für sich sichern wollen. Für ihn ist also die Frage bedeutsam, welche Schritte er unternehmen muß, um den Errichter der Nachbarwand am Abriß derselben zu hindern. Diesen Interessenkonflikt löst das Gesetz nach dem alten Grundsatz: "Wer zu erst kommt, mahlt zuerst". Der Eigentümer der Nachbarwand ist gehindert, diese ganz oder teilweise zu beseitigen, wenn der anbauberechtigte Nachbar die Absicht, die Nachbarwand ganz oder teilweise durch Anbau zu nutzen, dem Eigentümer der Nachbarwand anzeigt und spätestens binnen sechs Monaten den erforderlichen Bauantrag bei der Bauaufsichtsbehörde einreicht (§ 5 Abs. 2 NRG). Dies gilt dort nicht, wo der Eigentümer der Nachbarwand schneller war: er ist nämlich am vollständigen oder teilweisen Abriß dann nicht gehindert, wenn er seine Absicht, bevor er von seinem Nachbarn die Anzeige nach § 5 Abs. 2 NRG erhalten hat, dem Eigentümer des Nachbargrundstücks anzeigt und spätestens binnen sechs Monaten den erforderlichen Bauantrag bei der Bauaufsichtsbehörde einreicht (§ 5 Abs. 2 NRG). Dies gilt dort nicht, wo der Eigentümer der Nachbarwand schneller war: er ist nämlich am vollständigen oder teilweisen Abriß dann nicht gehindert, wenn er seine Absicht, bevor er von seinem Nachbarn die Anzeige nach § 5 Abs. 2 NRG erhalten hat, dem Eigentümer des Nachbargrundstücks anzeigt und dann spätestens binnen sechs Monaten den erforderlichen Bauantrag bei der zuständigen Behörde einreicht (§ 5 Abs. 3 NRG). § 5 Abs. 3 NRG regelt den Fall, daß die Anzeigen ihren Empfänger einmal gleichzeitig zugehen sollten. In diesem Fall gibt das Gesetz dem Nachbarn des Eigentümers der Nachbarwand den Vorrang: dessen Anzeige hat dann keine Rechtswirkung. Eine bestimmte Form schreibt das Gesetz für die Anzeige nicht vor. Allerdings muß derjenige, der sich auf den Zugang der Anzeige beruft, den Zugang nachweisen. Hier kann sich die Zustellung durch Vermittlung eines Gerichtsvollziehers (§ 132 Abs. 1 BGB) empfehlen. Es besteht aber die insoweit einfachere Möglichkeit, sich den Zugang auf einer Zweitschrift von einem neutralen Zeugen unter Angabe von Ort, Datum und Uhrzeit schriftlich bestätigen zu lassen.

Voraussetzung ist aber neben der Anzeige, daß der Nachbar oder der Eigentümer der Nachbarwand spätestens binnen sechs Monaten den erforderlichen Bauantrag bei der Bauaufsichtsbehörde einreicht, wobei zur Fristwahrung der Eingang des Antrags auf Erteilung der Baugenehmigung bei der Gemeinde ausreicht (§ 90 Abs. 1 HBO).

Wie ist nun die rechtliche Situation, wenn die Anzeige dem Nachbarn zwar zugegangen ist und darüber hinaus auch innerhalb der Frist von sechs Monaten der erforderliche Bauantrag gestellt wurde, aber mit dem Abriß oder dem Anbau nicht begonnen worden ist? Nach § 99 Abs. 1 HBO erlischt die Baugenehmigung, wenn mit der Ausführung des Bauvorhabens nicht ernsthaft begonnen oder die Bauausführung ein Jahr unterbrochen worden ist. Man kann hieraus — übertragen auf unser Problem — die Schlußfolgerung ziehen, daß nach Ablauf des Zeitraums in § 99 Abs. 1 HBO die Realisierung der mit der Anzeige verbundenen Absicht gegenüber dem jeweiligen Nachbarn treuwidrig ist, zumal die Bestimmungen des Nachbarrechts in besonderem Maße von dem Gebot der wechselseitigen Rücksichtnahme auf die gegenseitigen Belange getragen sind.

Bereits weiter oben wurde darauf hingewiesen, daß der Eigentümer der Nachbarwand seinem Nachbarn im Falle des zulässigen Abrisses für die Dauer der Nutzung des benachbarten Grundstücks durch den hinübergebauten Teil der Nachbarwand eine Vergütung in angemessener Weise zu leisten hat. Beseitigt der Eigentümer der Nachbarwand diese, obgleich sein Nachbar gemäß § 5 Abs. 2 NRG seine Anbauabsicht kundgetan und den erforderlichen Bauantrag eingereicht hat, ist er diesem schließlich darüber hinaus auch noch zum Ersatz für den durch die völlige oder teilweise Beseitigung der Anbaumöglichkeit zugefügten Schaden verpflichtet. Dieser Anspruch wird mit der Rohbauabnahme des späteren Bauwerks fällig.

3.2.1.5 Erhöhen der Nachbarwand

Nach § 6 Satz 1 NRG ist jeder der Grundstückseigentümer, deren Grundstücke durch eine Nachbarwand geschieden werden, berechtigt, diese ohne zuvor das Einverständnis seines Nachbarn eingeholt zu haben, zu erhöhen, allerdings auf seine eigenen Kosten. Hinsichtlich des Anbaus an den erhöhten Teil, dessen Nichtbenutzung bzw. Beseitigung verweist § 6 Satz 2 NRG auf die Vorschriften der §§ 3, 4 Abs. 2 sowie 5 Abs. 2—4 und Abs. 5 Satz 2.

Zur Frage der Eigentumsverhältnisse an der Erhöhung der Nachbarwand ist auf die Ausführungen unter 3.2.1.1 zu verweisen. Das rechtliche Schicksal der vorgenommenen Erhöhung folgt dem der Nachbarwand. Solange der Nachbar an diese noch nicht angebaut hat, steht diese bekanntlich im Eigentum des Errichters, folglich auch einschließlich der von ihm nach Errichtung aber von Anbau vorgenommenen Erhöhung. Wird die Erhöhung vorgenommen, nachdem der Nachbar bereits angebaut hat, führt dies nach der hier dargestellten Rechtsauffassung des Bundesgerichtshofes lediglich zu einer Veränderung der Miteigentumsanteile dergestalt, daß der erhöhte Wandteil seinem Erbauer zuzurechnen ist.

3.2.1.6 Verstärken der Nachbarwand

§ 7 NRG gibt jedem Grundstückseigentümer das selbstverständliche Recht, die Nachbarwand auf **seinem** Grundstück zu verstärken. Bis zum Anbau an die verstärkte Nachbarwand steht diese im Alleineigentum seines Erbauers. Wird nach Verstärkung der Nachbarwand angebaut, dann tritt nach der Rechtsprechung des Bundesgerichtshofes lediglich eine Wertverschiebung in den Miteigentumsanteilen ein.

3.2.2 Grenzwand

Das NRG enthält in seinen §§ 8—10 Regelungen hinsichtlich der Grenzwand. Wir hatten bereits bei der Darstellung der Nachbarwand festgestellt, daß sich von dieser die hier zu behandelnde Grenzwand dadurch unterscheidet, als es sich hierbei um die an der Grenze zum Nachbargrundstück auf dem Grundstück des Erbauers errichtete Wand handelt.

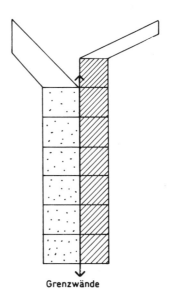

Grenzwände

Der Eigentümer des benachbarten Grundstücks darf die Grenzwand durch Anbau nur dann nutzen, wenn deren Eigentümer eingewilligt hat. Anders bei der Nachbarwand: hier hatten wir gesehen, daß der Eigentümer des Nachbargrundstücks gemäß § 3 Abs. 1 Satz 1 NRG berechtigt ist, an die Nachbarwand anzubauen. Dies hatte seinen Grund darin, daß der Errichter der Nachbar-

Grenzwand: Einwilligung zum Anbau · Vergütungsanspruch

wand hierzu unter anderem nur befugt war, wenn der Eigentümer des benachbarten Grundstücks zur Errichtung der Nachbarwand seine Einwilligung gegeben hat. Aus der dem Errichter der Nachbarwand erteilten Einwilligung gemäß § 1 Abs. 2 NRG folgt dessen Anbaurecht nach § 3 Abs. 1 NRG. Von daher existiert kein Rechtsgrund, aus welchem heraus die Grenzwand durch Anbau mitbenutzt werden kann, außer dem der Einwilligung des Eigentümers der Grenzwand. Natürlich muß auch aus bauplanungs- und bauordnungsrechtlichen Vorschriften heraus die Vornahme des Anbaus zulässig sein. Dies berührt jedoch die Frage der (zivil-) rechtlichen Einwilligung des Nachbarn nicht, ungeachtet der Tatsache, daß ein Vertrag, durch welchen sich der Eigentümer eines Grundstücks zur Vornahme eines bauordnungsrechtwidrigen Anbaus verpflichtet bzw. zur Vornahme eines bauordnungsrechtswidrigen Anbaus an die zuvor errichtete Grenzwand einwilligt, da gegen ein gesetzliches Verbot verstoßend, gemäß § 134 BGB nichtig ist.

Der Begriff des Anbaus an eine Grenzwand ist mit dem des Anbaus an die Nachbarwand identisch. Auch hier ist unter dem Anbau die Mitbenutzung der Grenzwand als Abschlußwand oder zur Unterstützung oder Aussteifung des neuen Bauwerks zu verstehen.

Nach § 8 Abs. 3 NRG hat der anbauende Eigentümer des Nachbargrundstücks eine Vergütung in Höhe des halben Wertes der Grenzwand zu zahlen, soweit sie durch den Anbau genutzt ist und ferner eine angemessene Vergütung dafür zu leisten, daß er den für die Errichtung einer eigenen Abschlußwand erforderlichen Baugrund einspart.

Beispiel:
Der Wert der vom Nachbarn errichteten Grenzwand möge 10.000,– DM betragen. Sie wird zur Hälfte durch Anbau genutzt. Der durch den Anbau genutzte Teil der Grenzwand weist einen Wert von 5.000,– DM auf.

Hiervon errechnet sich der Ausgleichsanspruch nach § 8 Abs. 3 Satz 1 NRG mit 2.500,– DM; hinzu kommt eine angemessene Vergütung dafür, daß der Anbauende den für die Errichtung einer eigenen Abschlußwand erforderlichen Baugrund einspart, wobei der Verkehrswert der "eingesparten" Fläche unter Berücksichtigung der konkreten Bebauungsmöglichkeiten zu berücksichtigen sein wird.

Zur Fälligkeit des Vergütungsanspruches ist entsprechend den Ausführungen zur Nachbarwand jener Zeitpunkt zu Grunde zu legen, in welchem unter Beachtung von § 105 HBO mit den Ausbauarbeiten begonnen werden darf. Der Anbau darf ferner erst nach Leistung der Sicherheit begonnen oder fortgesetzt werden, wenn der Eigentümer der Grenzwand dies verlangt. Sie bemißt sich hinsichtlich ihrer Höhe nach der voraussichtlich zu gewährenden Vergütung im Sinne von § 8 Abs. 3 Satz 1 NRG.

Nach dem Anbau sind die Unterhaltungskosten für den gemeinsam genutzten Teil der Grenzwand von beiden Grundstückseigentümern zu gleichen Teilen zu tragen (§ 8 Abs. 4 NRG).

Zu den Eigentumsverhältnissen ist anzumerken, daß die Grenzwand, solange noch nicht angebaut worden ist, im alleinigen Eigentum des Errichters steht. Nach erfolgtem Anbau wird man entsprechend der Rechtsauffassung des BGH von ideellem Miteigentum der durch die Wand miteinander verbundenen Gebäude zu sprechen haben.

Steht auf einem Grundstück ein Bauwerk an der Grenze und wird später auf dem Nachbargrundstück an dieser Grenze ein weiteres Bauwerk errichtet, ohne daß an die Grenzwand angebaut wird, so ist dessen Errichter verpflichtet, die Fuge zwischen den Grenzwänden auf seine Kosten bündig mit der Außenfläche des Bauwerkes zu verdecken.

Hiermit ist derjenige gemeint, der den zweiten Bau ausführt.

Einem besonderen wirtschaftlichen Bedürfnis des Zweiterbauers kommt § 10 NRG entgegen. Auf sein Verlangen nämlich ist der Erbauer eines an der gemeinsamen Grenze zu errichtenden Bauwerkes nach § 10 Abs. 1 Satz 1 NRG verpflichtet, eine solche Gründung vorzunehmen, daß bei der späteren Durchführung des Bauvorhabens des Nachbargrundstücks zusätzliche Baumaßnahmen vermieden werden. So kann es durchaus sein, daß der Nachbar ein höheres als das vorhandene Haus errichten möchte, etwa noch verbunden mit einer Tiefgarage. Im Hinblick auf die bereits vorhandene Grenzbebauung erfordert dies zusätzliche Stütz- und Befestigungsmaßnahmen. Schließlich darf − wie aus § 31 Abs. 2 HBO folgt − bei der Gründung baulicher Anlagen die Standsicherheit anderer baulicher Anlagen nicht gefährdet und die Tragfähigkeit des Baugrunds des Nachbargrundstücks nicht beeinträchtigt werden. Diese Kosten können dann erheblich geringer ausfallen, wenn bereits bei der Errichtung des ersten Bauwerks mit seiner Grenzwand hierauf Rücksicht genommen wird. Voraussetzung für den Anwendungsbereich des § 10 Abs. 1 NRG ist zunächst, daß beide Grundstücke entlang der Grenze unbebaut sind. Ferner ist auf die Bauabsicht des Nachbarn nicht zeitlich unbeschränkt Rücksicht zu nehmen. Nur bis zum Eingang des Bauantrags bei der Bauaufsichtsbehörde kann der Eigentümer des Nachbargrundstücks gegenüber dem Bauherrn eine besondere Gründung verlangen. Bei kreisangehörigen Gemeinden ist maßgeblich der Eingang des Bauantrags bei der Gemeinde gemäß § 90 Abs. 1 HBO. § 10 Abs. 2 NRG gewährt dem Erbauer des an der gemeinsamen Grenze zu errichtenden Bauwerks einen Ausgleichsanspruch in Höhe der voraussichtlich erwachsenden Mehrkosten. Insoweit hat der Nachbar diesem binnen zwei Wochen Vorschuß zu leisten (§ 10 Abs. 2 Satz 2 NRG). Damit der Bauherr sicher gehen kann, ob er eine besondere Gründung vornehmen muß oder nicht, besagt § 10 Abs. 2 Satz 3 NRG schließlich, daß der auf die

Winkel und Gassen: Grenzeinrichtung

Vornahme einer besonderen Gründung gerichtete Anspruch erlischt, wenn der Vorschuß nicht fristgerecht geleistet wird.

Nützt der Bauherr die besondere Gründung auch zum Vorteil seines Bauwerks aus, beschränkt sich der Erstattungsanspruch des Eigentümers des Nachbargrundstücks auf einen angemessenen Kostenanteil, wobei bereits gezahlte Kosten (Vorschuß) zurückgefordert werden können (§ 10 Abs. 3 NRG).

3.2.3 Winkel und Gassen

Bei einem Gang durch unsere historischen Altstädte – insbesondere in den ländlichen Bereichen Hessens – ist das Augenmerk des Betrachters oftmals darauf gerichtet, daß zwischen Gebäuden benachbarter Grundstücke schmale Zwischenräume in der Form von Reihen, Gassen oder Winkel anzutreffen sind. Im Rechtssinne handelt es sich hierbei regelmäßig um eine Grenzeinrichtung im Sinne des § 921 BGB. Die Zweckbestimmung derartiger Grenzeinrichtungen war durchaus verschieden. Vielfach ging es nur darum, daß eine Scheidung der beiden Grundstücke herbeigeführt wurde. Ein wesentlicher Gesichtspunkt war sicherlich, bedingt durch den Fachwerkbau, die Abwendung der Feuergefahr, aber auch die Ableitung des Dachtraufwassers, die Zuführung von Licht und Luft bzw. die Ermöglichung des Durchgangs. Eine spezifische Regelung für diese Einrichtung war nicht erforderlich, weil das Bürgerliche Gesetzbuch in den §§ 921 und 922 bereits die erforderlichen sachgerechten Bestimmungen über den Inhalt des gemeinschaftlichen Benut-

Winkel und Gassen

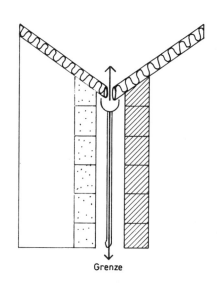

Grenze

40

zungsrechts dieser Einrichtungen vorsieht. In eigentumsrechtlicher Hinsicht wird die Grenzfläche ohnedies durch die Grenzlinie real geteilt, zumal Grundstücksteilflächen nie wesentliche Bestandteile eines Grundstücks sein können.

Das Vorliegen objektiver Merkmale entscheidet darüber, welcher Vorteil sich aus der Beschaffenheit der Grenzeinrichtung für beide Grundstücke ergibt. Hieraus folgt weiter, daß den Nachbarn nur eine dieser Zweckbestimmung entsprechende Nutzung gestattet ist. Wer ein darüber hinaus gehendes Benutzungsrecht an dieser Einrichtung für sich beansprucht, muß dies durch einen besonderen Erwerbsgrund, beispielsweise durch Bestellung einer Grunddienstbarkeit oder in der Form der Ersitzung nachweisen.

3.3 Überbau

Vom Überbau spricht man, wenn ein Grundstückseigentümer bei der Errichtung einer baulichen Anlage die Grundstücksgrenze zum Nachbarn hin überschreitet und sein Haus zum Teil auf dem benachbarten Grundstück errichtet. Ein Überbau liegt aber auch dann vor, wenn nicht das Bauwerksfundament mit Teilen auf dem Nachbargrundstück errichtet wird, sondern Bauwerksteile in den Luftraum des Nachbarn reichen, wie z.B. ein Balkon.

Das Bürgerliche Gesetzbuch regelt in seinen §§ 912–916 den sogenannten unrechtmäßigen Überbau. Der Nachbar hat einen solchen Überbau nach § 912 Abs. 1 BGB zu dulden, wenn dem Bauherrn insoweit weder Vorsatz

Überbau:

Bauwerksteile ragen in den Luftraum des nachbarlichen Grundstückes.

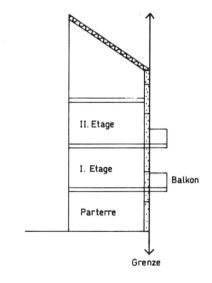

41

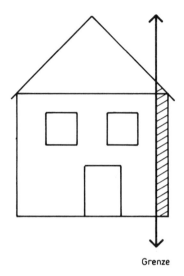

Überbau:

*Das Fundament ist
mit dem schraffierten
Teil auf dem
Nachbargrundstück
errichtet*

Grenze

noch grobe Fahrlässigkeit zur Last gelegt werden kann. Diese Duldungspflicht ändert jedoch nichts an dem Tatbestand des unrechtmäßigen Überbaus. Für die Frage, ob den Überbauenden ein Verschulden trifft, ist der Zeitpunkt der Grenzüberschreitung maßgeblich [27]. Den schuldhaft bewirkten Überbau braucht der Nachbar nicht zu dulden. Er kann die Beseitigung des Überbaus nach § 1004 BGB, gegebenenfalls auch Schadensersatz verlangen. Die Duldungspflicht des Nachbarn entfällt für den Fall, daß er vor oder sofort nach der Grenzüberschreitung Widerspruch erhoben hat. Da die Beseitigung des Bauwerks für den Bauherrn, der bei entschuldigtem Überbau im guten Glauben über die Grenze gebaut hat, eine außerordentliche Härte bedeuten würde, hat der Gesetzgeber in diesem Fall eine Duldungspflicht für den betroffenen Nachbarn geschaffen unter der volkswirtschaftlichen Erwägung, daß der Erhaltung bestehender Gebäude gegenüber der Durchsetzung der Eigentumsrechte Vorrang einzuräumen ist.

§ 912 Abs. 2 BGB gibt dem betroffenen Nachbarn als Ausgleich für die ihn treffende Duldungspflicht beim unrechtmäßigen, aber entschuldigten Überbau einen Entschädigungsanspruch. Die Entschädigung ist in der Form einer Geldrente zu erbringen. Sie muß jährlich im voraus entrichtet werden. Für ihre Höhe ist die Zeit der Grenzüberschreitung maßgebend. Schuldner der Rentenzahlung ist der Eigentümer des verpflichteten Grundstückes (§ 913 BGB).

Bemessungsgrundlage für die Rente ist der Verkehrswert der überbauten Fläche zum Zeitpunkt der Grenzüberschreitung, wobei in diesem Zusammenhang konkrete Bebauungsmöglichkeiten zu berücksichtigen sind.

Beispiele:

a) Bei gleichem Maß der zulässigen baulichen Nutzung des Grundstückes des überbauenden sowie des überbauten Nachbargrundstückes.

Die überbaute Fläche möge 100 qm betragen; als Bodenrichtwert soll ein Betrag von 100,– DM pro qm angenommen werden. Der Wert der überbauten Fläche beträgt demzufolge 10.000,– DM. Die Nutzungsdauer des Überbaus möge 50 Jahre betragen. Da nach § 915 Abs. 2 BGB im Falle eines eventuellen Verkaufs des überbauten Grundstücksteils die Überbaurente bis zur Zahlung des Kaufpreises zu leisten ist, folgt hieraus, daß im allgemeinen die normale Rendite aus dem Kapitalwert der überbauten Grundstücksfläche als Überbaurente zu leisten ist [28]. Bei einer angemessenen Rendite zum Zeitpunkt des Überbaus mit einem angenommenen Zinssatz von 6,5% rechnet sich abgezinst der Barwert des Kapitals (Wert der überbauten Fläche) unter Multiplizierung mit dem Faktor 0,04291 auf einen jährlichen Rentenbetrag von 429,10 DM [29].

b) Bei unterschiedlichem Maß der baulichen Nutzung des Grundstücks des Überbauenden einerseits und des überbauten Nachbargrundstücks andererseits.

Bei der Ermittlung des Bodenwertes ist unter Umständen von besonderer Bedeutung, daß das überbaute Grundstück in anderem Maße zulässigerweise bebaut werden kann. Hierbei unterstellen wir — wie sich aus der nachstehenden Übersicht ergibt — daß sich das überbaute Grundstück hinsichtlich der zulässigen Zahl der Vollgeschosse und der Geschoßflächenzahl gegenüber dem Grundstück des Überbauenden unterscheidet.

Beträgt nun der Bodenwert je qm des überbauten Grundstücks 200,– DM, dann verändert sich um das doppelte der Bodenwert der mit 100 qm überbauten Fläche auf 20.000,– DM. Dementsprechend beläuft sich dann die zu zahlende Überbaurente unter Zugrundelegung des Faktors von 0.04291 auf jährlich 858,20 DM.

Nach § 914 Abs. 1 Satz 1 BGB geht dieses Rentenrecht anderen Rechten an dem belasteten Grundstück, also auch älteren, vor. Allerdings wird das Rentenrecht nicht im Grundbuch eingetragen. Mit der Beseitigung des Überbaus erlischt das Rentenrecht. An Stelle der Geltendmachung der Entschädigungsrente gewährt § 915 BGB dem Rentenberechtigten die Möglichkeit, jederzeit den Abkauf des überbauten Grundstücksteils frei von allen Lasten von dem Rentenpflichtigen zu verlangen.

Berechnung der Überbaurente

Grundstück des Überbauenden		Überbautes Nachbargrundstück		
Grundstücksgröße	600 qm		500 qm	
Zulässiges Maß der baulichen Nutzung:				
Zahl der Vollgeschosse	1		2	
Grundflächenzahl	0,4		0,4	
Geschoßflächenzahl	0,5		0,8	
Zulässige Grundfläche				
600 qm x 0,4 =	240 qm	500 qm x 0,4 =	200 qm	
Zulässige Geschoßfläche				
240 qm x 1 =	240 qm	500 qm x 0,8 =	400 qm	
Bodenrichtwert	100 DM	Gesuchter Bodenwert je qm:		
Bodenwert		$\dfrac{250 \times 400}{500}$ = 200 DM		
600 (qm) x 100 (DM)				
=	60 000 DM			
Bodenwert je qm				
bebaubare Geschoßfläche		Bodenwert		
60 000 (DM) : 240 (qm)		500 (qm) x 200 (DM)		
=	250 DM	= 100 000 DM		

Gewisse Besonderheiten gelten für den sogenannten rechtmäßigen Überbau, von dem man spricht, wenn der Eigentümer des Nachbargrundstücks in formfreier Weise zur Vornahme des Überbaus seine Zustimmung erteilt hat. Aus der Zustimmung folgt konsequenterweise die Duldungspflicht im Hinblick auf den vorgenommenen Überbau, so daß dessen Beseitigung nicht verlangt werden kann. Allerdings ist ein Einzelrechtsnachfolger des Zustimmenden nicht an die nur schuldrechtlich wirkende Zustimmungserklärung gebunden, es sei denn, daß das Überbaurecht durch eine Grunddienstbarkeit gesichert ist. Der Anspruch auf eine Überbaurente ist bei Vorliegen eines Überbauverhältnisses auch dann begründet, wenn der Eigentümer mit dem Überbau einverstanden war [30].

Der Eigentümer eines überbauten Grundstückes hat auch dann Anspruch auf Zahlung einer Überbaurente, wenn sein Sonderrechtsvorgänger dem Überbau zugestimmt hat [31].

Neigt sich die Grenzmauer eines Gebäudes erst nach ihrer Errichtung über die Grenze, sind die §§ 912 ff BGB entsprechend anzuwenden. Auch in einem solchen Fall ist für die Höhe der Rente die Zeit der Grenzüberschreitung maßgebend [32].

Zur Rentenzahlung selber ist anzumerken, daß Verzugszinsen nicht beansprucht werden können und Ansprüche auf Rückstände ausweislich § 197 BGB in vier Jahren vom Schlusse des Kalenderjahres ab verjähren, in welchem der Anspruch fällig geworden ist. Das Rentenrecht erlischt mit der Beseitigung des Überbaus, aber auch durch Verzicht des Rentenberechtigten. Dieser Verzicht auf die Überbaurente erlangt jedoch erst mit Eintragung zum Grundbuch dingliche Wirkung.

4 Notwegerecht

Gebäude dürfen unter anderem nach § 4 Abs. 1 Nr. 2 HBO nur errichtet werden, wenn das Grundstück in einer solchen Breite an eine befahrbare öffentliche Verkehrsfläche grenzt oder eine solche öffentlich-rechtlich gesicherte Zufahrt zu einer befahrbaren öffentlichen Verkehrsfläche hat, daß der Einsatz von Feuerlösch- und Rettungsgeräten ohne Schwierigkeiten möglich ist. Um dieses Hindernis bei der Errichtung eines Gebäudes auszuräumen bzw. um die Voraussetzungen zur Genehmigung des Bauvorhabens zu schaffen, kann der Eigentümer eines Grundstücks von seinem Nachbarn nach § 917 BGB verlangen, daß dieser bis zur Behebung des Mangels die Benutzung seines Grundstücks zur Herstellung der erforderlichen Verbindung duldet, wenn seinem Grundstück die zur ordnungsgemäßen Benutzung notwendige Verbindung mit einem öffentlichen Wege fehlt. Hierbei stellt die aus § 917 BGB folgende Duldungspflicht für das Verbindungsgrundstück eine gesetzliche Beschränkung dar, wie umgekehrt das Benutzungsrecht für das verbindungslose

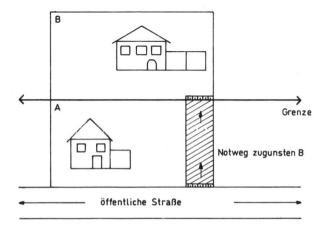

Grundstück eine gesetzliche Erweiterung des Eigentumsinhalts zum Gegenstand hat. Hinsichtlich der Duldung von Leitungen auf Privatgrundstücken enthalten die §§ 30–34 NRG Spezialvorschriften, die unter 11. (Duldung von Leitungen) näher besprochen werden. Voraussetzung für die Geltendmachung des aus § 917 BGB folgenden Anspruchs auf Einräumung eines Notweges ist, daß dem Grundstück die erforderliche Verbindung mit einem öffentlichen Weg fehlt. Ein dauerndes Fehlen der Verbindung ist nicht erforderlich; ausreichend ist, wenn sie nur, weil z.b. ein Weg für die Materialzufuhr zu dem Baugrundstück benötigt wird, für vorübergehende Zeit nötig wird. Neben der fehlenden Verbindung zu einem öffentlichen Weg ist weiter Voraussetzung, daß eine solche Verbindung für die ordnungsmäßige Benutzung des verbindungslosen Grundstücks erforderlich ist. Hierbei sind objektive Gesichtspunkte, nicht aber ein persönliches Bedürfnis des Eigentümers oder Nutzungsberechtigten ausschlaggebend. Da die Verbindung notwendig sein muß, genügt es nicht, wenn die Benutzung der vorhandenen Verbindungen lediglich unbequem oder lästig ist. Neben der Benutzung als solcher müssen weiter Art und Ausmaß erforderlich sein. Eine Zufahrt für Kraftfahrzeuge auf ein Wohngrundstück ist nicht erforderlich, wenn in der Nähe auf der Straße ausreichende Parkmöglichkeiten bestehen. Bei der Möglichkeit von mehreren Wegen muß die Benutzung der konkreten Verbindung erforderlich sein, was einer Abwägung zwischen dem Interesse an der geringsten Belastung durch den Notweg und dem an größter Effektivität des Notwegs erfordert. Nur dann gewährt § 917 BGB ein Notwegerecht, wenn die Erschwernisse, die mit einer anderen Verbindungsmöglichkeit des Grundstückseigentümers verbunden sind, derart groß sind, daß durch sie bei wirtschaftlicher Betrachtung die Benutzung des Grundstücks aufgehoben oder in unzumutbarer Weise geschmälert wird. Bevor aber das benachbarte Grundstück für einen Notweg in Anspruch genommen wird, hat der Grundstückseigentümer zunächst jede andere Lösung zu erwägen, so daß ein Notwegerecht über das Nachbargrundstück erst dann in Betracht kommt, wenn diese Lösung zu teuer ist und in keinem Verhältnis zu der wirtschaftlichen Ausnutzung seines Grundstücks mehr steht.

Bevor der Klageweg zur Geltendmachung des Notwegerechts beschritten wird, wird jeder vernünftige Grundstückseigentümer eine gütliche Vereinbarung mit seinem Nachbarn erstreben. Bei der Einräumung einer Grunddienstbarkeit bedarf dies jedoch notarieller Form.

Eingangs war davon die Rede, daß nach § 4 Abs. 1 Nr. 2 HBO ein Bebauungshindernis darin bestehen kann, daß dem Grundstück die Zufahrtsmöglichkeit zu einer befahrbaren öffentlichen Verkehrsfläche fehlt. In diesem Zusammenhang war von einer öffentlich-rechtlichen Sicherung der Zufahrt die Rede. Hier ist insbesondere an die sogenannte Baulast im Sinne von § 109 HBO zu denken. Nach dieser Vorschrift können Grundstückseigentümer durch Erklärung gegenüber der Bauaufsichtsbehörde öffentlich-rechtliche Verpflichtungen zu einem ihre Grundstücke betreffenden Tun, Dulden oder Unterlassen übernehmen, die sich nicht schon aus öffentlich-rechtlichen Vorschriften ergeben. Der Eigentümer eines Grundstückes, der öffentlich-rechtlich durch eine Baulast gebunden ist, kann gegen den Baulastbegünstigten, der das Grundstück baulastgemäß, aber ohne zivilrechtlichen Rechtsgrund nutzt, einen Bereicherungsanspruch wegen unbefugter Inanspruchnahme seines Eigentums haben. Die Baulast selbst stellt keinen Rechtsgrund für die Nutzung dar [33].

Oftmals entsteht Streit im Hinblick auf ein als Grunddienstbarkeit eingetragenes Wegerecht insofern, als strittig ist, von welchen Personen das Wegerecht ausgeübt werden kann und in welchem Umfang. Sofern der Bestellungsakt Gegenteiliges nicht ergibt, kann ein als Grunddienstbarkeit eingetragenes Wegerecht auch von solchen Personen ausgeübt werden, die zum Eigentümer des herrschenden Grundstücks in besonderer Beziehung stehen, wie insbesondere Familienangehörige, Besucher, Mieter und Pächter. Der Umfang der Dienstbarkeit (Wegerecht) kann sich im Laufe der Zeit ändern. Enthält ein Grundbucheintrag, wonach der Berechtigte über das belastete Grundstück fahren und gehen darf, um auf sein eigenes Grundstück zu gelangen, keine Beschränkung auf einen genau bestimmten Teil des belasteten Grundstücks, so ist im Zweifel anzunehmen, daß der Berechtigte das belastete Grundstück in seinem ganzen Umfang zur Ausübung seines Rechts benutzen darf und nicht ein für allemal auf einen Teil des Grundstücks angewiesen ist. Allerdings muß eine solche Grunddienstbarkeit schonend ausgeübt werden unter Berücksichtigung des durch die Verkehrsauffassung bestimmten und durch äußerliche Merkmale ausgeprägten Charakters des belasteten Grundstücks. Strittig ist unter benachbarten Grundstückseigentümern ferner oftmals die Frage, wer zur Anlegung und Unterhaltung des Notweges verpflichtet ist, und wem insbesondere bei Eis und Schnee im Winter die Streupflicht obliegt. § 917 BGB verpflichtet lediglich zur Einräumung des Notwegerechts unter den dort beschriebenen Voraussetzungen. Dem Duldungsverpflichteten obliegt jedoch keine positive Tätigkeit. Die Anlegung und Unterhaltung des Notweges ist daher allein Angelegenheit des Notwegeberechtigten, in dessen Pflichtenkreises es ferner gehört, im Winter bei Glatteis zu streuen und Schnee zu beseitigen. Dem Notwegeberechtigten obliegt insoweit also auch die Verkehrssicherungspflicht.

Nach § 917 Abs. 2 Satz 1 BGB ist der Nachbar, über dessen Grundstück der Notweg führt, durch eine Geldrente zu entschädigen. Schuldner der Rente ist der Eigentümer des Grundstücks, der keine Verbindung mit einem öffentlichen Weg hat, gleichgültig, ob er den Grund und Boden seines Grundstücks selbst bewirtschaftet oder die Benutzung durch einen schuldrechtlichen Vertrag beispielsweise einem Pächter überlassen hat.

Die Höhe der Rente richtet sich nach dem Nachteil, den der Eigentümer des vom Notweg betroffenen Grundstücks erleidet. Zur Höhe der Geldrente ist zu berücksichtigen, daß ein mit einem Notwegerecht belastetes Grundstück in seinem Verkehrswert gemindert ist. Das Landgericht Moosbach [34] ist der Auffassung, daß derjenige Betrag für eine Notwegerente angemessen sei, der unter Berücksichtigung der Bedeutung des Notwegerechts einen der Billigkeit entsprechenden Ausgleich für die Benutzung des mit dem Notwegerecht belasteten Grundstücks gewähre. Hierbei ist einerseits von Bedeutung, welches Interesse der Berechtigte an dem Notweg hat und andererseits, inwieweit das Eigentum des zur Einräumung des Notwegerechts Verpflichteten beeinträchtigt wird. Ebenso muß berücksichtigt werden, wie der Notweg von dem berechtigten benutzt wird. § 917 Abs. 2 Satz 2 BGB stellt die Notwegerente der Überbaurente gleich. Wegen der Berechnung derselben kann daher auf die Ausführungen zur Überbaurente verwiesen werden.

Macht der Eigentümer eines Grundstückes ein Notwegerecht nach § 917 BGB geltend, kann sein Grundstücksnachbar die Duldung desselben bis zur Zahlung der Notwegerente verweigern [35].

Die Verpflichtung zur Rentenzahlung beginnt mit jenem Zeitpunkt, in welchem das Verlangen auf Duldung des Notwegerechts gestellt wird. Die Rente ist gemäß §§ 917 Abs. 2 Satz 1 und 913 BGB jährlich im Voraus zu entrichten. Ansprüche wegen Rentenrückstände verjähren nach § 197 BGB in vier Jahren. Der Anspruch auf Einräumung des Notwegerechts unterliegt der Verjährung nicht (§ 924 BGB).

Wie aus § 918 Abs. 1 BGB folgt, tritt eine Verpflichtung zur Duldung des Notweges nicht ein, wenn die bisherige Verbindung des Grundstücks mit dem öffentlichen Wege durch eine willkürliche Handlung des Eigentümers aufgehoben wird, er beispielsweise eine Mauer errichtet hat, die den Zugang zur Straße verhindert.

§ 918 Abs. 2 BGB befaßt sich mit dem Sonderfall, daß ein Grundstück geteilt wird und durch die Teilung der veräußerte oder zurückbehaltene Teil von der Verbindung mit dem öffentlichen Wege abgeschnitten wird. In diesem Fall hat der Eigentümer desjenigen Teiles, über welchen die Verbindung bisher stattgefunden hat, den Notweg zu dulden.

5 Grundstücksabsenkung und Vertiefung;
   Aufschüttung

Beim Ausheben der Baugrube kann es vorkommen, daß infolge Grundstücksvertiefung der Boden des benachbarten Grundstückes die erforderliche Stütze
verliert. Das dies rechtlich unzulässig ist besagt § 909 BGB: Ein Grundstück
darf nicht in einer Weise vertieft werden, daß der Boden des Nachbargrundstücks die erforderliche Stütze verliert, es sei denn, daß für eine genügende

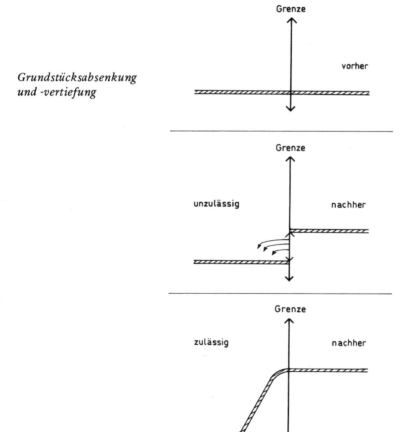

Grundstücksabsenkung
und -vertiefung

anderweitige Befestigung gesorgt ist. Der beeinträchtigte Nachbar kann im Rahmen von § 1004 BGB die Einwirkung auf sein Grundstück untersagen oder die Beseitigung des Zustandes verlangen. Ihm steht auch die Möglichkeit offen, Schadensersätz gemäß § 909 BGB zu verlangen. Für die Anwendbarkeit der Vorschrift des § 909 BGB reicht jede Senkung des Bodenniveaus aus, vorausgesetzt, sie wirkt sich auf die Beschaffenheit des Nachbargrundstücks aus und nimmt ihm die erforderliche Stütze. Eine unzulässige Vertiefung liegt auch dann vor, wenn der Boden unmittelbar infolge der durch Druck ausgelösten Vertiefung im Nachbargrundstück oder infolge der mit dieser Vertiefung im Zusammenhang stehenden Pressung vom Nachbargrundstück in Bewegung gerät und in sich seinen Halt verliert.

Wird durch eine Aufschüttung auf das benachbarte Grundstück eingewirkt, so sind entsprechende Unterlassungs- oder Beseitungsansprüche bzw. Schadensersatzansprüche aus § 907 BGB in Verbindung mit § 823 Abs. 2 BGB gegeben.

Droht die Gefahr des Abrutsches von Teilen einer Erderhöhung, kann ein Anspruch aus § 908 BGB in Frage kommen.

Wird durch eine Grundstücksvertiefung ohne Verschulden des Eigentümers dem Boden des Nachbargrundstücks die erforderliche Stütze entzogen, so kommt ein nachbarrechtlicher Ausgleichsanspruch des geschädigten Eigentümers aus § 906 BGB in Betracht [36]. § 909 BGB richtet sich nicht nur gegen den Eigentümer sondern gegen Jedermann. Daher haftet jeder, der die Vertiefung veranlaßt hat, sei es der Bauherr, der Architekt, der Statiker oder der Bauunternehmer.

§ 909 BGB schützt lediglich die Festigkeit des Bodens des Nachbargrundstücks. Wird dem Boden eines Nachbargrundstücks die erforderliche Stütze durch Vertiefung genommen, hierdurch das auf dem Nachbargrundstück errichtete Gebäude verkantet und als Folge einer solchen Verkantung ein Gebäude auf einem weiteren Grundstück beschädigt, so ist dieser letztere Schaden nicht von dem durch § 909 BGB bezweckten Schutz des Bodens des Nachbargrundstücks umfaßt. Eine Ersatzpflicht kann sich hier für den betroffenen Eigentümer jedoch aus § 823 Abs. 1 BGB ergeben [37].

6 Gefahrdrohende Anlagen — Gebäudeeinsturz

Gegenüber gefahrdrohenden Anlagen gewährt § 907 BGB einen von § 1004 BGB unabhängigen vorbeugenden Abwehranspruch. Bei den von dieser Vorschrift genannten Anlagen kann es sich um Bauwerke, Gräben, Erdaufschüttungen und ähnliches handeln. Allerdings gehören Bäume und Sträucher nicht zu den Anlagen im Sinne von § 907 BGB. Insoweit ist auf die landesrechtlichen Vorschriften in den § 38 ff NRG zu verweisen.

Diese Anlage muß eine unzulässige Einwirkung auf das benachbarte Grundstück zur Folge haben.

Man denke an die Garageneinfahrt in Grenznähe. Von Hauseingängen zu Wohngebäuden mit mehr als zwei Vollgeschossen und von Kinderspielplätzen sollen Abstellplätze, Garageneinfahrten, Zu- und Abfahrten, Stellplätze und Garagen sowie Abluftöffnungen von Garagen nach § 67 Abs. 9 Satz 2 HBO mindestens fünf Meter entfernt bleiben.

Gebäudeeinsturz

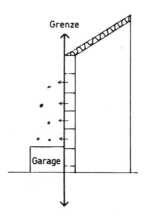

Man denke an Kompostbehältnisse, die bei Wahrung eines Grenzabstands von 2,50 Meter nach § 7 Abs. 5 Satz 2 HBO zulässig sind. Genügt eine Anlage den landesgesetzlichen Vorschriften, kann deren Beseitigung erst verlangt werden, wenn die unzulässige Einwirkung tatsächlich hervortritt.

Natürliche Bodenerhebungen fallen nicht unter den Anwendungsbereich des § 907 BGB.

§ 908 BGB gibt dem Eigentümer eines Grundstücks einen vorbeugenden Unterlassungsanspruch, wenn seinem Grundstück die Gefahr droht, daß es durch den Einsturz eines Gebäudes oder eines anderen Werkes, das mit einem Nachbargrundstück verbunden ist, durch die Ablösung von Teilen des Gebäudes oder des Werkes beschädigt wird. Anspruchsgegner ist derjenige, welcher als Besitzer nach § 836 Abs. 1 BGB oder nach den §§ 837, 838 BGB für den eintretenden Schaden verantwortlich sein würde. § 837 BGB spricht nicht den Eigenbesitzer des Grundstücks, sondern den Eigenbesitzer des Gebäudes an, also z.b. den Nießbraucher oder den Pächter eines Grundstückes, der in Ausübung seines Pachtrechts auf dem Grundstück ein Gebäude errichtet hat, das nur er, nicht aber der eigentliche Eigentümer des Grundstücks besitzt. § 838 BGB betrifft denjenigen, der die Unterhaltung eines Gebäudes vertraglich übernommen hat.

7 Fenster- und Lichtrecht

Entgegen der Überschrift im dritten Abschnitt des NRG "Fenster- und Lichtrecht" wird das Lichtrecht in den §§ 11—13 NRG nicht behandelt, sondern lediglich das sogenannte Fensterrecht. Unter dem sogenannten Fensterrecht verstehen wir jene Normen, die sich mit der Anlage und Ausgestaltung der Fenster mit Sicht zum Nachbargrundstück durch den Grundeigentümer befassen.

Sowohl nach § 70 Abs.2 Satz 1 der Hess. Bauordnung vom 6.7.1957, als auch nach § 96 Abs. 6 Satz 1 der novellierten Hess. Bauordnung vom 31.8. 1976 wurde und wird die Baugenehmigung unbeschadet der Rechte dritter Personen — also auch der Nachbarn — erteilt. § 25 HBO a.F. sah zum Zwecke einer "ausreichenden Besonnung, Belichtung und Belüftung der Aufenthaltsräume . . ." gewisse Bauwerks- und Grenzabstände vor. Dem Gesetzgeber des NRG erschien jedoch die hier getroffene Regelung als unzureichend, weil die nach § 25 Abs. 4 HBO a.F. möglichen Ausnahmen nur unter bauordnungsrechtlichen, nicht aber unter zivil-nachbarrechtlichen Gesichtspunkten zugelassen oder versagt werden konnten. Der Mindestbauwerksabstand betrug nach § 25 Abs. 2 HBO a.F. 2,50 Meter. Das gleiche galt für den Grenzabstand nach § 25 Abs. 3 HBO a.F. Mit § 11 NRG wurde eine zivilrechtliche Regelung getroffen, wonach in den hiervon umfaßten Fallgruppen die Frage nach der Zulassung eine Ausnahme von dem Gebot des Mindestabstandes von 2,50 Meter gegenstandslos wurde, als der Nachbar die Einwilligung entweder versagte oder zu ihrer Abgabe rechtskräftig über §§ 11 Abs. 2 NRG, 894 ZPO verurteilt wurde.

In oder an der Außenwand des Gebäudes, die parallel oder in einem Winkel bis 60 Grad zur Grenze des Nachbargebäudes verläuft, dürfen Fenster oder Türen oder zum Betreten bestimmte Bauteile nach § 11 Abs. 1 NRG nur mit Einwilligung des Eigentümers des Nachbargrundstücks angebracht werden,

Fenster- und Lichtrecht (hier § 11 Abs. 1 NRG)

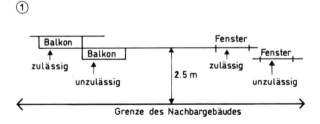

wenn die Fenster, die Türen oder die Bauteile von der Grenze einen geringeren Abstand als 2,50 Meter einhalten sollen.

Für parallel zur Grenze des Nachbargebäudes verlaufende Außenwände zeigt die Skizze 1 jene Fälle auf, in denen die Errichtung der in § 11 Abs. 1 NRG angesprochenen Bauteile zulässig bzw. unzulässig ist.

Aus der nachfolgenden Skizze 2 ist ersichtlich, ab welchem Bereich von der Grenze des Nachbargebäudes aus gesehen, das Anbringen von Bauteilen im Sinne von § 11 Abs. 1 NRG zulässig bzw. nicht zulässig ist.

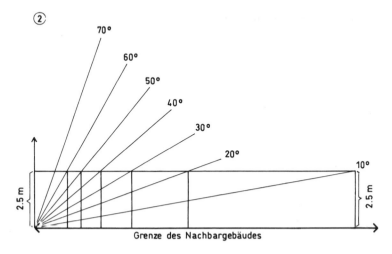

Die Skizze 3 zeigt als Ausschnitt hieraus zwei Fallgruppen. In der von links gesehenen ersten Skizze ist das Fenster ohne Einwilligung des Eigentümers des Nachbargrundstücks unzulässig, da es unter 60 Grad zum Nachbargebäude hin verläuft und einen Abstand von unter 2,50 Meter einhalten soll. Das Fen-

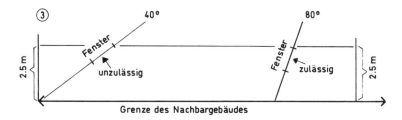

ster rechts hiervon wiederum ist zulässig, obgleich es einen geringeren Abstand von 2,50 Meter zum Nachbargebäude einhält, weil die betreffende Außenwand in einem Winkel von mehr als 60 Grad zum Nachbargebäude hin verläuft.

An dieser Stelle sei nochmals betont, daß die von der Bauaufsichtsbehörde nach § 94 Abs. 2 HBO erteilte Befreiung von den Vorschriften der §§ 7–9 HBO nicht die Einwilligung des Nachbarn nach § 11 NRG ersetzt. Will der Bauherr mit seinem Bauvorhaben näher an das Nachbargrundstück oder die dort vorhandenen baulichen Anlagen heranrücken als gesetzlich vorgesehen, benötigt er oftmals nicht nur eine ausdrückliche Befreiung, die von der Bauaufsichtsbehörde erteilt wird, sondern auch die zivil-nachbarrechtliche Einwilligung seines Nachbarn gemäß § 11 NRG.

Als besonderer Ausdruck des Gedankens von Treu und Glauben muß nach § 11 Abs. 2 NRG die Einwilligung erteilt werden, wenn keine oder nur geringfügige Beeinträchtigungen zu erwarten sind.

Ob keine oder nur geringfügige Beeinträchtigungen zu erwarten sind, muß aus den vorliegenden Umständen heraus beantwortet werden. Hierbei können eine wesentliche Rolle die Gesichtspunkte der Feuersicherheit spielen, aus denen heraus die Beeinträchtigung erwartet werden kann; andererseits liegt unter Umständen keine oder nur eine unbeachtliche Beeinträchtigung vor, wenn die Fenster Einsicht in ein Innenhofgelände gewähren, das ohnedies nur als Stellplatz für Mülltonnen und Kraftfahrzeuge dient und für eine weitergehende Bebauung nicht geeignet ist.

Die Darstellung wäre unvollständig, würde ein Hinweis auf die nachbarschützenden Normen in § 8 HBO fehlen. Zum besseren Verständnis daher zunächst der Wortlaut des § 8 HBO:

§ 8 Abstände und Abstandsflächen

(1) Gebäude und Gebäudeteile müssen von anderen vorhandenen oder auf Nachbargrundstücken zulässigen Gebäuden oder Gebäudeteilen einen Abstand von mindestens 3 m einhalten. Befinden sich Öffnungen in gegenüberliegenden Wänden, so beträgt der Abstand mindestens 5 m. Wände liegen sich gegenüber, wenn sie einander in einem Winkel von weniger als 75° zugekehrt sind. Ausnahmen von Satz 1 und 2 können

für Garagen, Gewächshäuser und Nebenanlagen für die örtliche Versorgung mit Elektrizität, Gas, Wärme, Kälte oder Wasser zugelassen werden, wenn wegen des Brandschutzes Bedenken nicht bestehen. Größere Abstände können aus Gründen der öffentlichen Sicherheit, insbesondere des Brandschutzes, verlangt werden.

(2) Zwischen Wänden gegenüberliegender vorhandener oder auf Nachbargrundstücken zulässiger Gebäude oder Gebäudeteile muß vor notwendigen Fenstern eine Abstandsfläche eingehalten werden; dies gilt auch, wenn andere bauliche Anlagen notwendigen Fenstern gegenüberliegen. Die Abstandsfläche ist so zu bemessen, daß die Aufenthaltsräume ausreichend belichtet werden. Es sind jedoch Mindestabstände zur Wahrung des Nachbarfriedens einzuhalten. Die Landesregierung wird ermächtigt, den notwendigen Abstand nach Satz 1 bis 3 durch Rechtsverordnung zu regeln.

(3) Zwischen baulichen Anlagen und Wäldern, Mooren und Heiden ist ein zur Vermeidung einer Gefahr erforderlicher Abstand zu wahren.

Hierbei ist für das Fensterrecht von Bedeutung, daß die in § 8 Abs. 2 Satz 3 HBO genannten Mindestabstände zur Wahrung des Nachbarfriedens nachbarschützende Funktion haben. Auch § 8 Abs. 2 Satz 2 HBO dient dem Schutz des Nachbarn, als dem Bauherrn die Einhaltung eines Abstandes vor Fenstern auf dem Nachbargrundstück aufgegeben wird. Da der VGH Kassel die Abstandsflächenverordnung vom 9.5.1977 [38] und vom 27.9.1978 [39] für nichtig erachtet hat [40], wird der Mindestabstand zur Wahrung des Nachbarfriedens in Anlehnung an § 11 NRG mit 5 Metern angenommen [41].

Die auch dem Schutz des Nachbarn dienenden Abstandsvorschriften der HBO sind zugleich Schutzgesetze im Sinne von § 823 Abs. 2 BGB. Aus einer schuldhaften Verletzung dieser Vorschriften durch den Bauherrn kann der Nachbar einen Beseitigungsanspruch nach § 249 BGB geltend machen bzw. einen Unterlassungsanspruch aus § 1004 BGB.

Soweit dem Bauherrn jedoch eine Befreiung von den Bestimmungen der HBO gewährt wurde, sind hierdurch zivilrechtliche Ansprüche des Nachbarn ausgeschlossen. Bevor der Nachbar aus der Verletzung ihn schützender Abstandsvorschriften zivilrechtliche Konsequenzen ziehen kann, muß er zuvor auf dem Verwaltungsrechtsweg nach erfolgloser Durchführung des Vorverfahrens die Aufhebung des dem Bauherrn gewährten Dispenses herbeiführen [42]. Das Einwilligungserfordernis des § 11 Abs. 1 NRG gilt nach § 12 NRG nicht, soweit nach öffentlich-rechtlichen Vorschriften Fenster, Türen oder zum Betreten bestimmte Bauteile anzubringen sind, ferner für lichtdurchlässige, jedoch undurchsichtige und gegen Feuereinwirkungen widerstandsfähige Wandbauteile, wobei hier z.B. an Glasbausteine zu denken ist, und schließlich für Außenwände gegenüber Grenzen zu öffentlichen Straßen, zu öffentlichen Grünflächen und zu Gewässern.

Nach § 24 HBO müssen Räume ihrem Zweck entsprechend durch Tageslicht belichtet und belüftet werden können. § 62 Abs. 6 HBO spricht von sogenannten notwendigen Fenstern, wenn es ausführt, daß Aufenthaltsräume unmittelbar ins

Freie führende und lotrechtstehende Fenster von solcher Zahl, Größe und Beschaffenheit haben müssen, daß die Räume ausreichend belichtet und belüftet werden können. Hier muß man wissen, daß es zur nachbarrechtlichen Zulässigkeit eines Fensters nicht ausreichend ist, wenn das Bauvorhaben unzulässig würde, weil nur ein nach dem Bauplan vorgesehenes Fenster als notwendiges Fenster entfällt, das zur Belichtung des betreffenden Raumes erforderliche Fenster aber nicht an der Stelle außerhalb des Schutzstreifens des § 11 Abs. 1 NRG angebracht werden kann. Auch hier gilt also das das Nachbarrecht durchziehende Rücksichtnahmegebot: Der Bauherr muß prüfen, ob er nicht durch eine zweckgerichtete andere Gestaltung das Fenster außerhalb des nach § 11 Abs. 1 NRG vorgeschriebenen Abstandes anbringen kann.

Nach § 63 Abs. 3 Satz 1 HBO muß jede Wohnung mindestens einen ausreichend besonnten Aufenthaltsraum haben. Nordlage aller Aufenthaltsräume einer Wohnung ist unzulässig (§ 63 Abs. 3 Satz 2 HBO).

Fällt nun die eine von zwei Außenwänden eines Raumes in den Schutzstreifen des § 11 Abs. 1 NRG, kann der Nachbar verlangen, daß das zur Belichtung erforderliche Fenster in jene Außenwand angebracht wird, die nicht in den Schutzstreifen fällt. Dies geht wiederum dann nicht, wenn die nicht in den Schutzstreifen fallende Außenwand in den Anwendungsbereich des zuvor angesprochenen § 63 Abs. 3 HBO fällt.

Nach § 13 NRG ist der aus § 11 Abs. 1 NRG folgende Beseitigungsanspruch ausgeschlossen, wenn die Einrichtung bei Inkrafttreten des Gesetzes vorhanden war und ihr Abstand dem bisherigen Gesetz entsprach bzw. wenn der Nachbar nicht binnen eines Jahres nach dem Anbringen der Einrichtung Beseitigungsklage erhoben hat.

8 Dachtraufe

Vor Inkrafttreten des BGB war das sogenannte Traufrecht teilweise als Grunddienstbarkeit mit dem Inhalt ausgebildet, daß der Eigentümer des Hauses das von der Dachtraufe fließende Wasser auf das Grundstück des Nachbarn ableiten durfte. Teilweise beinhaltete das Traufrecht lediglich eine durch Gegenbeweis nicht ausschließbare Vermutung, daß bei der Erbauung eines Hauses in der Breite des sogenannten "Trümpfraumes" von der Grenze des eigenen Grundstücks zurückgeblieben worden war. Bezüglich jener Gebäude, die nach Inkrafttreten des BGB errichtet wurden, kann von einem Traufrecht nicht mehr gesprochen werden, da weder das BGB noch seine Ausführungsgesetze einschlägige Vorschriften hierüber enthalten.

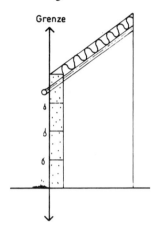

Niederschlagswasser darf nicht auf das Nachbargrundstück abgeleitet werden!

Die Hess. Bauordnung befaßt sich an zwei Stellen mit der Ableitung von Niederschlagswasser, nämlich einmal in § 40 mit seinen Absätzen 1, 5 und 9 und dann schließlich in § 58. Dächer müssen die Niederschläge sicher ableiten (§ 40 Abs. 1 Satz 1 HBO). Niederschlagswasser ist so abzuführen, daß Bauteile nicht durchfeuchtet werden (§ 40 Abs. 5 HBO). Bei Dächern an öffentlichen Verkehrsflächen und über Eingängen können Vorrichtungen zum Schutz gegen das Herabfallen von Schnee, Eis und Dachteilen verlangt werden (§ 40 Abs. 9 HBO). Nach § 58 HBO dürfen bauliche Anlagen nur errichtet werden, wenn die einwandfreie Beseitigung des Abwassers, einschließlich des Niederschlagwassers, und der Abfälle dauernd gesichert ist. Die Anlagen sind so anzuordnen, herzustellen und zu unterhalten, daß sie dauerhaft und betriebssicher sind und Gefahren oder unzumutbare Nachteile und Belästigungen nicht entstehen. Diese − bauordnungsrechtlichen − und somit öffentlich-rechtlichen Vorschriften dienen dem Schutz des Hauses und seine Bewohner sowie der Allgemeinheit vor Beeinträchtigungen. Sie haben daher von ihrer Schutzrichtung aus gesehen keinen spezifisch nachbarschützenden Charakter.

§ 26 NRG richtet sich mit bestimmten Geboten an den Eigentümer und die Nutzungsberechtigten eines Grundstückes. Diese müssen ihre baulichen Anlagen so einrichten, daß Niederschlagswasser nicht auf das Nachbargrundstück tropft oder nach diesem abgeleitet wird. Weiter müssen die baulichen Anlagen so eingerichtet werden, daß auf das eigene Grundstück tropfende oder abgeleitete Niederschlagswasser nicht auf das Nachbargrundstück übertritt. Hinsichtlich des Begriffes der baulichen Anlage kann auf § 2 HBO verwiesen werden. Man wird den Begriff der baulichen Anlage in § 26 NRG jedoch weiter fassen müssen: hierunter fallen demzufolge beispielsweise auch künstliche

Traufdienstbarkeit

Aufschüttungen. Im Gegensatz zu § 21 NRG muß es sich jedoch hier um Wasser handeln, das zuvor auf eine bauliche Anlage aufgetroffen war.

Beispiel:

Jemand errichtet auf seinem Grundstück unmittelbar an das Nachbargebäude angrenzend eine Mülltonnenabdeckung aus festen Bauteilen, auf die er eine Blumenwanne stellt. Das Oberflächenwasser wird in die darunter liegende sich anschließende Blumenwanne abgeführt. Als Folge hiervon wird die Wand des Nachbargebäudes durchfeuchtet. Diese Durchfeuchtung wird insbesondere dadurch hervorgerufen, daß beide Wannen zum Grundstück unseres Eigentümers hin so abgeschlossen sind, daß das Oberflächenwasser neben dem Versickern im Erdbereich der Blumenwanne nicht zum Grundstück unseres Eigentümers hin abfließen kann. Unser Eigentümer ist dem Nachbarn gegenüber nach § 823 Abs. 2 BGB i.V. 26 NRG zum Ersatz des bei diesem eingetretenen Schadens verpflichtet. Er ist weiter verpflichtet, Vorkehrungen zu treffen, mittels welchen erreicht wird, daß die in § 26 NRG enthaltenen Gebote erfüllt werden.

Die in § 26 Abs. 1 NRG enthaltenen Gebote finden keine Anwendung auf freistehende Mauern entlang öffentlichen Straßen und öffentlichen Grünflächen.

§ 27 Abs. 1 NRG betrifft den Fall, daß ein Eigentümer bzw. ein Nutzungsberechtigter aus besonderem Rechtsgrund (Vertrag oder Dienstbarkeit) zur Duldung der Traufe des Nachbarn verpflichtet ist. Er erhält die Befugnis, auf seine Kosten Sammel- und Abflußeinrichtungen an dem Nachbargebäude anzubringen, um so die ihn beeinträchtigende Wirkung der Traufe abzumildern. Er ist indes auch verpflichtet, die von ihm angebrachten Dach-

Traufdienstbarkeit

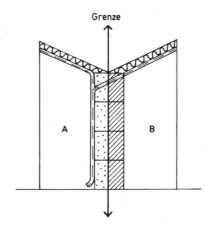

58

rinnen und Abflußrohre zu unterhalten. Voraussetzung ist jedoch, daß die damit für den Nachbarn verbundenen Beeinträchtigungen unerheblich sind.

Nach §§ 27 Abs. 2, 23 NRG ist der Traufberechtigte verpflichtet, Schäden, die bei Ausübung des Rechts auf Anbringen von Sammel- und Abflußeinrichtungen auf dem betroffenen Grundstück entstehen, zu ersetzen. Auf Verlangen ist Sicherheit in Höhe des voraussichtlichen Schadensbetrages zu leisten, wobei in diesem Falle die Sammel- bzw. Abflußeinrichtung an der baulichen Anlage des Nachbarn erst dann angebracht werden darf, wenn Sicherheit geleistet wurde.

Gemäß §§ 27 Abs. 2, 24 NRG ist die Absicht, eine besondere Sammel- und Abflußleitung an der baulichen Anlage des traufberechtigten Nachbarn anzubringen zwei Wochen vor Beginn der Bauarbeiten dem Eigentümer bzw., soweit deren Rechtsstellung oder Besitzstand davon berührt wird − z.B. eines Mieters, auch den Nutzungsberechtigten des betroffenen Grundstücks anzuzeigen.

9 Hammerschlags- und Leiterrecht

§ 28 Abs. 1 NRG charakterisiert den Inhalt des Hammerschlags- und Leiterrechtes dahingehend, als es die Befugnis des Eigentümers und der Nutzungsberechtigten eines Grundstücks beinhaltet, das Nachbargrundstück zum Zwecke der Errichtung, Veränderung, Unterhaltung oder Beseitigung einer baulichen Anlage zu betreten, auf oder über ihm Gerüste aufzustellen sowie die zu den Bauarbeiten erforderlichen Gegenstände über das Nachbargrundstück zu bringen und dort zu lagern. Hierzu schuldet der Nachbar eine entsprechende Duldungserklärung, wenn die in § 28 Abs. 1 Nr. 1−3 näher geschilderten Voraussetzungen erfüllt sind. Im Weigerungsfalle muß der Berechtigte Duldungsklage erheben, hat also kein Recht zur Selbsthilfe. Zwar ist in § 28 Abs. 1 NRG nur von "dem Eigentümer und Nutzungsberechtigten des Nachbargrundstückes" die Rede; es versteht sich jedoch, daß aus der wörtlichen Formulierung heraus die Anspruchsberechtigten nicht etwa verpflichtet sind, es persönlich auszuüben. Selbstverständlich steht es diesen frei, die Arbeiten Dritten, fachkundigen Handwerkern zu übertragen.

Das Recht aus § 28 NRG steht dem Nachbarn nur zu, wenn sämtliche nachstehend genannten Voraussetzungen erfüllt sind:

a) Das Vorhaben − etwa Verputz einer Hausfassade − kann anders nicht zweckmäßig oder nur mit unverhältnismäßig hohen Kosten durchgeführt werden,

b) die mit der Duldung für den verpflichteten Nachbarn verbundenen Nachteile oder Belästigungen dürfen nicht außer Verhältnis zu dem von dem Berechtigten erstrebten Vorteil stehen und

c) das Bauvorhaben muß den baurechtlichen Vorschriften entsprechen.

Diese drei genannten Voraussetzungen müssen zusammen vorliegen.

Einer Erläuterung bedarf die unter c) genannte Ausübungsvoraussetzung. Wenn es heißt, daß das Vorhaben den baurechtlichen Vorschriften entsprechen müsse, dann bedeutet dies zunächst, daß das Bauvorhaben in formeller und materieller Hinsicht den Bestimmungen des Bauplanungs- und Bauordnungsrechtes entsprechen muß. Hinsichtlich der baugenehmigungsbedürftigen Vorhaben muß also eine bestandskräftige Baugenehmigung vorliegen. Die überwiegende Auffassung [43] geht davon aus, daß die Einlegung eines Widerspruchs gegenüber der einem Nachbarn erteilten Baugenehmigung zwar aufschiebende Wirkung hinsichtlich der Baugenehmigung zeigt, indessen kein Verbot des Weiterbauens bewirkt. Will der Nachbar eine besondere Stilllegungsmaßnahme erwirken, muß er die Bauaufsichtsbehörde durch Erlaß einer einstweiligen Anordnung nach § 123 VwGO veranlassen, also einen Baustop erwirken. Der vorläufige Rechtsschutz des Nachbarn ist von seinem Begehren her auf die Stillegungsmaßnahme, auf die Verzögerung des Baubeginns gerichtet. Wegen der aufschiebenden Wirkung des Rechtsbehelfs kann die Baubehörde die notwendigen Sistierungsmaßnahmen selber anordnen. Für den Fall, daß sie untätig bleibt, kann der Nachbar im Wege der einstweiligen Anordnung nach § 123 VwGO bei dem zuständigen Verwaltungsgericht erreichen, daß die Baubehörde verpflichtet wird, die Bauarbeiten zu verhindern. Ein Anspruch auf Erlaß einer einstweiligen Anordnung – auf einen Baustop gerichtet – ist für den Nachbarn nach der Rechtsprechung des VGH Kassel gegeben, wenn

– das beanstandete Vorhaben gegen zwingendes Baurecht verstößt,

– Voraussetzungen für Ausnahmen oder Befreiungen nicht bestehen sowie

– entweder die verletzten Vorschriften auch dem Nachbarschutz dienen und der Antragsteller beeinträchtigt wird oder die Verletzung objektiven Rechtes zu einer nachhaltigen Veränderung der baulichen Situation führt, die den Antragsteller schwer und unerträglich in seinem Eigentum trifft [44].

Zu der Frage, in welcher Form der Nachbar im öffentlichen Baurecht vorläufigen Rechtsschutz erreichen kann, hat der VGH Kassel [45] die Voraussetzungen des Anordnungsanspruches dargelegt und darüber hinaus ausgeführt, daß das Gericht gemäß § 123 Abs. 1 Satz 1 VwGO auch schon vor Klageerhebung eine einstweilige Anordnung in Bezug auf den Streitgegenstand treffen kann, wenn die Gefahr besteht, daß durch eine Veränderung des bestehenden Zustandes (Anordnungsgrund) die Verwirklichung des Rechtes des Antragstellers (Anordnungsanspruch) vereitelt oder wesentlich erschwert werden könnte. In der Antragsschrift sind diese Voraussetzungen glaubhaft zu machen (§ 123 Abs. 3 VwGO i.V.m. § 920 ZPO).

Dementsprechend wird auch der Zivilrichter eine Duldungsklage nach § 28 NRG abweisen, wenn vom Verwaltungsgericht ein Baustop angeordnet worden ist. Umgekehrt liegen die Voraussetzungen des § 28 Abs. 1 Nr. 3 NRG vor, wenn der Anspruchssteller zum Zeitpunkt der Geltendmachung seines Duldungsanspruchs in öffentlich-rechtlicher Sicht zur Vornahme der Bauarbeiten befugt ist, weil sein Nachbar über das Verwaltungsgericht noch keinen Baustop verfügt hat.

Hinsichtlich der nur anzeigepflichtigen bzw. genehmigungsfreien Bauvorhaben muß das um Duldung angegangene Zivilgericht selbständig prüfen, ob die vom Anspruchsinhaber vorzunehmenden Arbeiten in bauordnungsrechtlicher Hinsicht zulässig sind.

§ 28 Abs. 1 Nr. 3 NRG spricht untechnisch von baurechtlichen Vorschriften, umfaßt also auch die Frage der zivilrechtlichen Zulässigkeit des Vorhabens. Der um Duldung angegangene Nachbar kann somit durchaus einredeweise entgegenhalten, daß dem Ansinnen des Anspruchsinhabers nachbarliche Vorschriften des Bürgerlichen Gesetzbuches oder des NRG entgegenstehen. Man denke daran, daß das Hammerschlags- und Leiterrecht herangezogen wird, um unter Verstoß gegen § 11 NRG in der 2,5 m breiten Schutzzone in der Außenwand eines Gebäudes einen Balkon zu errichten oder Fenster einzubringen.

In § 28 Abs. 2 Satz 1 NRG betont das Gesetz nochmals, daß das Hammerschlags- und Leiterrecht "mit tunlichster Schonung" auszuüben ist. Wird das betroffene Grundstück landwirtschaftlich oder gewerbsmäßig gärtnerisch genutzt, so darf das Recht nicht geltend gemacht werden, wenn sich die Arbeiten unschwer auf einen späteren Zeitpunkt verlegen lassen, etwa zu einem Zeitpunkt außerhalb der Vegetationsperiode oder nach Ablauf der Erntezeit.

Der mit dem Hammerschlags- und Leiterrecht gewährte Anspruch findet gegenüber öffentlichen Straßen keine Anwendung: hier greifen die öffentlich-rechtlichen Vorschriften für den Gemeingebrauch ein. Für Bundesfernstraßen ist auf die §§ 7, 8 des Bundesfernstraßengesetzes (FStrG) zu verweisen. § 7 Abs. 1 Satz 1 FStrG definiert den Gemeingebrauch dahingehend, als der Gebrauch der Bundesfernstraßen jedermann im Rahmen der Widmung und der verkehrsbehördlichen Vorschriften zum Verkehr gestattet ist. Die Benutzung der Bundesfernstraßen über den Gemeingebrauch hinaus ist Sondernutzung (§ 8 Abs. 1 Satz 1 FStrG) und bedarf der Erlaubnis der Straßenbaubehörde, in Ortsdurchfahrten der Erlaubnis der Gemeinde. Soweit die Gemeinde nicht Träger der Straßenbaulast ist, darf sie die Erlaubnis nur mit Zustimmung der Straßenbaubehörde erteilen. Die Gemeinde kann durch Satzung bestimmte Sondernutzungen in den Ortsdurchfahrten von der Erlaubnis befreien und die Ausübung regeln. Die Erlaubnis darf nur auf Zeit oder Widerruf erteilt werden und kann mit Bedingungen und Auflagen versehen werden. Die Einräumung von Rechten zur Benutzung des Eigentums der Bundesfernstraßen richtet sich nach Bürgerlichem Recht, wenn sie den Gemeingebrauch nicht beeinträchtigt, wobei eine Beeinträchtigung von nur kurzer Dauer für Zwecke der öffentlichen Versorgung außer Betracht bleibt (§ 8 Abs. 10 FStrG). Die Ausübung des Hammerschlags- und Leiterrechts bedarf also im Hinblick auf die Bundesfernstraßen der besonderen Erlaubnis seitens der zuständigen Behörde, da diese über den Gemeingebrauch hinaus als Sondernutzung zu qualifizieren ist.

Für Landes-, Kreis- und Gemeindestraßen finden sich parallel gelagerte Vorschriften in den §§ 14, 16 ff Hess. StraßenG. Öffentliche Straßen sind nach § 2 Abs. 1 Hess. StraßenG diejenigen Straßen, Wege und Plätze, die dem öffentlichen Verkehr gewidmet sind. Auch § 14 Hess. StraßenG definiert den Gemeingebrauch als Gebrauch der öffentlichen Straßen, der jedermann im Rahmen der Widmung und der verkehrsrechtlichen Vorschriften gestattet ist. Der Gebrauch der öffentlichen Straßen über den Gemeingebrauch hinaus (Sondernutzung) bedarf auch nach § 16 Abs. 1 Satz 1 Hess. StraßenG der Erlaubnis der Straßenbaubehörde. Die Erlaubnis für Sondernutzungen an Kreisstraßen darf nur im Einvernehmen mit dem Träger der Straßenbaulast erteilt werden. Die Erlaubnis darf (§ 16 Abs. 2 Hess. StraßenG) nur auf Zeit oder auf Widerruf erteilt werden, Bedingungen und Auflagen sind zulässig. Eine auf Zeit erteilte Erlaubnis kann schließlich widerrufen werden, wenn dies zum Wohl der Allgemeinheit erforderlich ist. Der Erlaubnisnehmer hat ferner dem Träger der Straßenbaulast alle Kosten zu ersetzen, die diesem durch die Sondernutzung zusätzlich entstehen. Der Träger der Straßenbaulast kann hierfür sogar angemessene Vorschüsse und Sicherheiten verlangen (§ 16 Abs. 3 Hess. StraßenG).

Daneben steht dann an den vorbezeichneten öffentlichen Straßen, Plätzen und Wegen den Anliegern der sogenannte "gesteigerte Gemeingebrauch" zu, dessen Umfang sich nach den entsprechenden örtlichen und zeitlichen Verhältnissen richtet. Dieser gesteigerte Gemeingebrauch ist seinem Wesen nach unentgeltlich und schließt die Befugnis ein, bei Bauarbeiten an dem eigenen Grund Teile der dem öffentlichen Verkehr gewidmeten Fläche vorübergehend zum Aufstellen von Baugerüsten in Anspruch zu nehmen, soweit diese Inanspruchnahme das Maß des Erforderlichen nicht überschreitet und die Benutzung der Straße im Rahmen der Widmung völlig unmöglich macht.

§ 29 NRG schließlich besagt, daß für die Verpflichtung und zum Schadensersatz aus Anlaß der Ausübung des Hammerschlags- und Leiterrechts und zur Anzeige die Vorschriften der §§ 23—25 NRG entsprechend gelten.

Die Absicht, das Hammerschlags- und Leiterrecht auszuüben, ist nach §§ 29, 24 Abs. 1 NRG zwei Wochen vor Beginn der Bauarbeiten dem Eigentümer und, soweit deren Rechtsstellung oder Besitzstand davon berührt wird, auch den Nutzungsberechtigten, beispielsweise Mietern, Pächtern, aber auch Nießbrauchinhabern des betroffenen Grundstücks anzuzeigen. Eine Ausnahme besteht nur für den Fall, daß das Hammerschlags- und Leiterrecht zur Abwendung einer gegenwärtig vorhandenen erheblichen Gefahr ausgeübt werden muß (§§ 29, 25 NRG).

Ohne Rücksicht auf ein Verschulden ist derjenige, der das Hammerschlags- und Leiterrecht ausübt, zum Ersatz der Schäden, die bei Ausübung der Rechte aus §§ 28 ff NRG entstehen, verpflichtet. Auf Verlangen des zur Duldung Verpflichteten ist nach §§ 29, 23 Satz 2 NRG Sicherheit in Höhe des voraussichtlichen Schadensbetrages zu leisten. Diese Sicherheit ist vor Beginn der Arbeiten zu erbringen. Auch hier wiederum entfällt nach §§ 29, 25 NRG die Verpflichtung zur Vorableistung der Sicherheit, wenn das Hammerschlags- und Leiterrecht zur Abwendung einer gegenwärtigen erheblichen Gefahr erforderlich wird.

10 Höherführen von Schornsteinen

Wenn der Nachbar sein Gebäude aufstockt, kann dies zur Folge haben, daß den Schornsteinen des benachbarten Gebäudes die erforderliche Zugluft genommen wird. Nach den Vorschriften des BGB steht dem Eigentümer, der durch das Höherbauen oder das Aufstocken des Nachbargebäudes beeinträchtigt ist, kein Unterlassungsanspruch zu. Ein derartiger Unterlassungsanspruch kann insbesondere nicht auf § 1004 BGB gestützt werden, weil Einwirkungen keine "Beeinträchtigung" im Sinne von 1004 BGB darstellen. Das durch die Aufstockungsarbeiten betroffene Nachbargrundstück verliert zwar in mittelbarer Weise gewisse Vorteile, wird aber hierdurch nicht unmittelbar betroffen. Der hierdurch entstehenden Zwangslage kann man sich nur dadurch entziehen, indem man Schornsteine und Lüftungsschächte höher führt. Mangels einer Eigentumsbeeinträchtigung muß der benachteiligte Hauseigentümer wiederum die Kosten des Höherführens seiner Schornsteine selber tragen, zumal er nach § 51 HBO verpflichtet ist, die Schornsteine so anzuordnen, daß der Rauch ohne Gefahr oder unzumutbare Nachteile und Belästigungen abziehen kann.

Aus dem Rücksichtnahmegebot heraus findet sich jedoch ein Ausgleich, der insbesondere in § 36 Abs. 1 NRG seinen Niederschlag gefunden hat. Der Eigentümer und die Nutzungsberechtigten eines Grundstückes müssen nämlich hiernach dulden, daß an ihrem Gebäude der Eigentümer oder die Nutzungsberechtigten des angrenzenden **niederen** Gebäudes ihre Schornsteine und Lüftungsschächte befestigen wenn

— die Erhöhung der Schornsteine und Lüftungsschächte zur Erzielung der notwendigen Zug- und Saugwirkung erforderlich ist und

— die Befestigung der höher geführten Schornsteine und Lüftungsschächte anders nicht zweckmäßig oder nur mit unverhältnismäßig hohen Kosten durchgeführt werden kann.

Der Eigentümer und der Nutzungsberechtigte des benachbarten Grundstücks muß nach § 36 Abs. 2 NRG ferner dulden, daß die höher geführten Schornsteine und Lüftungsschächte des Nachbargebäudes von ihrem Grundstück aus unterhalten und gereinigt und die hierzu erforderlichen Einrichtungen angebracht werden, wenn diese Maßnahmen anders nicht zweckmäßig oder nur mit unverhältnismäßig hohen Kosten durchgeführt werden können. Die duldungsverpflichteten Eigentümer und Nutzungsberechtigten können ihren Nachbarn aber darauf verweisen, eine Steigleiter an ihrem Gebäude anzubringen und zu benutzen, wenn diese Lösung sich als technisch zweckmäßig herausstellt.

Hinsichtlich des Schadensersatzes und der Anzeigepflicht verweist § 37 — wie bei der Ausübung des Hammerschlags- und Leiterrechts — auf die §§ 23—25 NRG.

11 Duldung von Leitungen

Die §§ 917 und 918 BGB gewähren zwar ein gesetzliches Notwegerecht, verfügen aber über keine Vorschriften und Regelungen, die den Umstand berücksichtigen, daß das einzelne Grundstück nicht immer unmittelbar an den im öffentlichen Straßenbett verlaufenden Hauptstrang des zentralen Entwässerungsnetzes oder der Wasserversorgungsleitung angeschlossen werden kann. Voraussetzung ist also, daß die Möglichkeit geschaffen wird, Leitungen durch ein angrenzendes Grundstück zu verlegen. Hinzu kommt, daß Gebäude nach § 4 Abs. 1 HBO nur errichtet werden dürfen, wenn bei Errichtung von Aufenthaltsräumen gesichert ist, daß bei Ingebrauchnahme der Gebäude die Verkehrsflächen sowie Wasserversorgungs-, Abwasser- und Energieversorgungsanlagen in dem erforderlichen Umfang benutzbar sind. Nach § 54 Abs. 1 HBO dürfen Gebäude mit Aufenthaltsräumen nur errichtet werden, wenn die Versorgung mit Trinkwasser dauernd gesichert ist. Bauliche Anlagen dürfen nach § 58 HBO ferner nur errichtet werden, wenn darüber hinaus auch die einwandfreie Beseitigung des Abwassers einschließlich des Niederschlagswassers und der Abfälle dauernd gesichert ist. Hierbei sind die Anlagen so anzuordnen, herzustellen und zu unterhalten, daß sie dauerhaft und betriebssicher sind und Gefahren oder unzumutbare Nachteile und Belästigungen nicht entstehen. Ein Leitungsrecht kannte unsere Rechtsordnung in Hessen lediglich auf Grund §§ 12 des Telegraphen-Wegegesetzes vom 18.12.1899, wonach die Telegraphenverwaltung befugt war und ist, Telegraphenleitungen durch den Luftraum über Grundstücken, die nicht Verkehrsweg sind, zu führen, soweit nicht dadurch die Benutzung des Grundstückes nach den zur Zeit der Herstellung der Anlage bestehenden Verhältnissen wesentlich beeinträchtigt wird. Die Väter des NRG haben den hierin begründeten Gedanken für Versorgungs- und Abwasserleitungen mit Schaffung der §§ 30 ff NRG nutzbar gemacht.

Nach der Systematik des von den §§ 30–35 NRG geregelten Notleitungsrechtes können 3 Sachverhaltsgruppen unterschieden werden:

1. § 30 Abs. 1 NRG
   Der Eigentümer bzw. der Nutzungsberechtigte des Nachbargrundstückes, dem ein Anschluß an die öffentliche Kanalisation oder Wasserversorgung fehlt, legt eine Leitung durch das duldungsverpflichtete Grundstück.

2. § 30 Abs. 2 NRG
   Das betroffene Grundstück verfügt bereits über entsprechende Versorgungs und Entwässerungsleitungen zum öffentlichen Netz hin, und der berechtigte Nachbar schließt sich an das bereits vorhandene Versorgungs- und Entwässerungsnetz an.

3. § 34 Abs. 1 NRG
   Der Leitungsberechtigte hat über das Grundstück des betroffenen eine Leitung verlegt, an die sich der zur Duldung verpflichtete Nachbar seinerseits anschließt.

Die nachstehenden Skizzen erläutern die 3 genannten Anwendungsfälle.

(1)

§ 30 Abs. 1 NRG

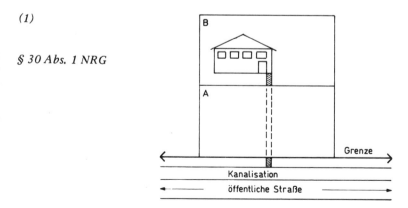

(2)

§ 30 Abs. 2 NRG

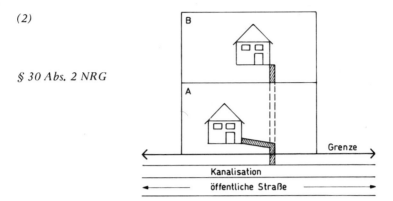

(3)

§ 34 Abs. 1 NRG

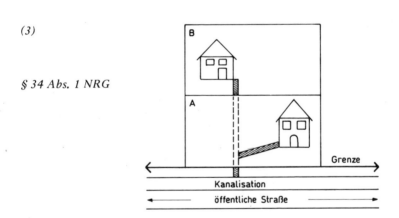

Das Notleitungsrecht der §§ 30 ff NRG bezieht sich einmal auf die Versorgungsleitungen und meint hiermit Wasser-, Strom- und Gasleitungen sowie Zu- und Ableitungen von Fernheizwerken und schließlich das Entwässerungsnetz. Aktiv- und passivlegitimiert sind jeweils die Eigentümer und die Nutzungsberechtigten einander benachbarter Grundstücke.

Die Duldungsvoraussetzungen sind in den §§ 30 ff NRG der Duldungspflicht beim Hammerschlags- und Leiterrecht nachgebildet. Voraussetzung zur Auslösung der Duldungspflicht ist, daß der Anschluß an das Versorgungs- und

Entwässerungsnetz anders nicht zweckmäßig oder nur mit unverhältnismäßig hohen Kosten durchgeführt werden kann und darüber hinaus, daß die damit verbundene Beeinträchtigung nicht erheblich ist.

Bestehen für den Anspruchsinhaber mehrere Möglichkeiten durch das benachbarte Grundstück Versorgungs- oder Entwässerungsleitungen hindurch zu führen, so muß die für das betroffene Nachbargrundstück schonendste Möglichkeit gewählt werden (§ 30 Abs. 3 NRG).

Ob die Duldungspflicht für Leitungen durch das benachbarte Grundstück besteht, muß im übrigen für jede Leitung feststehen.

In dem zu 2. dargestellten Fall beschränkt sich die Duldungsverpflichtung auf das bloße Dulden des Anschlusses, wenn das duldungspflichtige Grundstück bereits über einen Anschluß an das Versorgungs- und Entsorgungsnetz verfügt. Voraussetzung ist aber hier, daß die vorhandenen Leitungen von ihrer Kapazität her groß genug sind, um beide Grundstücke zu versorgen bzw. zu entsorgen. Ist dies nicht der Fall, weil der Querschnitt der vorhandenen Leitungen unzureichend ist, ist § 30 Abs. 2 NRG nicht anwendbar; es ist vielmehr dann zu prüfen, ob nicht ein Duldungsanspruch aus § 30 Abs. 1 NRG vorliegt.

Im Falle des § 30 Abs. 1 fallen die Kosten der Hindurchführung von Versorgungs- und Entsorgungsleitung durch das benachbarte Grundstück ausschließlich dem Duldungsberechtigten zur Last.

Im Falle des § 30 Abs. 2 NRG muß der Berechtigte jedoch einen angemessenen Beitrag zu den Herstellungskosten des Leitungsteils leisten, den er nach vorgenommenem Anschluß mitbenutzen möchte.

Der Berechtigte hat die nach § 30 Abs. 1 NRG verlegten Leitungen oder die nach § 30 Abs. 2 NRG hergestellten Anschlußleitungen auf seine Kosten zu unterhalten. Zu den von ihm mitbenutzten Anschlußleitungen auf dem benachbarten Grundstück hat er hinsichtlich der dort anfallenden Unterhaltungskosten einen angemessenen Betrag zu leisten. Die Unterhaltungsverpflichtung umfaßt nicht nur die Reparatur von Schäden, sondern auch die Wiederherstellung zerstörter Rohrleitungen.

Damit der Unterhaltungsverpflichtete die zur Unterhaltung der Leitungen erforderlichen Arbeiten an seiner Leitung durchführen kann, berechtigt § 31 Abs. 2 NRG ihn, das betroffene Nachbargrundstück zu betreten.

Hinsichtlich der Schadensersatzpflicht und der Anzeigeverpflichtungen verweist § 32 NRG auf die §§ 23—25. Es kann hier auf die Ausführungen zum Hammerschlags- und Leiterrecht verwiesen werden.

Versorgungs- und Abwasserleitungen, die in Ausübung eines Duldungsanspruches aus § 30 NRG in einem fremden Grundstück verlegt werden, bleiben im übrigen Eigentum des Anspruchsberechtigten, weil der Anspruch aus § 30 NRG ein Recht am Grundstück im Sinne des § 95 Abs. 1 Satz 2 BGB ist [46].

§ 34 Abs. 1 NRG betrifft, wie aus den eingangs herausgearbeiteten Fallgruppen ersichtlich, jenen Fall, daß der bereits aus § 30 Abs. 1 NRG in Anspruch genommene Nachbar berechtigt ist, seinerseits an die bereits verlegten Leitungen anzuschließen, wenn diese von ihrer Kapazität her ausreichen, um die Versorgung oder Entsorgung beider Grundstücke sicherzustellen.

§ 34 Abs. 2 NRG hat den Fall im Auge, daß ein auf dem zur Duldung verpflichteten Grundstück bereits errichtetes oder noch zu erstellendes Gebäude an die Leitungen angeschlossen werden soll, welche der Nachbar durch das duldungsverpflichtete Grundstück hindurchzuführen gedenkt. In diesem Fall können sowohl die Eigentümer als auch die Nutzungsberechtigten des betroffenen Grundstücks verlangen, daß die Leitungen in einer ihrem Vorhaben Rechnung tragenden und technisch vertretbaren Weise verlegt werden.

Hiermit ist jene Situation angesprochen, daß der Anspruchsberechtigte von seinem Duldungsanspruch aus § 30 Abs. 1 NRG noch keinen Gebrauch gemacht hat, dies aber demnächst bevorsteht. Der Sinn dieser Vorschrift ist der, daß unnütze Aufwendungen erspart werden. Der Eigentümer und die Nutzungsberechtigten des betroffenen Grundstückes können also verlangen, daß die Leitungen in einer Dimension so verlegt werden, daß ihr Gebäude an diese angeschlossen werden kann. Verlangt der duldungsverpflichtete Eigentümer eine solche Leitungsverlegung, so daß sein Gebäude hieran angeschlossen werden kann, dann muß er die hierdurch entstehenden Mehrkosten erstatten. Auf Verlangen muß er in Höhe der voraussichtlich entstehenden Mehrkosten binnen zwei Wochen Vorschuß leisten. Im Sinne eines zügigen Voranschritts der Bauarbeiten erlischt der Anspruch aus § 34 Abs. 2 NRG, wenn der Vorschuß nicht innerhalb der Zweiwochenfrist geleistet wird.

Das Notleitungsrecht nach § 30 NRG kann nur ausgeübt werden, wenn die damit verbundene Beeinträchtigung unerheblich ist. Für den Fall, daß nach § 30 Abs. 1 NRG verlegte Leitungen oder nach § 30 Abs. 2 NRG hergestellte Anschlußleitungen nachträglich zu einer erheblichen Beeinträchtigung führen, können die Eigentümer und die Nutzungsberechtigten des betroffenen Grundstücks nach § 33 Abs. 1 NRG von dem Berechtigten verlangen, daß er seine Leitungen beseitigt und die Beseitigung der Teile der Leitungen, die gemeinschaftlich benutzt werden, duldet. Mindert der Berechtigte die Beeinträchtigung durch die vorhandenen Leitungen auf ein unerhebliches Maß, entfällt der Beseitigungsanspruch aus § 33 Abs. 1 NRG.

Aus der nachstehenden Übersicht kann die Frage beantwortet werden, wer die Kosten für die Beseitigung der Leitungen bei nachträglich auftretenden erheblichen Beeinträchtigungen zu tragen hat:

§§		Beseitigung der Leitungen bei nachträglichen erheblichen Beeinträchtigungen — Kostentragung
1.	§ 30 Abs. 1	Errichter der beeinträchtigenden Leitung
2.	§ 30 Abs. 2	a) Die Anschlußleitung beeinträchtigt — deren Errichter
		b) Die angeschlossene Leitung beeinträchtigt: Beseitigungsrecht des Errichters; Nachbar muß ersatzlos dulden, daß er abgeschnitten wird; ggf. erneuter Duldungsanspruch aus § 30 Abs. 1 und 2
3.	§ 34 Abs. 1	wie 1) und 2)
4.	§ 34 Abs. 2	Berufung des Duldungspflichtigen ist treuewidrig

Nach § 35 NRG gelten die §§ 30—34 nicht für die Verlegung von Leitungen in öffentlichen Straßen und in öffentlichen Grünflächen. Dies hat seinen Grund darin, daß der Eigentümer einer öffentlichen Straße — regelmäßig der Träger der Straßenbaulast — den übrigen Grundstückseigentümern nicht gleichgestellt werden kann, weil der Träger der Straßenbaulast, seien es der Bund, das Land oder die Gemeinde, frei bestimmen können muß, wo eine Längsleitung zu verlegen ist.

12 Veränderung des Grundwasserspiegels

Der unter 5. abgehandelte § 909 BGB schützt — wie wir hier gesehen hatten — lediglich die Festigkeit des Bodens des Nachbargrundstücks. Hiermit wird aber nicht der Fall angesprochen, daß durch Einwirken auf ein Grundstück, sei es bedingt durch eine Aufschüttung oder die Errichtung eines Gebäudes, das Grundwasser steigt und in das benachbarte Gebäude eindringt und hier Schäden verursacht. Diese Gesetzeslücke sollte nach dem Willen der Väter des NRG geschlossen werden. Umgekehrt ist natürlich auch der Fall denkbar, daß infolge baulicher Aktivitäten auf dem Nachbargrundstück der Grundwasserspiegel sinkt und benachbarte Gebäude Schaden nehmen. Dies zu verhindern ist der Zweck des § 20 NRG, der es dem Eigentümer und den Nutzungsberechtigten des Grundstücks verbietet, auf dem Untergrund des Grundstücks mit physikalischen oder chemischen Mitteln in einer Weise einzuwirken, daß der Grundwasserspiegel steigt oder sinkt, und dadurch auf ein Nachbargrundstück erhebliche Beeinträchtigungen hervorgerufen werden. Jeder Bauherr ist daher gut beraten, wenn er vor Beginn der Baumaßnahmen eine Baugrunduntersuchung erstellen läßt, um festzustellen, ob das beabsichtigte Vorhaben geeignet ist, auf den Untergrund und insbesondere die Grundwasserverhältnisse einzuwirken.

Aufschüttungen oder Grundstückserhöhungen, die eine Änderung der Oberflächenwasserverhältnisse bewirken mit der Folge, daß das wild abfließende Wasser nicht mehr wie bisher von dem Nachbargrundstück auf das jetzt erhöhte Grundstück ablaufen kann oder in dem umgekehrt von dem jetzt erhöhten Grundstück wild abfließendes Wasser auf das Nachbargrundstück läuft, fallen nicht unter den Anwendungsbereich des § 20 NRG: hier sind die nachstehend behandelten §§ 21 ff NRG einschlägig.

§ 20 NRG stellt ein Schutzgesetz im Sinne von § 823 Abs. 2 BGB dar. Ein Schadensersatzanspruch aus Verletzung der Schutzvorschrift des § 20 NRG setzt Verschulden voraus.

Der Schutzbereich des § 20 NRG ist ein anderer, als der des § 3 des Wasserhaushaltsgesetzes [47]. Die zuletzt genannte Vorschrift regelt als Benutzung im Sinne des Wasserhaushaltsgesetzes das Aufstauen, Absenken und Umleiten von Grundwasser durch hierzu bestimmte und geeignete Maßnahmen, die eine dauernde oder doch erhebliche schädliche Veränderung der Beschaffenheit des Wassers herbeiführen können. Es handelt sich hierbei also um Maßnahmen, die für den gesamten Wasserhaushalt von Bedeutung sind.

13 Wild abfließendes Wasser

Unter wild abfließendem Wasser versteht § 21 Abs. 1 NRG einmal "oberirdisch außerhalb eines Bachbettes abfließendes Quellwasser" und zum anderen "Niederschlagswasser". Hiermit ist zugleich klargestellt, daß unter wild abfließendem Wasser das in einem künstlich angelegten Bett oder in der Leitung verlaufende Wasser nicht angesprochen ist.

Das in § 21 Abs. 2 NRG angesprochene Verbot geht in zweierlei Richtungen. Wild abfließendes Wasser darf der Nachbar nicht durch eigene Einwirkung von seinem Grundstück ausgehend auf das benachbarte Grundstück verstärken. Er darf ferner den Zufluß des vom höher liegenden Nachbargrundstück wild abfließenden Wassers auf sein Grundstück nicht hindern. Beide Verbote setzen natürlich voraus, daß dadurch die Nachbargrundstücke erheblich beeinträchtigt werden.

Beispiel:

Der Abfluß wild abfließenden Wassers auf dem Nachbargrundstück wird verstärkt, wenn das höher gelegene Grundstück durch Bepflasterung versiegelt wird (Fall es § 21 Abs. 2 Nr. 1 NRG).

Die Verminderung des Abflusses wild abfließenden Wassers hingegen oder auch das gänzliche Abstoppen ist erlaubt, allerdings nur soweit es sich um oberirdisch außerhalb eines Bettes abfließendes Niederschlagswasser handelt (§ 21 Abs. 3 NRG).

Anders wiederum ist es bei Quellwasser, da das Mindern oder Unterbinden des Abflusses nur für den Fall des Niederschlagswassers nach § 21 Abs. 3 NRG erlaubt ist.

Voraussetzung für das Verbietungsrecht aus § 21 NRG ist, daß eine erhebliche Beeinträchtigung des Nachbargrundstücks zu besorgen ist, die beispielsweise dann vorliegt, wenn ein unter dem Nachbargrundstück gelegenes Wiesengrundstück infolge der Vertiefung des Wasserflusses sauer wird.

Die in § 21 Abs. 2 NRG geregelten Verbote sind Schutzgesetze in Sinne von § 823 Abs. 2 BGB, so daß der Grundstücksnachbar bei schuldhafter Verletzung dieser Schutzgesetze dem Nachbarn zum Ersatz des diesem hieraus entstehenden Schadens verpflichtet ist.

§ 22 NRG betrifft jenen Fall, daß die Änderung des Wasserzu- oder -abflusses nicht durch Einwirkung vom Nachbargrundstück her verursacht wird, sondern durch Naturereignisse. Auch hier ist eine erhebliche Beeinträchtigung erforderlich. Man stelle sich vor, daß infolge eines heftigen Unwetters der Wasserzufluß von dem höhergelegenen Grundstück auf das Nachbargrundstück verstärkt wird. Hier gibt § 22 Abs. 1 NRG dem beeinträchtigten Nachbarn einen dahingehenden Anspruch, als der Eigentümer und die Nutzungsberechtigten des benachbarten Grundstücks die Wiederherstellung des früheren Zustandes durch den Eigentümer bzw. die Nutzungsberechtigten des beeinträchtigten Grundstücks dulden müssen.

Die Wiederherstellung muß nach § 22 Abs. 2 NRG binnen drei Jahren vom Ende des Jahres ab, in welchem die Veränderung eingetreten ist, durchgeführt werden. Die Duldungspflicht des Nachbarn beläuft sich also immerhin auf einen Zeitraum von drei Jahren. In § 22 Abs. 2 Satz 2 NRG schließlich ist geregelt, daß die Frist zur Wiederherstellung durch einen Rechtsstreit zwischen den beteiligten Nachbarn gehemmt ist (§ 205 BGB).

Schaden, der bei Ausübung des Rechtes aus § 22 Abs. 1 NRG auf dem betroffenen Grundstück entsteht, ist vom duldungsberechtigten Nachbarn zu ersetzen. Auf Verlangen ist Sicherheit in Höhe des voraussichtlichen Schadensbetrages zu leisten.

Nach § 25 NRG besteht eine Verpflichtung zur Erbringung einer Sicherheitsleistung im Hinblick auf den zur Behebung des Schadens aufzuwendenden Betrags dann nicht, wenn das Recht zur Abwendung einer gegenwärtigen und erheblichen Gefahr ausgeübt werden muß. Die Absicht, aus § 22 Abs. 1 NRG vorzugehen, muß zwei Wochen vor Beginn der Bauarbeiten dem Eigentümer, und soweit die etwaige Rechtsstellung eines Pächters oder Mieters betroffen ist, auch diesem gegenüber angezeigt werden (§ 24 Abs. 1 NRG). Die Anzeige an den unmittelbaren Besitzer ist ausreichend (§ 24 Abs. 2 NRG), wenn der Duldungspflichtige, der nicht unmittelbarer Besitzer ist, unbekannt oder nicht alsbald erreichbar ist.

14 Anpflanzungen im Nachbarrecht

Bäume, zumal wenn sie Obst tragen, lebende Hecken, Sträucher und Rebstöcke — wie Grün überhaupt — erfreuen jedermann. Die wohl beliebteste Wohnform ist die des eigenen Hauses mit Garten. Aber auch regelrechte Gartenkolonien sind außerordentlich beliebt, und so nimmt es nicht Wunder, daß Streitigkeiten zwischen den Gartenbesitzern über die richtige Gestaltung und insbesondere über die Bepflanzung — auch im Bereich der Grenze — unvermeidlich sind. Zweifelsohne darf der Grundstückseigentümer nach eigenem Gutdünken den Garten gestalten und pflegen, soweit nicht — wie aus § 903 BGB folgt — das Gesetz oder Rechte Dritter dem entgegenstehen. Fehlt dem Garten jede Pflege oder ähnelt er gar einer Müllhalde, führt dies mitunter zu erregten Protesten der Nachbarschaft. Die Gerichte billigen der Nachbarschaft jedoch in der Regel kein Recht zu, eine bestimmte Art der Gartengestaltung zu verlangen. Vorgänge oder Zustände auf einem Grundstück, die gegen das ästhetische Empfinden des Nachbarn verstoßen, können nicht mit Unterlassungs- und Beseitigungsansprüchen nach den §§ 906, 1004 BGB unterbunden werden [48]. In dieser Entscheidung hat der BGH jedoch die Frage ausdrücklich offen gelassen, ob nicht gleichwohl ein entsprechender Abwehranspruch bei besonders krassen Fällen gegeben ist. Unlängst hat das AG Münster [49] entschieden, daß die Vorschrift des § 1004 Abs. 1 BGB heutzutage im Lichte eines geänderten und verfeinerten Umweltbewußtseins gesehen werden müsse; folglich könnten vom Nachbargrundstück ausgehende, gegen das ästhetische Empfinden des Nachbarn verstoßende Zustände mit einem Beseitigungs- und Unterlassungsanspruch aus § 1004 BGB unterbunden werden. Zu bedenken ist ferner, daß der Garten nicht im übertriebenen Maße in der Art mit chemischen Unkraut- und Schädlingsbekämpfungsmitteln gespritzt werden darf, daß diese auf das Nachbargrundstück gelangen. In diesem Fall kann der beeinträchtigte Nachbar die Verwendung des chemischen Hilfsmittels gerichtlich verbieten lassen [50].

Gemäß § 10 Abs. 1 Satz 1 HBO sind die nicht überbauten Flächen der bebauten Grundstücke (Grundstücksfreiflächen) gärtnerisch anzulegen und zu unterhalten, soweit sie nicht als hauswirtschaftliche Flächen, Arbeits-, Lager- oder Stellplatzflächen, als Zufahrten oder als Flächen sonstiger Nutzung erforderlich sind. Diese Vorschrift soll sicherstellen, daß — soweit möglich —

der Versiegelung des Bodens Einhalt geboten wird [51]. Werden Stellplätze im Vorgartenbereich bauaufsichtlich zugelassen, so ist das dem § 10 Abs. 1 Satz 1 HBO zu entnehmende Gebot der größtmöglichen Schonung von Grundstücksfreiflächen zu beachten [52].

Gemäß § 118 Abs. 1 Nr. 5 HBO können die Gemeinden im übrigen durch Satzung Vorschriften erlassen, wonach aus gestalterischen Gründen auch allgemein vorgeschrieben werden kann, daß bestimmte Teile der Grundstücksfreiflächen, die Vorgärten, nur gärtnerisch, nicht jedoch unter anderem als Stellplatzflächen benutzt werden dürfen. Von dieser Möglichkeit hat z.B. die Stadt Frankfurt am Main durch die "Vorgartensatzung" vom 24.2.1977 [53] Gebrauch gemacht. Gemäß § 1 Nr. 2 dieser Vorgartensatzung können in Vorgärten nur im Wege der Ausnahme widerruflich für die Dauer eines besonderen Bedarfs Stellplätze zugelassen werden, wenn dies im öffentlichen Interesse liegt und Stellplätze sonst auf dem Grundstück nicht vorhanden sind. Ein Verstoß gegen das in § 1 der Satzung ausgesprochene Verbot, Vorgärten mit Ausnahme der notwendigen Zugänge und Zufahrten unter anderem als Stellplatzflächen zu nutzen, kann im übrigen mit einer Geldbuße bis zu 20.000,– DM geahndet werden (§ 3 der Vorgartensatzung). Allerdings haben solche Ortssatzungen keinen nachbarschützenden Charakter [54], so daß hier die Nachbarn allenfalls indirekt über die zuständigen städtischen und gemeindlichen Dienststellen eine Begrünung durchsetzen können.

Der Umstand, daß Bäume möglicherweise Licht und Luft entziehen, ist grundsätzlich nicht abwehrbar [55]. Schließen Nachbarn einen mündlichen Vertrag, der einem von beiden das Recht einräumt, auf dem angrenzenden Grundstück des anderen einige schattenwerfende Bäume zu fällen, handelt der Berechtigte vertragswidrig, wenn er in Abwesenheit des anderen nahezu das ganze, mit zahlreichen Bäumen bestandene Grundstück abholzt. Der Schadensersatz bemißt sich nach den für eine Wiederaufforstung aufzuwendenden Kosten [56].

Nachbarrechtliche Bestimmungen für Anpflanzungen finden sich zum einen in den Vorschriften der §§ 903 ff BGB, wobei sich die hier angesiedelten Vorschriften mit den von Anpflanzungen ausgehenden Einwirkungen auf benachbarte Grundstücke befassen, seien es in das Nachbargrundstück herüberragende Äste und Wurzeln (sogenannter Überhang gemäß § 910 BGB), auf das Nachbargrundstück herüberfallende Früchte (§ 911 BGB) oder etwa der Grenzbaum (§ 923 BGB). Mit den bei der Anpflanzung von Bäumen, Sträuchern und Hecken maßgeblichen Grenzabständen befassen sich andererseits die Vorschriften der §§ 38–44 NRG.

Bei der Beseitigung von Anpflanzungen, insbesondere Bäumen, ist jedoch eine naturschutzrechtliche bzw. bauordnungsrechtliche Besonderheit zu beachten. Gemäß § 118 Abs. 2 Ziffer 2 HBO können die Gemeinden durch Satzung bestimmen, daß die Beseitigung von Bäumen ihrer Genehmigung bedarf. Dies gilt nicht für Bäume bis zu 60 cm Stammesumfang, gemessen in 1 m Höhe, außer sie sind Teil einer Baumgruppe mit überwiegend größerem Stammumfang, ferner nicht für Obstbäume und Baumbestände in Gärtnereien, öffentlichen Grünanlagen und Friedhöfen. Von der sich aus § 118 Abs. 2 Ziffer 2 HBO ergebenden Möglichkeit haben die Städte und Gemeinden zunehmend Gebrauch gemacht [57]. Auf die Bedeutung dieser Baumschutzregelungen für nachbarrechtliche Beziehungen wird unter 14.3.1 näher eingegangen.

14.1 Grenzbaum

Steht ein Baum auf der Grenze, so gehören seine Früchte, und wenn er gefällt wird, auch er selber den Nachbarn zu gleichen Teilen — so bestimmt dies § 923 Abs. 1 BGB. Ein auf der Grenze stehender Baum befindet sich im Miteigentum beider Nachbarn. Hiermit sind die Vorschriften der §§ 741 ff BGB über die Gemeinschaft anwendbar. Dem Gemeinschaftsrecht ist es eigentümlich, daß jedes Glied der Gemeinschaft nach § 749 BGB das Recht hat, jederzeit die Aufhebung der Gemeinschaft zu verlangen. Dieser Gedanke kommt auch in § 923 Abs. 2 Satz 1 BGB zum Tragen, wonach jeder der Nachbarn die Beseitigung des Baumes verlangen kann [58]. Wenn einer von zwei Nachbarn mit einem Grenzbaum nicht einverstanden ist, kann eine Beseitigung des Grenzbaumes gegen den Willen des Nachbarn allerdings nur dann erfolgen, wenn dieser rechtskräftig zur dahingehenden Zustimmung

Grenzbaum § 923 BGB

Grenze

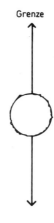

verurteilt worden ist [59]. Zu beachten ist, daß der Beseitigungsanspruch nach § 923 Abs. 2 Satz 4 BGB ausgeschlossen ist, wenn der Baum als Grenzzeichen dient und den Umständen nach nicht durch ein anderes zweckmäßiges Grenzzeichen ersetzt werden kann. Ein Baum, dessen Stamm von der Grenze nur gestreift, nicht aber durchschnitten wird, steht mitsamt seinen in das Grundstück des Nachbarn herüberragenden Wurzeln und Zweigen im Alleineigentum desjenigen Grundstückseigentümers, auf dessen Grund und Boden der Stamm austritt. Die Vorschriften des §§ 923 BGB über den sogenannten Grenzbaum gelten auch für einen an der Grenze stehenden Strauch (§ 923 Abs. 3 BGB). Diese Vorschriften sind jedoch nicht anwendbar für eine Hecke, wenn sie neben einer Grenzlinie angepflanzt worden ist [60].

In weiser Voraussicht hat der Gesetzgeber eine Regelung über die Kosten getroffen, die durch die Beseitigung eines Grenzbaumes entstehen können. Gemäß § 923 Abs. 2 Satz 2 BGB fallen die Kosten der Beseitigung den Nachbarn zu gleichen Teilen zur Last. Der Nachbar, der die Beseitigung verlangt, hat jedoch nach § 923 Abs. 2 Satz 3 BGB die Kosten allein zu tragen, wenn der andere Nachbar auf sein Recht an dem Baum oder Strauch verzichtet. Er erwirbt in diesem Falle mit der Trennung das Alleineigentum am Baum.

14.2 Früchte vom Nachbarbaum

Mit Früchten, die von einem Baum oder von einem Strauch auf ein Nachbargrundstück hinüberfallen, befaßt sich § 911 BGB. Diese Vorschrift bestimmt, daß Früchte, die von einem Baum oder einem Strauch auf ein Nachbargrund-

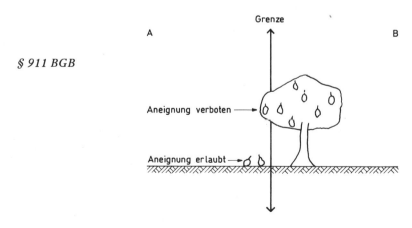

75

stück hinüberfallen, als Früchte dieses Grundstücks gelten. Das Obst von den Zweigen, die auf das Nachbargrundstück hinüberragen, darf der Nachbar jedoch nicht pflücken oder vom Zweig schütteln. Der Nachbar darf das Obst nur dann an sich nehmen, wenn es durch Reife oder Wind oder beim Abpflücken durch den Eigentümer des Baumes abgefallen ist. Nach § 911 BGB gelten die Früchte, die von einem Baum auf das Nachbargrundstück hinüberfallen, als Früchte dieses Nachbargrundstücks. Aus diesem Grunde darf umgekehrt der Eigentümer des Baumes das auf das Nachbargrundstück gefallene Obst nicht aufheben.

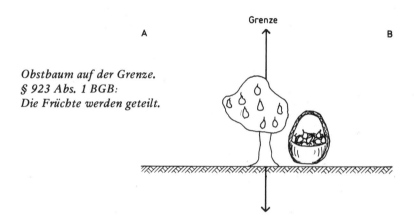

Obstbaum auf der Grenze.
§ 923 Abs. 1 BGB:
Die Früchte werden geteilt.

Sollte ein Obstbaum auf der Grenze stehen, gehören nach § 923 Abs. 1 BGB die Früchte beiden Nachbarn zu gleichen Teilen. Hierbei ist es gleichgültig, ob der Baum mehr auf dem einen oder auf dem anderen Grundstück steht. Die Früchte werden nach der Ernte geteilt. Fallobst gehört demjenigen Grundstückseigentümer allein, auf dessen Grundstück es gefallen ist.

14.3 Überhang von Wurzeln und Ästen — die Beseitigung eines Baumes

Das Bürgerliche Gesetzbuch regelt in § 910 BGB den sogenannten Überhang. Hiervon spricht man, wenn Zweige eines Baumes oder eines Strauches über die Grundstücksgrenze ragen oder Wurzeln in das Nachbargrundstück eingedrungen sind. § 910 Abs. 1 BGB gewährt dem betroffenen Eigentümer eines benachbarten Grundstücks ein Selbsthilferecht derart, daß er Wurzeln bzw. Zweige, die vom Nachbargrundstück in sein Grundstück eingedrungen sind, abschneiden und behalten darf. Voraussetzung hierzu ist jedoch, daß der Eigentümer des betroffenen Grundstücks dem Nachbarn eine angemessene Frist zur Beseitigung bestimmt hat und die Beseitigung nicht innerhalb dieser

Frist erfolgt ist. Die Ausübung des Selbsthilferechts aus § 910 Abs. 1 BGB setzt im übrigen voraus, daß Zweige bzw. Wurzeln, die in das Grundstück eindringen, das Grundstück selber in seiner Benutzung beeinträchtigen (§ 910 Abs. 2 BGB). Wird ein Grundstückseigentümer z.b. durch die vom Nachbargrundstück herüberragenden Zweige z.b. einer Birke in der Nutzung des Grundstückes nicht beeinträchtigt, dann kann er die Beseitigung der Zweige auch nicht aufgrund des Abwehranspruchs nach § 1004 BGB verlangen Eine geringfügige Beeinträchtigung durch Blüten und Blätter der Birke ist in einer Nachbarschaft baumbestandener Grundstücke hinzunehmen [61]. Wenn § 910 Abs. 1 Satz 2 BGB davon spricht, daß der Eigentümer dem Besitzer des störenden Nachbargrundstückes eine angemessene Frist setzen muß, so kommt hierin zum Ausdruck, daß diese natürlich nicht in die sogenannte Hauptwachstumszeit fallen darf, sondern in eine Zeit, in der man ohnedies Bäume oder Sträucher zurückzuschneiden pflegt, im Frühjahr ider im Spätherbst. § 910 BGB gestattet dem Nachbarn das Abschneiden der überhängenden Zweige nur soweit, als diese tatsächlich über die Grundstücksgrenze herüberragen. Schneidet er sie unmittelbar am Stamm ab, dann macht er sich dem Eigentümer des Baumes gegenüber schadensersatzpflichtig [62].

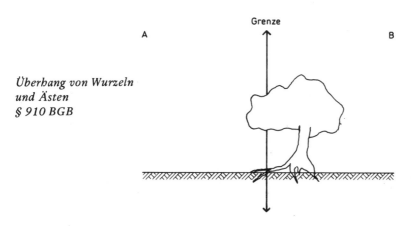

Überhang von Wurzeln
und Ästen
§ 910 BGB

Von einer Beeinträchtigung eines Nachbargrundstücks kann man z.B. dann sprechen, wenn die Zweige auf das Dach des Nachbarhauses herüberragen, dort Feuchtigkeit festhalten und das Dach in erhöhtem Maße angreifen. Eine Beeinträchtigung wird man auch dann annehmen müssen, wenn die Zweige auf das Nachbargrundstück soweit und so tief herüberhängen, daß sie dort den freien Verkehr beim Befahren, Begehen oder bearbeiten von Grundstücksteilen behindern. Es genügt aber bereits auch, wenn die herüberragenden Äste dem eigenen Aufwuchs das notwendige Sonnenlicht entziehen. Für das

Entfernen der eingedrungenen Wurzeln und herüberragenden Zweige kann der Grundstückseigentümer von seinem Nachbarn jedoch keine Vergütung beanspruchen, obgleich in vielen Fällen das Beseitigen von Wurzeln oder Zweigen mit mühseliger Arbeit verbunden ist. Als Entschädigung – dies bringt § 910 Abs. 1 Satz 1 BGB zum Ausdruck – darf der Nachbar des Baumeigentümers das abgeästete Holz für sich behalten.

Dem Eigentümer, der von dem Selbsthilferecht aus § 910 BGB nicht Gebrauch machen will, empfiehlt es sich, den Eigentumsstörungsanspruch aus § 1004 BGB heranzuziehen. Die Unterlassungsklage aus § 1004 BGB wird durch das Selbsthilferecht des § 910 BGB nicht ausgeschlossen [63].

Das Hinüberwachsen von Zweigen und Wurzeln ist als eine Eigentumsstörung im Sinne von § 1004 BGB anzusehen, da es sich hierbei nicht um ein Naturereignis handelt, sondern der Zustand des Baumes vielmehr den willentlichen Einwirkungen des Baumeigentümers und Grundstücksnachbarn unterliegt. § 1004 BGB ist zugleich Schutzgesetz im Sinne von § 823 Abs. 2 BGB. Wenngleich der Anspruch aus § 1004 BGB lediglich darauf gerichtet ist, die Störungsquelle zu beseitigen, kann gleichwohl über § 823 Abs. 2 BGB in Verbindung mit § 1004 BGB Schadensersatz verlangt werden, wenn nach Fristsetzung und Aufforderung der störende Nachbar die erforderlichen Beseitigungsarbeiten nicht durchführt [64].

Dringen Wurzeln von einem im Grenzbereich eines Grundstücks stehenden Baumes in die Abwasserleitung des Nachbargrundstücks und verursachen Schäden durch Verstopfung, so hat der geschädigte Nachbar einen Ersatzanspruch für die ihm entstandenen Kosten sowie einen Anspruch auf geeignete Maßnahmen zur Verhinderung zukünftiger gleichartiger Schäden, ohne jedoch die Beseitigung des Baumes verlangen zu können [65]. Wird bei der Beseitigung von Baumwurzeln, die vom Gehweg aus in die Abwasserleitung eines angrenzenden Grundstücks eingedrungen sind und diese verstopft haben, die Leitung zerstört, so hat der Störer sogar auf seine Kosten eine neue Abwasserleitung zu verlegen. Der in seinem Eigentum beeinträchtigte Grundstückseigentümer, der anstelle des Störers die Beeinträchtigung beseitigt, kann neben den Kosten für die Freilegung der verstopften und Neuverlegung der zerstörten Leitung in der Regel auch Erstattung der Aufwendungen für einen fehlgeschlagenen Reinigungsversuch und für die Untersuchung der Verstopfungsursache verlangen [66].

14.3.1 Die Bedeutung von Baumschutzregelungen für nachbarliche Beziehungen

Weiter oben (S. 72/73, Kap. 14 "Anpflanzungen im Nachbarrecht") wurde bereits darauf hingewiesen, daß Gemeinden im zunehmenden Maße von der aus § 118 Abs. 2 Ziffer 2 HBO folgenden Ermächtigungsgrundlage Gebrauch gemacht haben, durch Satzung zu bestimmen, daß die Beseitigung von Bäumen nur nach vorangegangener Genehmigung erfolgen darf. So ist es nach § 2 der Baumschutzsatzung für das Gebiet der Stadt Frankfurt am Main verboten, die durch ihre Vorschriften geschützten Bäume ohne Genehmigung der Stadt zu beseitigen. § 2 Abs. 2 dieser Satzung definiert eine Beseitigung von Bäumen als deren Entfernung oder Zerstörung. Eine Entfernung liegt dann vor, wenn geschützte Bäume gefällt, abgeschnitten, abgebrannt oder entwurzelt werden. Wenn entsprechend gärtnerischen Grundsätzen ein Zurückschneiden der Bäume bzw. ein Ausschneiden erforderlich wird, so fällt dies natürlich nicht unter das Beseitigungsverbot dieser Satzung. Lediglich wenn an geschützten Bäumen Eingriffe vorgenommen werden, die das charakteristische Aussehen des Baumes dadurch wesentlich verändern, daß sie das weitere Wachstum hindern und die Funktion des geschützten Baumes für die Umwelt beeinträchtigen, wäre dies einem Beseitigen gleichzustellen. Das Beseitigungsverbot ist also nur dort einschlägig, wo durch das Ausschneiden bzw. Zurückschneiden von Ästen und Zweigen eine Veränderung oder Beschädigung des geschützten Baumes zu sehen wäre. Wenn das Heraus- bzw. Zurückschneiden der störenden Äste und Wurzeln über die Grenze einer Beschädigung des Baumes gleichkäme, so ist dennoch die Genehmigung nach § 3 der Baumschutzsatzung zu erteilen, wenn der Eigentümer aufgrund gesetzlicher Vorschriften oder eines rechtskräftigen Urteils verpflichtet ist, den Baum zu beseitigen oder zu verändern, oder wenn von dem Baum Gefahren für Personen oder Sachen ausgehen und der Mangel nicht mit zumutbarem Aufwand zu beheben ist (§ 3 Abs. 2 a + b der vorbezeichneten Baumschutzsatzung).

Nun mag zwar eingewandt werden, daß die Selbsthilferechte aus § 910 BGB bzw. der Beseitigungsanspruch aus § 1004 BGB sich aus Bundesrecht ergeben; gleichwohl muß man wissen, daß nach Artikel 111 EGBGB landesgesetzliche Vorschriften zulässig sind, die im öffentlichen Interesse das Eigentum in Ansehung tatsächlicher Verfügungen beschränken. Einen solchen Inhalt haben Baumschutzregelungen, so daß sie sich auch gegenüber den vorbezeichneten Ansprüchen durchsetzen können.

14.4 Laub von Nachbargrundstücken

Gegenstand nachbarlicher Auseinandersetzungen im Herbst ist das von den Bäumen herabfallende Laub. Gerade älteren Leuten bereitet es erhebliche Schwierigkeiten und Anstrengungen, das anfallende Laub zu beseitigen, sei es, daß durch das herabgefallene Laub die Dachkändel verstopft werden, sei es, daß Balkone oder Terrassen vom Laubfall betroffen werden. In diesem Zusammenhang taucht die Frage auf, ob der Eigentümer eines betroffenen Grundstücks vom Nachbarn die Kosten für die alljährlich erforderlich werdende Beseitigung des Laubes verlangen kann.

Duldungspflicht

Zunächst handelt es sich bei abfallendem Laub, Blütenstaub, Nadeln oder Zapfen von Nadelbäumen nicht um eine Einwirkung (Überhang) im Sinne von § 910 BGB. Eine weitere, das Ausschließungsrecht des Eigentümers nach § 903 BGB einengende Regelung enthält § 906 BGB, soweit von einem Nachbargrundstück Immissionen ausgehen. § 1004 BGB gewährt gegenüber Beeinträchtigungen des Eigentums in anderer Weise als durch Entziehung oder Vorenthaltung des Besitzes entsprechende Abwehrmöglichkeiten. Pflanzliche Einwirkungen indessen, die auf Naturkräfte zurückzuführen sind, begründen kein Verbotsrecht aus § 1004 BGB und folgerichtig auch keinen Ausgleichanspruch nach § 906 BGB [67]. Ein Anspruch auf Geldausgleich für zu duldende Einwirkungen durch Laubfall sowie durch Abwurf von Blüten und Samenteilen kann nur verlangt werden, wenn über das zumutbare Maß hinaus Beeinträchtigungen stattfinden, wobei an diesen Ausnahmetatbestand strenge Anforderungen zu stellen sind. Hierbei ist zu berücksichtigen, daß die Beeinträchtigung eines Eigentümers eines Grundstücks in einer Wohngegend mit dichter Baumbepflanzung, die durch Grünanlagen und wertvolle Bäume ihr besonderes Gepräge erhält, in der Regel zumutbar ist.

Nach § 906 BGB kann der Eigentümer eines Grundstücks positive Immissionen — und hierum handelt es sich beim Laubfall - insoweit nicht verbieten, als die Einwirkung die Benutzung seines Grundstücks nicht oder nur unwesentlich beeinträchtigt. Das gleiche gilt nach § 906 Abs. 2 BGB insoweit, als eine wesentliche Beeinträchtigung durch eine ortsübliche Nutzung des anderen Grundstücks herbeigeführt wird und nicht durch Maßnahmen verhindert werden kann, die ihrer Art nach wirtschaftlich zumutbar sind. Wenn als Folge hierzu eine Duldungspflicht feststellbar ist, so löst dies auf der ande-

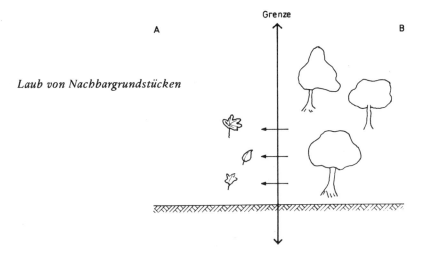

Laub von Nachbargrundstücken

ren Seite nach § 906 Abs. 2 Satz 2 BGB eine Entschädigungspflicht aus. Hat der Eigentümer eine Einwirkung infolge ihrer Ortsüblichkeit zu dulden, so kann er von dem Benutzer des anderen Grundstücks einen angemessenen Ausgleich in Geld verlangen, wenn die Einwirkung eine ortsübliche Nutzung seines Grundstücks oder dessen Ertrag über das zumutbare Maß hinaus beeinträchtigt.

Welche Voraussetzungen erfüllt sein müssen, um einen nachbarlichen Ausgleichsanspruch entstehen zu lassen, hat der Bundesgerichtshof [68] in einprägsamer Weise geschildert. Der betroffene Grundstückseigentümer kann vom Störer einen angemessenen Ausgleich in Geld verlangen, wenn

— vom Grundstück des Störers auf sein Grundstück Geräusche zugeführt, oder in ähnlicher Weise eingewirkt wird (Immissionen),

— dadurch eine wesentliche Beeinträchtigung der Benutzung des Grundstücks des Betroffenen herbeigeführt wird (Wesentlichkeit),

— die Benutzung des Grundstücks des Störers ortsüblich ist (Ortsüblichkeit),

— die Beeinträchtigung nicht durch Maßnahmen verhindert werden kann, die den Benutzern dieser Art wirtschaftlich zumutbar sind (Unvermeidbarkeit) und

— die Beeinträchtigung entweder für die ortsübliche Benutzung des Grundstücks des Betroffenen oder des Ertrages seines Grundstücks über das zumutbare Maß hinausgeht (Unzumutbarkeit).

Das Landgericht Wiesbaden [69] hat im Falle von Blütenteilen und Samen bei der Annahme einer Beeinträchtigung zwar die Duldungspflicht des im konkreten Fall betroffenen Grundstückseigentümers bejaht, ihm jedoch einen angemessenen Ausgleich in Geld zugesprochen.

Das OLG Karlsruhe [70] entschied, daß der Fall von Laub, Nadeln, Blütenstaub und Zapfen auf ein Grundstück vom Eigentümer, wenn er ortsüblich ist, auch bei wesentlichem Umfang zu dulden ist er aber einen angemessenen Ausgleich in Geld beanspruchen kann. Das Gericht führt aus, daß § 906 BGB darauf ausgelegt sei, den Ausgleich zwischen möglicherweise widerstreitenden, grundsätzlich jedoch gleichrangigen Interessen der Eigentümer benachbarter Grundstücke zu regeln. Der Eigentümer eines Grundstücks kann die Zuführung von Immissionen auf seinem Grundstück nicht verbieten, soweit die Beeinträchtigung seines Grundstücks durch die beanstandeten Immissionen unwesentlich ist. Die Duldungspflicht endet jedoch dort, wo — wie auch der BGH hervorhob — die Beeinträchtigung wesentlich ist. Es kommt also immer darauf an, ob von einer derart wesentlichen Beeinträchtigung gesprochen werden kann, daß sie das Maß des Zumutbaren überschreitet. Dies ist sicherlich dann zu bejahen, wenn Blütenstaub, starker Laub- oder Nadelfall häufig auftritt und im Anschluß daran jeweils mit schöner Regelmäßigkeit Dachgaragen oder Dachrinnen bzw. Abflußleitungen verstopft werden.

Das LG Karlsruhe [71] entschied in einem anderen Fall, in welchem Laub von einer hohen, 6 m von der Grundstücksgrenze entfernt stehenden Birke zum größten Teil auf Terrassen, Gehweg und Kelleraufgang des benachbarten Grundstücks fiel, daß dessen Eigentümer diese Beeinträchtigung ohne einen Ausgleichsanspruch hinnehmen müsse. Das LG Karlsruhe meinte, beim Laubfall nur eines einzelnen Baumes auf ein Haus- und Gartengrundstück eines Nachbarn handele es sich in aller Regel nur um eine unwesentliche Beeinträchtigung im Sinne von § 906 Abs. 1 BGB. In einer Gegend mit Gärten, Grün und Bäumen sind pflanzliche Immissionen, auch wenn ihre Beseitigung Zeit oder Geld kostet, grundsätzlich als ortsüblich hinzunehmen, was insbesondere dann gilt, wenn der gestörte Nachbar sein Grundstück unbebaut in Kenntnis der beim Erwerb schon vorhandenen Bäume auf dem Nachbargrundstück erworben hat [72]. Beim Streit um einen Geldausgleich nach § 906 BGB wegen Laubfalles von Bäumen "der grünen Lunge" einer Stadt auf ein angrenzendes Privatgrundstück kann schließlich auch die ökologische Bedeutung der Grünanlage dazu führen, daß der Reinigungsaufwand keine unzumutbare Beeinträchtigung der Nutzung des angrenzenden Grundstücks darstellt [73].

14.5 Grenzabstände für Anpflanzungen

Die Frage, welche Abstände bei der Vornahme von Anpflanzungen einzuhalten sind, beantwortet sich aus den §§ 38 ff NRG. § 38 NRG befaßt sich mit den Grenzabständen für Bäume, Sträucher und einzelne Rebstöcke. § 39 hat Grenzabstände für lebende Hecken zum Gegenstand. § 40 NRG wiederum regelt die Ausnahmen von den Bestimmungen der §§ 38 und 39 NRG in zweierlei Richtung: zum einen müssen unter den Voraussetzungen des § 40 Abs. 1 NRG doppelte Abstände als nach den §§ 38 und 39 NRG eingehalten werden; auf der anderen Seite wiederum gelten die §§ 38 und 39 NRG nicht — was bedeutet, daß keine Abstände einzuhalten sind — gegenüber Anpflanzungen, die hinter einer Wand oder Mauer vorgenommen werden und diese nicht überragen sowie für Anpflanzungen an den Grenzen zu öffentlichen Straßen, öffentlichen Grünflächen und zu Gewässern sowie auf öffentlichen Straßen.

Aus Übersichtsgründen wird nachstehend der Wortlaut der §§ 38 und 39 NRG abgedruckt:

§ 38 Grenzabstände für Bäume, Sträucher und einzelne Rebstöcke

Der Eigentümer und die Nutzungsberechtigten eines Grundstücks haben bei dem Anpflanzen von Bäumen, Sträuchern und einzelnen Rebstöcken von den Nachbargrundstücken — vorbehaltlich des § 40 — folgende Abstände einzuhalten:

1. mit Allee und Parkbäumen, und zwar

a) sehr stark wachsende Allee- und Parkbäumen, insbesondere dem Eschenahorn (Acer negundo), sämtlichen Lindenarten (Tilia), der Platane (Platanus acerifolia), der Roßkastanie (Aesculus hippocastanum), der Rotbuche (Fagus sylvatica), der Stieleiche (Quercus robur), ferner der Atlas- und Libanon-Zeder (Cedrus atlantica u. libani), der Douglasfichte (Pseudotsuga taxifolia), der Eibe (Taxus baccata), der österreichischen Schwarzkiefer (Pinus nigra austriaca)   4 m,

b) stark wachsenden Allee- und Parkbäumen, insbesondere der Mehlbeere (Sorbus intermedia), der Weißbirke(Betula pendula), der Weißerle (Alnus incana), ferner der Fichte oder Rottanne (Picea abies), der gemeinen Kiefer oder Föhre (Pinus sylvestris), dem abendländischen Lebensbaum (Thuja occidentalis)   2 m,

c) allen übrigen Allee- und Parkbäumen   1,5 m,

2. mit Obstbäumen, und zwar

a) Wahlnußsämlingsbäumen   4 m,

b) Kernobstbäumen, soweit sie auf stark wachsender Unterlage veredelt sind, sowie Süßkirschenbäumen und veredelten Walnußbäumen   2 m,

c) Kernobstbäumen, soweit sie auf schwach wachsender Unterlage veredelt sind, sowie Steinobstbäumen, ausgenommen die Süßkirschenbäume   1,5 m,

3. mit Ziersträuchern, und zwar

a) stark wachsenden Ziersträuchern, insbesondere der Alpenrose (Rhododendron-Hybriden), dem Feldahorn (Acer campestre), dem Feuerdorn (Pyracantha coccinea), dem Flieder (Syringa vulgaris), dem Goldglöckchen (Forsythia intermedia), der rotblättrigen Haselnuß (Corylus avellana v. fuscorubra), den stark wachsenden Pfeifensträuchern — falscher Jasmin — (Philadelphus coronarius, satsumanus, zeyheri ua), ferner dem Wacholder (Juniperus communis)   1 m,

b) allen übrigen Ziersträuchern   0,5 m,

4. mit Beerenobststräuchern, und zwar

a) Brombeersträuchern   1 m,

b) allen übrigen Beerenobststräuchern   0,5 m,

5. mit einzelnen Rebstöcken   0,5 m,

§ 39 Grenzabstände für lebende Hecken

(1) Der Eigentümer und die Nutzungsberechtigten eines Grundstücks haben bei dem Anpflanzen lebender Hecken von den Nachbargrundstücken — vorbehaltlich des § 40 — folgende Abstände einzuhalten:

1. mit Hecken über 2 m Höhe   0,75 m,
2. mit Hecken bis zu 2 m Höhe   0,50 m,
3. mit Hecken bis zu 1,2 m Höhe   0,25 m.

(2) Abs. 1 gilt nicht für Hecken, die das öffentliche Recht als Einfriedung vorschreibt.

Angesprochen werden zunächst Allee- und Parkbäume. Hierbei unterscheidet das Gesetz zwischen sehr stark wachsenden, stark wachsenden und allen übrigen Allee- und Parkbäumen, wobei dem Umstand Rechnung getragen wird, daß die aufgeführten Anpflanzungen sich in ihrer Wuchsstärke unterscheiden. Nur die gängigsten Allee- und Parkbäume werden aufgeführt, was durch die Wahl des Wortes "insbesondere" betont wird, zumal es dem Gesetzgeber aus verständlichen Gründen nicht möglich war, entsprechend der Vielfalt des Artenreichtums sämtliche in unseren Breiten anzutreffenden Allee- und Parkbäume aufzunehmen. So mag es zwischen Nachbarn durchaus strittig sein, wie ein Baum, wenn er nicht unter die in § 38 Nr. 1 NRG aufgeführten Gruppen fällt, entsprechend der dort aufgeführten Differenzierung einzuordnen ist. Hier ist der betroffene Nachbar auf eine fachliche Auskunft einer Baumschule hinzuweisen. Auch die Gartenbauämter der Städte und Gemeinden können hierbei unter Umständen mit fachlich fundierter Auskunft behilflich sein.

§ 38 Nr. 2 NRG befaßt sich mit Obstbäumen, bei denen man ihrer Art nach Schalenobstbäume von Kernobst- und Steinobstbäumen unterscheidet. An erster Stelle werden die Walnußsämlingsbäume aufgeführt, die von ihrem Kronenumfang her mit der Gruppe der sehr stark wachsenden Allee- und Parkbäume verglichen werden können. Dies ist auch der Grund dafür, daß Walnußsämlingsbäume den gleichen Abstand von 4 m einhalten müssen. Sämtliche andere Schalenobst-, Kernobst- und Steinobstbäume müssen die in § 38 Nr. 2 b und c vorgeschriebenen Abstände von 2 m bzw. 1,5 m einhalten. Hierbei werden auf stark wachsender Unterlage veredelte Obstbäume von solchen auf schwach wachsender Unterlage veredelten unterschieden. "Unterlage" ist der Fachausdruck für das Veredeln von Wildarten. Unter Sämlingsunterlagen versteht man sich generativ vermehrende Unterlagen, denen die Eigenschaft eines besonders starken Wuchses mit entsprechend starker Kronenausbildung beikommt. Hingegen sind die vegetativ vermehrten Unterlagen relativ schwach wachsend und die hierauf veredelten Bäume zeichnen sich durch eine Krone geringeren Ausmaßes aus. Hierunter fallen z.B. Spalierobst und Spindelbäume sowie Büsche, die somit lediglich einen Abstand von 1,5 m einhalten müssen. Folgerichtig müssen auch auf stark wachsender Unterlage veredelte Kernobstbäume — allerdings auch Süßkirschenbäume und veredelte Walnußbäume — den gleichen Abstand einhalten wie stark wachsende Allee- und Parkbäume.

§ 38 NRG sieht keine Verpflichtung vor, Pflanzen, die sich selbst ausgesät haben — man bezeichnet diese als Wildlinge — zu beseitigen.

Auch bei den in § 38 Nr. 3 NRG aufgeführten Ziersträuchern wird zwischen stark wachsenden und "allen übrigen" Sträuchern unterschieden.

Bei den in § 38 Nr. 4 NRG erwähnten Beerenobststräuchern ist für den Brombeerstrauch der größere Abstand mit 1 m vorgeschrieben, da dieser von seinem Wachstum her besonders stark ist. Für die übrigen Beerenobststräucher, seien es Johannisbeeren, Stachelbeeren und ähnliches, ist der mit 0,5 m geforderte Abstand einzuhalten.

Wie nun der Grenzabstand von Bäumen, Sträuchern oder auch einzelnen Rebstöcken zu messen ist, ergibt sich aus § 41 NRG. Der Abstand wird von

Grenzabstand bei Anpflanzungen: Meßweise gemäß § 41 NRG

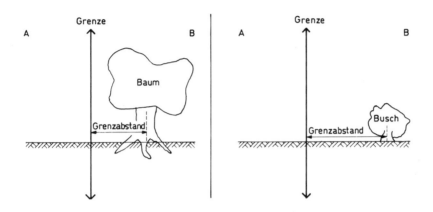

der Mitte des Baumstamms, des Strauchs oder des Rebstocks bis zur Grenzlinie gemessen, und zwar an der Stelle, an der der Baum, der Strauch bzw. der
Rebstock aus dem Boden austritt. Hierbei versteht man unter Grenzlinie die
kürzeste Entfernung zwischen der Austrittstelle und der Grenze zum Nachbargrundstück.

Was die Grenzabstände für lebende Pflanzen anbelangt, so bestimmt § 39 Abs.
1 NRG, daß der Grenzabstand beim Anpflanzen der Hecke eingehalten werden muß. Ob an der Grundstücksgrenze vorgenommene Anpflanzungen als
Hecke anzusehen sind, richtet sich danach, ob die Bäume als Einzelpflanzen
mit hinreichendem Seitenabstand oder von vornherein jeweils als Teil einer
Einheit gepflanzt worden sind. Maßgeblich ist, ob die Pflanzen so dicht zueinander angeordnet sind, daß mit ihrem Dichtschluß sowohl eine Höhen- und
Seitenbegrenzung erreicht wird [74]. Welche Pflanzenart als Hecke verwendet
wird, ist unerheblich. Es kommt in diesem Zusammenhang also nicht darauf
an, welcher Abstand zur Grenze bei der Anpflanzung eines einzelnen Baums
eingehalten werden müßte – wie z.B. beim abendländischen Lebensbaum von
2 m –. Der von einer lebenden Hecke einzuhaltende Grenzabstand bestimmt
sich vielmehr – wie aus § 39 folgt – aus der Höhe der Anpflanzung. Wir
sehen aus der vorbezeichneten Bestimmung, daß Höhe der Hecke und Abstand
zur Grenze miteinander korrespondieren.

Wenn bei der Anpflanzung einer lebenden Hecke der vorgeschriebene Abstand
nicht eingehalten wurde, muß eine Beseitigungsklage binnen fünf Jahren seit
der Vornahme der Anpflanzung erhoben werden (§ 43 Abs. 1 Nr. 2 NRG). Im
Gesetz ist nun nicht der Fall geregelt, daß beim Anpflanzen der Hecke zwar

der korrekte Grenzabstand eingehalten wurde, aber im Laufe der Zeit durch das Wachstum der Hecke die ursprünglich zulässige Höhe überschritten ist. Dies kann durchaus auch nach Ablauf von fünf Jahren der Fall sein. Der Beseitigungsanspruch des Nachbarn entsteht in diesem Falle aber erst, sobald infolge des Heckenwachstumes ein nachbarrechtswidriger Zustand eintritt. Die Ausschlußfrist des § 43 Abs. 1 Nr. 2 NRG beginnt erst mit dem Eintritt dieses Zustandes [75]. Hieraus folgt — übertragen auf die Bestimmung des § 39 NRG —, daß der Grundstückseigentümer bzw. Nutzungsberechtigte einmal bei der Anpflanzung einer Hecke verpflichtet ist, einen solchen Grenzabstand zu wahren, wie er mit Rücksicht auf die Höhe der Hecke durch die §§ 39 Abs. 1, 40 Abs. 1 NRG vorgeschrieben ist, zum anderen aber nach der ordnungsgemäßen Anpflanzung dafür zu sorgen hat, daß der Grenzabstand einerseits und die jeweilige Höhe der Hecke andererseits jederzeit den nachbarrechtlichen Vorschriften entsprechen. Dies bedeutet, daß der Klageanspruch jeweils neu entsteht, wenn das Verhältnis zwischen Höhe der Hecke und Abstand zur Grenze nicht mehr gesetzeskonform ist.

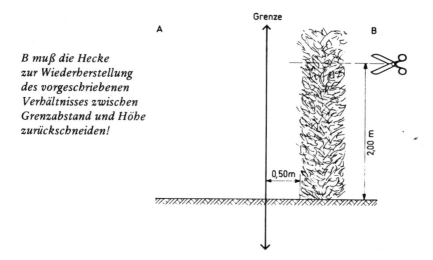

B muß die Hecke zur Wiederherstellung des vorgeschriebenen Verhältnisses zwischen Grenzabstand und Höhe zurückschneiden!

Auch bei der Vornahme einer Anpflanzung bzw. dann, wenn die vorgenommene Anpflanzung nicht mehr den vorgeschriebenen Abstand zur Grenze einhält, ist der Abstand nach § 41 NRG zu bestimmen.

Der einer fünfährigen Ausschlußfrist unterliegende Beseitigungsanspruch (§ 43 NRG) gilt sowohl für Hecken als auch für die übrigen Anpflanzungen im Sinne von § 38 NRG. Ein Beseitigungsanspruch setzt bei der Nichteinhaltung der für Anpflanzungen vorgeschriebenen Mindestabstände ein einseitiges Vorgehen des Eigentümers oder Nutzungsberechtigten des Nachbargrundstücks voraus. Ein einseitiger Verstoß gegen die vorgeschriebenen Mindestabstände liegt dann nicht vor, wenn sich der anpflanzende Eigentümer mit dem Eigentümer des benachbarten Grundstückes dahin einigt, daß die Anpflanzung unter Nichteinhaltung der vorgeschriebenen Grenzabstände vorgenommen werden darf. An dieser Rechtslage ändert sich auch nichts dadurch, daß der Eigentümer, der seine Zustimmung zur Nichteinhaltung der Mindestabstände erteilt hatte, später sein Grundstück veräußert [76].

1972 nahe der Grundstücksgrenze gepflanzte Fichten brauchen, nachdem sie über 12 Jahre lang zu einem Privatwald zusammengewachsen sind, weder beseitigt, ausgelichtet oder gekürzt zu werden. Herüberreichende störende Wurzeln dürfen vom Nachbarn im Wege der Selbsthilfe beseitigt werden. Einen Anspruch auf Ersatz der Aufwendung dafür kennt jedoch das geltende Nachbarrecht nicht [77]. In dieser Entscheidung wird betont, daß es zwar grundsätzlich nicht ausgeschlossen ist, daß Fichten eine Hecke bilden, sie müssen dann jedoch auch wie eine Hecke beschnitten werden.

Hin und wieder werden Grundstücksgrenzen durch eine Hecke geschieden. In diesem Fall sind die Vorschriften der §§ 921 und 922 BGB maßgeblich, die sich mit den sogenannten Grenzanlagen befassen. Werden zwei Grundstücke unter anderem durch eine Hecke voneinander geschieden, die zum Vorteil beider Grundstücke dient, so spricht § 921 BGB die Vermutung aus, daß die Eigentümer der Grundstücke zur Benutzung der Einrichtung gemeinschaftlich berechtigt sind, sofern nicht äußere Merkmale darauf hinweisen, daß die Einrichtung einem der Nachbarn allein gehört. Der § 921 BGB gibt keine Auskunft auf die Frage, wie es sich mit den Eigentumsverhältnissen an der Hecke als Grenzeinrichtung verhält. Tatbestandsmäßig setzt das Vorhandensein einer Grenzeinrichtung voraus, daß diese von einer zwischen den beiden Nachbargrundstücken verlaufenden Grenze durchschnitten wird. Wer feststellt, daß die Hecke ausschließlich auf seinem Grundstück angepflanzt ist, ist dann folgerichtig nach §§ 94 Abs. 1 Satz 1 BGB Alleineigentümer der Hecke. Entscheidend für die Eigentumsverhältnisse ist der Ort, an dem die Hecke in den Boden eingepflanzt worden ist [78]. Was die Art der Benutzung und der Unterhaltung einer solchen Grenzeinrichtung anbelangt, so besagt § 922 Abs. 1 Satz 1 BGB, daß jeder der Nachbarn sie zu dem Zwecke, der sich aus ihrer Beschaffenheit ergibt, insoweit benutzen kann, als nicht die Mitbenutzung des anderen beeinträchtigt ist. Die Unterhaltungskosten dieser Grenzeinrichtung sind von den Nachbarn zu gleichen Teilen zu tragen. Solange einer der Nachbarn an dem Fortbestand der Grenzeinrichtung ein Interesse hat, darf sie nicht ohne dessen Zustimmung beseitigt oder geändert werden.

Rebstöcke · Weinbau · Ausnahmen vom Abstandsgebot

Welche Grenzabstände beim Anpflanzen von Rebstöcken einzuhalten sind – hier geht es nicht um den einzelnen Rebstock im Sinne von § 38 Nr. 5 NRG – folgt aus § 42 NRG. Geregelt werden in dieser Vorschrift nur jene Abstände, die bei der Anpflanzung von Rebstöcken auf den dem Weinbau dienenden Grundstücken, also den Weinbergen gegenüber anderen Grundstücken, seien diese nun ebenfalls Weinberge oder sonstige Grundstücke, einzuhalten sind.

Zum Wortlaut dieser Vorschrift:

"Der Eigentümer und die Nutzungsberechtigten eines dem Weinbau dienenden Grundstückes haben bei dem Anpflanzen von Rebstöcken folgende Abstände einzuhalten:

1. Gegenüber den parallel zu den Rebzeilen verlaufenden Grenzen die Hälfte des geringsten Zeilenabstands, gemessen zwischen den Mittellinien der Rebzeilen, mindestens aber 0,75 m,

2. gegenüber den sonstigen Grenzen, gerechnet von dem äußersten Rebstock oder von der Verankerung, falls eine solche vorhanden ist, 0,5 m.

Übersteigt die Gesamthöhe der Rebanlage 1,8 m (Rebschnittgärten, Weitraumanlage), so beträgt der Abstand nach Abs. 1 Nr. 1 mindestens 1,5 m".

Natürlich sind auch Abstände beim Anpflanzen von Bäumen und Sträuchern sowie einzelnen Rebstöcken gegenüber Grundstücken einzuhalten, die dem Weinbau dienen. Hier sind nach § 40 Abs. 1 Nr. 1 NRG die doppelten Abstände, wie sie von den §§ 38 und 39 NRG vorgeschrieben sind, einzuhalten. Wer z.B. Kernobstbäume gegenüber einem dem Weinbau dienenden Grundstück anpflanzen will, hat einen Abstand von 4 m einzuhalten. Der von § 38 Nr. 2 b NRG mit 2 m beschriebene Abstand verdoppelt sich.

Weiter oben wird bereits die Ausnahmevorschrift des § 40 NRG angesprochen. § 40 Abs. 1 NRG besagt, daß die doppelten Abstände nach den §§ 38 und 39 NRG einzuhalten sind gegenüber Grundstücken, die

1. dem Weinbau dienen,

2. landwirtschaftlich nutzbar sind oder dem Erwerbsgartenbau oder dem Kleingartenbau dienen und im Außenbereich (§ 19 Abs. 2 BauGB) liegen oder

3. durch Bebauungsplan der landwirtschaftlichen, erwerbsgärtnerischen oder kleingärtnerischen Nutzung vorbehalten sind.

§ 40 Abs. 2 NRG besagt, daß die Abstände nach den §§ 38 und 39 NRG nicht für solche Anpflanzungen einzuhalten sind, die hinter einer Wand oder Mauer an den Grenzen zu öffentlichen Straßen, zu öffentlichen Grünflächen oder zu Gewässern vorgenommen werden oder schließlich für Anpflanzungen auf öffentlichen Straßen. Die Begründung liegt auf der Hand. Es wäre unsinnig, wenn eine hinter einer Wand vorgenommene Anpflanzung Abstände einhalten müßte, obgleich diese die Wand nicht überragt, da die Anpflanzung dann natürlich den Eigentümer oder Nutzungsberechtigten des benachbarten Grundstücks in keiner Weise beeinträchtigt. Bei der Vornahme von Anpflanzungen an der Grenze zu öffentlichen Straßen, Grünflächen oder zu Gewässern muß jedoch darauf hingewiesen werden, daß von diesen Ausnahmevorschriften gemäß § 45 NRG jene öffentlich-rechtlichen Vorschriften unberührt bleiben, die aus öffentlich-rechtlicher Notwendigkeit heraus den Anliegern öffentlicher Straßen bestimmte Verpflichtungen auferlegen, z.B. vorhandene Anpflanzungen zu beseitigen, Bäume zu beschneiden, oder dergleichen mehr. Zu erwähnen ist hier z.B. § 11 Abs. 2 FStrG. Hieraus folgt, daß unter anderem Anpflanzungen nicht angelegt werden dürfen, wenn sie die Verkehrssicherheit beeinträchtigen. § 11 Abs. 2 Satz 2 FStrG begründet im übrigen eine Duldungspflicht dahingehend, daß der Eigentümer die Beseitigung von Anpflanzungen zu dulden hat, soweit sie bereits vorhanden sind und die Verkehrssicherheit beeinträchtigen. Die Parallelvorschrift hierzu befindet sich im übrigen für Landes- und Kreisstraßen in § 27 Abs. 2 Hess. StraßenG.

§ 40 Abs. 3 NRG weist im übrigen ausdrücklich darauf hin, daß von den in dieser Vorschrift angesprochenen Ausnahmen die einschlägigen Bestimmungen des Hess. Forstgesetzes (Hess. ForstG [79]) unberührt bleiben. Die Vorschriften des § 16 Abs. 4 und 5 Hess. ForstG regeln jene Grenzabstände, die bei Verjüngung oder bei Neubegründung von Wald gegenüber Nachbargrundstücken einzuhalten sind.

Nach diesen Bestimmungen müssen bei Verjüngung oder Neubegründung des Waldes, wenn das Nachbargrundstück landwirtschaftlich oder gärtnerisch genutzt wird, Bäume mit einer Höhe von 2 m und mehr ein Abstand von 5 m, bei Bäumen bis zu 2 m Höhe ein Grenzabstand von 1 m eingehalten werden und bei Sträuchern ein solcher von 1 m. Wird das Nachbargrundstück forstwirtschaftlich genutzt, wenn es sich also um ein Waldgrundstück handelt, ist ein Grenzabstand von 1 m einzuhalten. Wenn das Nachbargrundstück ein Weg ist, muß bei Bäumen und Sträuchern ein Grenzabstand von 1 m eingehalten werden. Dies gilt jedoch nicht gegenüber einer Bundesautobahn, auch nicht gegenüber anderen Bundes-, Landes- oder Gemeindestraßen. Wenn das Nachbargrundstück ein Rebgelände ist, muß ein Grenzabstand von 6 m eingehalten werden bei Bäumen von 2 m Höhe und mehr, bei Bäumen bis 2 m Höhe und bei Sträuchern ist ein Grenzabstand von 1 m erforderlich.

Die §§ 38, 39 NRG gelten wiederum, wenn Anpflanzungen auf einem Grundstück vorgenommen werden, dem ein Waldgrundstück benachbart ist.

Die Vorschriften der § 38 ff NRG gehen allesamt davon aus, daß eine Anpflanzung gegenüber einer bereits vorhandenen Grenze vorgenommen wird.

Klagefrist

§ 44 NRG besagt nun für den Fall einer nachträglichen Grenzänderung, daß die Rechtmäßigkeit des Abstandes einer Anpflanzung hiervon nicht berührt wird. Alle Anpflanzungen, die z.B. vor einem Umlegungsverfahren oder vor einer Flurbereinigung mit dem vorgeschriebenen Abstand vorgenommen worden sind, oder in jenen Fällen, in denen zwar ein geringerer Abstand eingehalten wurde, für die allerdings die fünfjährige sich aus § 43 Abs. 1 Nr. 2 NRG ergebende Klagefrist verstrichen ist, kann die ursprüngliche Anpflanzung ohne Rücksicht auf den nunmehr veränderten Grenzverlauf bestehen bleiben. Falls Ersatzanpflanzungen vorgenommen werden, muß dann natürlich der vorgeschriebene Abstand eingehalten werden, allerdings mit der aus § 44 Satz 2 i.V.m. §43 Abs. 2 NRG geregelten Ausnahme gegenüber geschlossenen Obstanlagen.

II Lästige nachbarliche Einwirkungen (Immissionen) und ihre Abwehr

15 Einleitung

Das Nebeneinander konkurrierende Grundstücksnutzungen entsprechend ihren Zweckbestimmungen Wohnen, Erholung und Verkehr, Wirtschaft und Kultur führt häufig dazu, daß Einwirkungen von einem Grundstück auf das andere unvermeidbar sind: Nachbarliche Belange werden berührt. Vom Grundsatz der Eigentumsfreiheit getragen, kann "der Eigentümer einer Sache" mit ihr "nach Belieben verfahren und andere von jeder Einwirkung ausschließen". § 903 BGB schränkt diese Freiheit jedoch ein, wenn es weiter lautet: "Soweit dem nicht das Gesetz oder Rechte Dritter entgegenstehen". § 1004 Abs. 1 BGB gewährt dem Eigentümer, dessen Rechtsstellung aus § 903 BGB "in anderer Weise als durch Entziehung oder Vorenthaltung des Besitzes "beeinträchtigt wird, einen Beseitigungs- und Unterlassungsanspruch. Der Beseitigungsanspruch ist auf eine bereits bestehende, der Unterlassungsanspruch auf eine bevorstehende künftige Beeinträchtigung gerichtet. Ein Verschulden auf Seiten des Störers wird nicht vorausgesetzt. Der Abwehranspruch scheidet aus, wenn der betroffene Eigentümer zur Duldung verpflichtet ist — § 1004 Abs. 2 BGB —, umgekehrt formuliert: die Beeinträchtigung muß rechtswidrig sein. Entsprechend der polizeirechtlichen Differenzierung zwischen Handlungs- und Zustandsstörer kann die Beeinträchtigung sich einmal aus einem Handeln des Störers ergeben, oder aus dem Aufrechterhalten eines störenden Zustandes.

Beispiele:

Nachbar N. ist Mitglied in einem Bläserensemble und spielt Posaune. Abends zwischen 20.00 Uhr und 22.00 Uhr hält er regelmäßig private Übungsstunden ab, so daß die "Wände wackeln" (N. ist Handlungsstörer).

N. vermietet an M. in seinem Hause Räumlichkeiten zum Betreiben einer Diskothek. O. als unmittelbarer Nachbar ist durch den lautstarken Betrieb bei geöffentem Fenster gestört (N. ist Zustandsstörer, M. Handlungsstörer).

Von einem Zustandsstörer spricht man, wie wir im Falle unserers Nachbarn N. gesehen haben, wenn ein beeinträchtigender Zustand — wenn auch nur mittelbar — auf den Willen des Störers zurückgeführt werden kann, ihm zuzuordnen ist. Hiervon kann wiederum dann nicht die Rede sein, wenn eine Beeinträchtigung ausschließlich auf Naturkräfte zurückzuführen ist.

Beispiele:

Witwe W. füttert von ihrem Balkon aus Tauben, welche die Hausfassade verkoten (zurechenbar).

Tauben haben sich im Dachgiebel des Nachbarhauses eingenistet und verkoten auch die angrenzende Nachbarwand (nicht personal zurechenbar). Hier wird man jedoch dem beeinträchtigten Nachbarn die Möglichkeit einräumen müssen, die Störung zu beseitigen. Der Eigentümer des Dachgiebelhauses wird die Beseitigung des störenden Zustandes dulden müssen.

Bei einer Mehrheit von Störern (z.b. Pächter und Verpächter einer lärmenden Diskothek) besteht der Anspruch gegenüber jedem der Störer. Im Falle der Rechtsnachfolge auf der Störerseite richtet sich der Anspruch gegen den Rechtsnachfolger, wenn dieser den störenden Zustand beläßt, obgleich er ihn beseitigen könnte und müßte.

Wir hatten weiter oben gesehen, daß der Abwehranspruch nur erfüllt ist, wenn die Beeinträchtigung ihrerseits rechtswidrig ist. Eine die Rechtswidrigkeit ausschließende Duldungspflicht des "Beeinträchtigten" kann sich einmal aus privatem Recht, andererseits aus öffentlichem Recht ergeben. Aus privatrechtlicher Sicht kann die Duldungspflicht aus einer vom Beeinträchtigten erklärten Einwilligung folgen, oder aus einer zugunsten des Nachbarn eingeräumten Dienstbarkeit (§ 1018 BGB). Die Pflicht zur Duldung kann aber auch aus Gesetz folgen, was wir bei der Erörterung des § 906 BGB, dem hier interssierenden Hauptanwendungsfall der "Einwirkungen", feststellen werden. Der Grundstückseigentümer kann Einwirkungen auf sein Grundstück insoweit nicht verhüten, als sie unwesentlich oder bei Wesentlichkeit ortsüblich sind und im letzteren Falle nicht durch zumutbare Maßnahmen seitens des Störers verhindert werden können. Öffentlich-rechtliche Duldungspflichten können sich einmal unmittelbar aus Gesetz ergeben oder auf einem Verwaltungsakt beruhen, der seinerseits eine gesetzliche Ermächtigungsgrundlage hat.

Beispiele:
§ 14 Abs. 2 des Hess. Denkmalschutzgesetzes [80] berechtigt Denkmalschutzbehörde und Denkmalfachbehörde nach vorheriger Benachrichtigung von Eigentümer und Besitzer Grundstücke zu betreten und Kulturdenkmäler zu besichtigen, soweit es zur Erfüllung der Aufgaben des Denkmalschutzes erforderlich ist. Nach § 12 des Telegraphenwegegesetzes darf die Deutsche Bundespost zur Verlegung von Fernmeldeleitungen den Luftraum über Grundstücken, die nicht Verkehrswege im Sinne des Telegraphenwegegesetzes sind, unentgeltlich in Anspruch nehmen, soweit dadurch die Benutzung des Grundstücks nach den zur Zeit der Herstellung der Fernmeldelinien bestehenden Verhältnissen nicht wesentlich beeinträchtigt wird. § 111 HBO gestattet das Betreten von Grundstücken und baulichen Anlagen durch mit dem Vollzug der HBO beauftragte Personen. § 17 KatasterG gestattet das Betreten von Grundstücken zur Erfüllung katasterlicher Aufgaben, u.v.m.

In den Fällen der zivilrechtlichen Duldungspflicht gewährt § 906 Abs. 2 BGB einen entsprechenden Ausgleichsanspruch. Bei Vorliegen einer öffentlich-rechtlichen Duldungspflicht wird ein Ausgleichsanspruch aus sogenannten enteignendem Eingriff [81] gewährt. Beeinträchtigungen durch genehmigte oder gemeinnützige Betriebe führen – wie z.b. die §§ 14 BImSchG, 7 AtomG, 11 LuftverkehrG zeigen – zu einer Umwandlung des Beseitigungs- und Unterlassungsanspruches nach §§ 1004, 906 BGB in einen Anspruch auf Durchführung von Schutzmaßnahmen bzw. einen Schadensersatzanspruch, der seinerseits verschuldensunabhängig ist. Dies gilt in den genannten Fällen etwa für gefährliche und ihre Umwelt beeinträchtigende Anlagen, die nach den Vorschriften des Bundesimmissionsschutzgesetzes behördlicher Genehmigungen bedürfen. Bereits im Genehmigungsverfahren werden die nachbarlichen Belange mit einbezogen und berücksichtigt. Die Nachbarn können im Genehmigungsverfahren Einwendungen geltend machen. Das gleiche gilt für Anlagen, die der friedlichen Verwendung der Kernenergie dienen, aber auch für Flughafenbetriebe [82].

Zusammengefaßt setzt der Unterlassungs- und Beseitigungsanspruch aus § 1004 BGB voraus

– eine Beeinträchtigung des Eigentums außer durch Entziehung oder Vorenthaltung des Besitzes,

– eine Verursachung durch eine Handlung oder Unterlassung des Störers,

– Rechtswidrigkeit der Beeinträchtigung,

– schließlich eine stattgefundene und fortdauernde oder sicher bevorstehende Beeinträchtigung.

Der Anspruch aus § 1004 BGB ist auf die Beseitigung der Störung gerichtet, nicht aber auf einen Schadensersatzanspruch. Der Störer hat die Beeinträchtigung auf eigene Kosten zu beseitigen.

In prozessualer Hinsicht wird der Beseitigungsanspruch durch Leistungsklage geltend gemacht. Durch Urteil wird die zur Beseitigung der Beeinträchtigung erforderliche Maßnahme angeordnet. Die Vollstreckung erfolgt bei ''vertretbaren Handlungen'' im Wege der Ersatzvornahme nach § 887 ZPO, bei ''unvertretbaren Handlungen'' durch Beugezwang, z.B. Zwangsgelder (§ 888 ZPO). Der Unterlassungsanspruch setzt voraus, daß weitere Beeinträchtigungen zu befürchten sind, also ein erster Störungseingriff nahe bevorsteht.

Der Abwehranspruch verjährt nach §§ 194, 195, 198 BGB in 3 Jahren, aber immer von der letzten Einwirkung ab. Für die Eigentumsfreiheitsklage ist das Gericht ausschließlich zuständig, in dessen Bezirk die Sache gelegen ist (§ 24 Abs. 1 ZPO).

15.1 Zum Rechtsweg

Zweifelhaft kann die Beantwortung der Frage sein, ob der Rechtsweg zu den Zivil- oder zu den Verwaltungsgerichten eröffnet ist, wenn die Störung von einer Einrichtung der öffentlichen Hand ausgeht. Nach der Rechtsprechung [83] ist für die Zuständigkeit der Zivil- oder Verwaltungsgerichte allein maßgebend, ob sich der Träger öffentlicher Gewalt bei der Ausnutzung und Verwendung seines Grundstücks der allgemein verbindlichen Rechtssätze der Privatrechtsordnung (dann Zivilrechtsweg gemäß § 13 GVG) oder der besonderen Rechtsordnung des öffentlichen Rechts bedient (dann Verwaltungsrechtsweg nach § 40 Abs. 1 VwGO), wobei im letzteren Fall der Gebrauch des Eigentums sich als ein öffentlich-rechtliches Verwaltungshandeln darstellt. Überläßt daher eine Gemeinde zur Abhaltung von Fußballturnieren und Festlichkeiten auf Antrag eine Sportstätte nebst Vorplatz durch "Nutzungsgenehmigung" sowie unter Erteilung von "Auflagen", so liegt darin ein öffentlich-rechtliches Handeln, so daß bei Rechtsstreitigkeiten hinsichtlich der von dieser Sportstätte ausgehenden Störungen des Nachbargrundstücks, wie Lärm oder Herüberfliegen von Bällen, der Verwaltungsrechtsweg eröffnet ist [84].

15.2 Die Eigentumsbeschränkung durch § 906 BGB

Wir hatten weiter oben gesehen, daß es einem rechtlichen Chaos gleichkäme, könnte der Eigentümer jede Beeinträchtigung, die ihn in der Ausübung seines Eigentumsrechts stört, unterbinden, andererseits aber mit seinem Eigentum und Grundstück nach Belieben verfahren könnte. Aus diesem Grunde beschränkt das Recht den Eigentumsfreiheitsanspruch des Eigentümers, betont aber auf der anderen Seite dessen Abwehrinteresse. Die Rechte des Eigentümers aus §§ 903; 1004 BGB werden bei Einwirkungen sogenannter "Imponderabilien" eingeschränkt, wenn sie unwesentlich (§ 906 Abs. 1 BGB) oder ortsüblich sind und durch geeignete Maßnahmen nicht verhindert werden können (§ 906 Abs. 2 BGB). § 906 Abs. 1 BGB führt die nicht wägbaren Einwirkungen auf und ermöglicht auf diese Art und Weise ein gedeihliches nachbarliches Zusammenleben.

Als Grundsatz gilt also, daß der Eigentümer Einwirkungen jeder Art auf sein Eigentum verhindern kann, mit Ausnahme nicht wägbarer Immissionen, sofern sie unwesentlich oder wesentlich, aber ortsüblich und unvermeidlich sind. § 906 Abs. 2 Satz 2 BGB gibt einen Ausgleichsanspruch in Geld, wenn der Eigentümer eine ortsübliche Einwirkung hinnehmen muß, die nicht durch geeignete, wirtschaftlich zumutbare Maßnahmen verhindert werden kann und seine Interessen über das zumutbare Maß hinaus beeinträchtigt sind.

Gegenüber Immissionen privater Betriebe, die von der zuständigen Behörde genehmigt sind, gewährt § 14 BImSchG einen Ausgleichsanspruch des Eigentümers in Geld.

Haben nachbarrechtliche Beeinträchtigungen ihren Grund in einer öffentlich-rechtlichen Betätigung des Staates und seiner Glieder, so kommen als Schutzrechte der öffentlich-rechtliche Unterlassungs- bzw. Beseitigungsanspruch in Betracht und des weiteren Ersatzansprüche aus enteignendem Eingriff [85].

Der Inhalt des § 906 BGB zusammengefaßt:

1. Unwesentliche Einwirkungen muß der Eigentümer eines Grundstückes dulden (§ 906 Abs. 1 BGB), ebenso wie wesentliche, aber ortsübliche Einwirkungen, sofern diese nicht durch geeignete Maßnahmen verhindert werden können, die Benutzer dieser Art wirtschaftlich zumutbar sind (§ 906 Abs. 2 Satz 1 BGB), allerdings mit der Maßgabe, daß der duldungspflichtige Eigentümer einen angemessenen Ausgleich in Geld verlangen kann, wenn die Einwirkung eine ortsübliche Nutzung seines Grundstückes oder dessen Ertrag über das zumutbare Maß hinaus beeinträchtigt (§ 906 Abs. 2 Satz 2 BGB). Schließlich muß der Eigentümer Einwirkungen genehmigter gefährlicher Betriebe dulden, hat aber auf der anderen Seite einen Ausgleichsanspruch in Geld.

Keine Duldungspflicht des Eigentümers besteht hinsichtlich Einwirkungen durch "Ponderabilien", wie etwa Steinen, des weiteren bei wesentlichen, nicht ortsüblichen Einwirkungen sowie schließlich bei wesentlichen, ortsüblichen Einwirkungen, sofern diese durch geeignete Maßnahmen verhinderbar sind.

16 Einzelfälle

Im folgenden wird anhand zahlreicher Beispiele aus der Rechtsprechung — allerdings ohne Anspruch auf Vollständigkeit — ein Überblick über die verschiedenen, in § 906 BGB angesprochenen Immissionen gegeben, um den Betroffenen erste Anhaltspunkte zu ihrer Abwehr zu vermitteln bzw. aufzuzeigen, wo unter welchen Voraussetzungen Ausgleichsansprüche bei zu duldenden Immissionen gegeben sind. Hierbei werden teils leitsatzmäßig, teils ausführlicher sowohl Entscheidungen von Zivilgerichten, als auch solche von Verwaltungsgerichten erwähnt. Die Frage des zu beschreitenden Rechtsweges wurde bereits weiter oben erörtert [86].

16.1 Gase, Dämpfe und Gerüche

a) Ursächlichkeit von Einwirkungen schädlicher Abgase — hier Fluorabgase — für Schäden an Nadelgehölzen einer Ziegelei benachbarten Baumschule [87]. In dieser Entscheidung ging es um Schäden, die an Nadelhölzern von Baumschulkulturen aufgetreten sind, die in einer Entfernung zwischen 100 und 1300 m von einer Ziegelei lagen. Dabei wurden die Schädigungen der Pflanzen auf Fluorabgase des Ziegelwerkes zurückgeführt. Wird zur Beurteilung der Ursächlichkeit schädlicher Abgase für einen Schaden und der Unwesentlichkeit einer Beeinträchtigung i.S. des § 906 Abs. 1 Satz 1 BGB sowie der Ortsüblichkeit der emittierenden Anlage das Verhältnis bestimmter Meßergebnisse zu den in der TA-Luft festgesetzten Werten herangezogen, dann sind zur Beurteilung des Aussagewertes eines solchen Vergleichs die in der TA-Luft vorgesehenen Meßmethoden zu berücksichtigen. Bleiben Immissionswerte im Einwirkungsbereich der beeinträchtigten Anlage unter den in der TA-Luft festgesetzten Werten, ist dieser Umstand mit den übrigen Beweisergebnissen bei der Entscheidung über die Ursächlichkeit der Einwirkung und über die Unwesentlichkeit der Benutzungsbeeinträchtigung zusammenfassend zu würdigen. Die privatrechtliche Abgrenzung des Grundstückseigentums unter Nachbarn stellt hinsichtlich der Einwirkung unwägbarer Stoffe einmal darauf ab — so wird betont —, in welchem Ausmaß die Benutzung des einen Grundstücks im Einzelfall beeinträchtigt wird. Somit können Immissionen, die einen höheren Grad aufweisen, als die in der TA-Luft zum Schutz vor schädlichen Umwelteinwirkungen vor Gefahren und erheblichen Nachteilen festgesetzten Werte ergeben, nicht nur unwesentlich i.S. des § 906 Abs. 1 BGB sein . Andererseits können aber Immissionen, welche die in der TA-Luft festgesetzten Werte unterschreiten, nicht ohne weiteres als solche angesehen werden, welche die konkrete Benutzung des Grundstückes nur unwesentlich beeinträchtigen. Die in der TA-Luft festgesetzten Werte können zur Entscheidung der Frage der Wesentlichkeit einen Anhalt geben. Bei der Entscheidung über die Unwesentlichkeit der Beeinträchtigung muß indessen auch der Umfang der Schäden mitberücksichtigt werden. Ferner wird darauf hingewiesen, daß insbesondere die vermehrte Anpflanzung von Nadelgehölzen in unmittelbarer Nähe des emittierenden Betriebes unter dem Gesichtspunkt eines mitwirkenden Verschuldens (§ 254 BGB) zu sehen ist.

b) Entschädigung für übermäßige Geruchsbelästigungen, die von einer schlicht hoheitlich betriebenen Kläranlage einer Gemeinde auf Nachbargrundstücke ausgehen [88]: In dieser Entscheidung wurde die von der Vorinstanz zugesprochene Entschädigung in Höhe von 11.400,-- DM für übermäßige Geruchsbelästigungen bestätigt. Die Entschädigung umfaßt auch einen Ausgleich für konkrete Beeinträchtigungen in der Nutzung des vom Eigentümer selbst bewohnten Hauses. Der Entschädigungsanspruch aus enteignendem Eingriff ist das öffentlich-rechtliche Gegenstück zum zivilrechtlichen Ausgleichsanspruch unter Nachbarn nach § 906 Abs. 2 Satz 2 BGB. Es handelt sich hierbei darum, daß eine an sich rechtsmäßige hoheitliche Maßnahme bei einzelnen Betroffenen zu — meist a-typischen und unvorhergesehenen — Nachteilen führt, welche die Schwelle des enteignungsrechtlich zumutbaren überschreiten. Auch die mit konkreten Gebrauchsbeeinträchtigungen verbundene zeitweise Störung der Nutzung eines Grundstückes durch hoheitliche Immissionen stellt einen Substanzverlust dar. Hinsichtlich der Entschädigung bezüglich der selbstgenutzten Teile des Wohngrundstücks orientiert sich diese an einer hypothetischen Minderung des monatlichen Mietzinses im Falle einer Vermietung des gesamten Hausgrundstücks, so daß der Nutzungsausfall nach einer effektiven Mietminderung zu bemessen ist.

c) Eigentumsstörung durch Müllbehälter [89]: 10 m von einem Müllzentrum entfernt, das von Bewohnern mehrerer Häuser mit 36 Wohnungen benutzt wurde, lag das Einfamilienhaus des Klägers, der zu Recht für die Zunkunft Unterlassung von Beeinträchtigungen durch Lärm und Müllgeruch verlangen konnte. Es wird in dieser Entscheidung betont, daß es dem Störer überlassen bleibt, welche geeigneten Maßnahmen zu treffen sind, um in Zukunft eine Wiederholung der Beeinträchtigung zu verhindern.

d) Von einer Ölheizungsanlage ausgehende Beeinträchtigungen der Nachbarn durch Abgase, Gerüche oder Rauch können einen Anspruch auf Beseitigung solcher Störungen begründen [90]. Die Störung lag in der Beschaffenheit einer Ölheizungsanlage, insbesondere des dazugehörenden Abzugskamines, der nur etwa 9 m von der Loggia im Obergeschoß des Hauses des Klägers entfernt war und dessen Öffnung sich nur etwa 1,5 m höher als der Fußboden der Loggia und der angrenzenden Obergeschoßwohnung befand.

e) Die Beseitigung rechtswidriger Geruchsbeeinträchtigungen durch eine Schweinemästerei [91]: Bei dem zugrundeliegenden Sachverhalt klagte ein Eigentümer eines in einer Wohnsiedlung gelegenen Grundstückes, das er im Jahre 1968 bebaut hat, auf Einstellung einer etwa 380 m entfernten und außerhalb der geschlossenen Ortsbebauung liegenden im Jahre 1952 aufgenommenen Schweinemästerei. In dieser Entscheidung wird ausgeführt, daß der Beeinträchtigte die Einstellung des Betriebes verlangen könne, solange die Anlage oder die Betriebsführung nicht entsprechend geändert werde, wenn die rechtswidrige Störung durch den Betrieb der Schweinemästerei bewirkt wird, die bei umfassender Umgestaltung und unter entsprechenden Betriebsmaßnahmen störungsfrei benutzt werden kann und wenn zudem feststeht, daß die Beeinträchtigung ohne eine solche Umgestaltung nicht behoben werden kann. Zwar muß die Art der Beseitigung der rechtswidrigen Immissionsbeeinträchtigungen im allgemeinen dem Störer überlassen bleiben; diese Wahlfreiheit kann jedoch auf eine bestimmte Art der Störungsbeseitigung reduziert werden, wenn nur eine bestimmte Maßnahme die Beseitigung der Störung gewährleistet.

16.2 Rauch, Ruß und Staub

a) Störung durch industriellen Schleifstaub [92]: Wird die Benutzung eines Parkplatzes durch Flugstaubimmissionen, die von einem Gewerbebetrieb ausgehen, wesentlich beeinträchtigt, so können die Benutzer verlangen, daß der Betriebsunternehmer die Störung beseitigt. Bei der Beurteilung, ob eine Beeinträchtigung wesentlich oder nur unwesentlich ist, muß von einer objektiv differenzierten Betrachtungsweise ausgegangen werden, so daß auf das Empfinden der Durchschnittsbenutzer des von der Einwirkung betroffenen Grundstücks abzustellen ist, wobei die Naturbeschaffenheit des Grundstücks eine entscheidende Rolle spielt. Die Beeinträchtigung wurde vorliegend deshalb als wesentlich eingestuft, weil durch die Staubimmissionen die Gefahr einer Zerstörung des Fahrzeuglackes der geparkten Fahrzeuge durch Roststippen, die sich in den Lack einbrennen, gegeben war. Abhilfe konnte durch den Einbau eines Gewebefilters geschaffen werden, der die Immission auf ein Maß reduziert, das sichtbare Beeinträchtigungen von Autolack ausschließt. Die Bestimmung des § 14 Abs. 1 Satz 2 BImSchG schränkt den Unterlassungsanspruch vorliegend deswegen nicht ein, weil diese Vorschrift bei einem genehmigten Betrieb einen Ausschluß der Beseitigungsverpflichtung nur dann vorsieht, wenn Maßnahmen zur Behebung der benachteiligenden Wirkung entweder nach dem Stand der Technik nicht durchführbar sind, oder dem Betriebsinhaber wirtschaftlich nicht zugemutet werden können, welche Voraussetzungen in dem zur Entscheidung anstehenden Fall nicht gegeben waren.

b) Nachbarrechtlicher Ausgleichsanspruch, wenn Zementstaub auf einer Straße zur Glättebildung führt, deren Behebung durch den Straßeneigentümer erhebliche laufende Aufwendungen erfordert [93]: Nach dem zur Entscheidung anstehenden Sachverhalt begehrte der Bund als Träger der Straßenbaulast einer Bundesstraße Ausgleich für jene Aufwendungen, die getätigt werden mußten, weil Zementstaub auf dieser Straße zur Glättebildung führte, so daß diese Straße mit einer Oberflächenschutzschicht versehen werden mußte. Diese Oberflächenbehandlung mußte wiederholt werden, so daß der Kläger die Feststellung begehrte, das Zementwerk sei auch in Zukunft verpflichtet, alle weiteren Aufwendungen zu ersetzen, die infolge der im Bereich des Zementwerks verursachten Glättebildung noch entstehen. Der BGH bejahte einen Ausgleichsanspruch im Sinne von § 906 Abs. 2 Satz 2 BGB.

Das Landgericht Münster [94] hatte über einen Sachverhalt zu befinden, bei welchem ein Landwirt in einer Entfernung bis zu 2000 m zu einem Zementwerk einen landwirtschaftlichen Betrieb unterhielt. Nachdem 1977 erstmals Vegetationsschäden in der Umgebung des Zementwerkes auftraten, wurden Mitte 1979 erhebliche Thalliumgehalte in den Staubproben des Zementwerks festgestellt. Der klagende Landwirt begehrte Ausgleich in Höhe eines Betrages von 4.000,— DM mit der Behauptung, durch die Thalliumimmissionen des Zementwerks seien sowohl seine pflanzlichen als auch siene tierischen Erzeugnisse erheblich geschädigt worden. Nach dieser Entscheidung kann der Nachbar einer Industrieanlage Ersatz seiner Immissionsbeeinträchtigungen vom Verursacher auch ohne den Nachweis eines Verschuldens gemäß §§ 906 Abs. 2 Satz 2 BGB, 14 Satz 2 BImSchG immer dann verlangen, wenn die Einwirkungen das zumutbare Maß einer entschädigungslos hinzunehmenden Beeinträchtigung übersteigen und er aus besonderen Gründen gehindert war, die Einwirkungen gemäß § 1004 Abs. 1 BGB rechtzeitig zu unterbinden. Dabei komme es über den Wortlaut des § 906 Abs. 2 Satz 2 BGB nicht auf die Ortsüblichkeit der Benutzung des Grundstückes des Emittenden und die Unverhinderbarkeit der Beeinträchtigung durch wirtschaftlich zumutbare Maßnahmen an, sondern allein darauf, ob die Geltendmachung des Abwehranspruchs durch triftige tatsächliche Gründe ausgeschlossen wäre. Als trftiger Grund ist anzusehen, wenn der Abwehranspruch nicht geltend gemacht werden kann, weil Immissionsschäden zum Zeitpunkt der Immission nicht bekannt waren. Der Betreiber einer luftverschmutzenden Industrieanlage sei verpflichtet, bei Einsatz giftiger Stoffe mit der Produktion den Verbleib der giftigen Stoffe durch gezielte Überprüfung zu überwachen, um eine Gefährdung der Nachbarn auszuschließen. Schließlich verjährten Ansprüche aus § 906 Abs. 2 Satz 2 in 30 Jahren.

16.3 Geräusche

16.3.1 Enteignungsentschädigung bei Straßenlärm − Schutzauflagen gegen Verkehrslärm bei Straßenneubau −

Während der BGH sich mit Fragen der Enteignungsentschädigung bei Straßenlärm auseinanderzusetzen hatte, mußte das Bundesverwaltungsgericht zu der Frage Stellung nehmen, ob bereits während des Planungsverfahrens im Wege der sogenannten Verpflichtungsklage nach § 42 VwGO gegenüber dem Träger der Straßenbaulast Lärmschutzmaßnahmen verlangt werden können.

16.3.1.1 Enteignungsentschädigung bei Straßenlärm

Der BGH hat mit seiner Entscheidung vom 10.11.1977 [95] Grundsätze der Enteignungsentschädigung bei Straßenlärm herausgearbeitet. Mit seinem Urteil hat der BGH zunächst eine Abgrenzung des bürgerlich-rechtlichen Aufopferungsanspruchs gegenüber dem öffentlich-rechtlichen Anspruch auf Enteignungsentschädigung vorgenommen. Der in § 906 Abs. 2 Satz 2 BGB normierte nachbarrechtliche Ausgleichsanspruch ist nach der Rechtsprechung des BGH die Voraussetzung, daß die dort erfaßten Auswirkungen auf das Nachbargrundstück die Folgen einer privatrechtlichen Tätigkeit sind. Ein öffentlich-rechtlicher Anspruch auf Enteignungsentschädigung liegt dagegen dann vor, wenn die Einwirkungen (Immissionen) von hoher Hand erfolgen, deren Zuführung

nicht untersagt werden kann, sich als ein unmittelbarer Eingriff in nachbarrechtliches Eigentum darstellen und die Grenze dessen überschreiten, was der
Nachbar gemäß § 906 BGB entschädigungslos hinnehmen muß.

Zur Abgrenzung von Unzumutbarkeit und entschädigungsloser Sozialbindung
bei Verkehrsimmissionen hat der BGH hervorgehoben, daß bei der Würdigung,
welches Maß von Straßenlärm dem Eigentümer eines Wohngrundstücks entschädigungslos zugemutet werden kann, die Wertentscheidung des Gesetzes
zum Schutz vor schädlichen Umwelteinwirkungen durch Luftverunreini-
gungen, Geräusche, Erschütterungen u.ä. Vorgänge [96] zum Schutze von
Wohngebieten vor schädlichen Umwelteinwirkungen zu beachten sei. Diese
Wertentscheidung des Gesetzgebers schließt es nach Ansicht des BGH grundsätzlich aus, eine unzumutbare Beeinträchtigung nur ganz ausnahmsweise, bei
besonders schweren Einwirkungen auszunehmen. Allerdings muß im Außenbereich gemäß § 35 BBauG — dem Gebietscharakter entsprechend — Straßenlärm in stärkerem Maße hingenommen werden als in Wohngebieten [97].

Die in den Vorschriften des Bundesimmissionsschutzgesetzes manifest gewor-
dene gesetzgeberische Entscheidung wirkt sich — so der BGH — für die Ge-
währleistung gesunder Wohnverhältnisse auf die enteignungsrechtliche Würdigung auch derjenigen Verkehrsimmissionen aus, die zwar von "alten" Ver-
kehrswegen ausgehen, jedoch das nachbarliche Eigentum über den Zeitpunkt
des Inkrafttretens des Bundesimmissionsschutzgesetzes hinaus beeinträchtigen [98].

Was die Zumutbarkeit der Beeinträchtigung angeht, so kann es nach Ansicht
des BGH eine Rolle spielen, ob die dem jeweiligen Einzelfall zugrundeliegenden Besonderheiten der Sphäre des betroffenen Eigentümers öder der des
Störers zuzuordnen sind. Wie der BGH bereits in seiner Entscheidung vom
12.2.1976 [99] hervorgehoben hat, soll die Beurteilung der Zumutbarkeit
auf der Grundlage eines Interessensausgleiches erfolgen, der unter Beachtung
des Grundsatzes der Billigkeit vorzunehmen ist, wobei alle Umstände des
Einzelfalles in die Beurteilung einzubeziehen sind. So wird z.B. betont, daß
die Verpflichtung, eine höhere Lärmschwelle entschädigungslos zu dulden,
dann gegeben sein kann, wenn ein Wohnhaus erst nach Durchführung des
Planfeststellungsverfahrens für den Autobahnbau errichtet worden ist.

Unter enteignungsrechtlichen Gesichtspunkten ist sowohl auf die Art als auch
das Ausmaß der Einwirkung der Verkehrsimmissionen abzuheben. Hierbei
spielt es keine Rolle, ob sich das Verkehrsaufkommen der Straße aufgrund
straßenbautechnischer Veränderungen oder aufgrund einer Umwidmung
erhöht hat. Das Maß der zumutbaren Beeinträchtigung ergibt sich aus dem
Verhältnis der Verkehrsanlage zu der betreffenden Gebietsart. Das dem
Eigentümer zumutbare Ausmaß der Einwirkungen verringert sich — wie der
BGH in seiner Entscheidung [100] ausdrücklich hervorhebt — in dem Umfang,

in welchem die Wohnfunktion ihre eigentumsrechtliche Anerkennung erfährt. In Wohngebieten können entsprechend dem Gebietscharakter, auf welchen der BGH auch in seiner Entscheidung vom 13.01.1977 [101] hervorgehoben hat, an die Wohnqualität höhere Ansprüche gestellt werden, als etwa im Außenbereich. Das Ausmaß der zumutbaren Verkehrsbeeinträchtigung ist auf jeden Fall nach Ansicht des BGH dann überschritten, wenn die festgestellten Schallmessungen am Tage überwiegend im Bereich von 75–76 dB(A) liegen und in der Nacht 67 dB(A) nicht überschreiten. Die zu leistende Entschädigung besteht grundsätzlich in einem Geldausgleich für notwendige Schallschutzeinrichtungen auf dem betreffenden Grundstück. Eine Entschädigung für den eingetretenen Minderwert des Grundstücks kommt erst dann in Betracht, wenn Schutzeinrichtungen keine wirksame Abhilfe versprechen oder unverhältnismäßige Aufwendungen erfordern. Sie setzt weiter voraus, daß die zugelassene Nutzung des Straßengrundstücks die vorgegebene Situation nachhaltig verändert und dadurch das benachbarte Wohneigentum schwer und unerträglich trifft [102]. Die durch § 42 BImSchG gewährte Entschädigung ist eine Enteignungsentschädigung. Diese Bestimmung enthält über ihren unmittelbaren Anwendungsbereich hinaus eine Bestimmung der Entschädigung im Sinne von Art. 14 Abs. 3 Satz 3 GG [103]. Für eine vorübergehende Wertminderung – auch dies ist denkbar – ist die Entschädigung in Form einer Rente für die Dauer der Wertminderung zu entrichten.

Enteignungsentschädigung kann in den Fällen verlangt werden, wo wegen der Unanfechtbarkeit eines Planfeststellungsbeschlusses, der schließlich zu der Straßenerweiterung führte, auf dem Verwaltungsrechtsweg keine Schritte mehr unternommen werden können.

Wird ein Grundstück für den Bau einer Bundesfernstraße in Anspruch genommen, so schließt spätestens die Planfeststellung als Vorwirkung der Eigentumsentziehung das Grundstück von jeder konjunkturellen Weiterentwicklung aus. Dabei ist höchstens nach der Qualität zu entschädigen, die das Grundstück im Zeitpunkt der Planfeststellung hatte [104].

Zu der Frage, unter welchen Voraussetzungen Verkehrsimmissionen die von einer schon bestehenden öffentlichen Straße ausgehen, enteignungsrechtliche Entschädigungsansprüche wegen Wertminderung eines benachbarten Hausgrundstücks auslösen, hat sich unlängst der BGH [105] befaßt.

16.3.1.2 Rechtsprechung zur straßenbaurechtlichen Seite

Vor Rechtskraft des Planfeststellungsbeschlusses kann im Wege der Verpflichtungsklage gemäß § 42 VwGO vor dem Verwaltungsgericht die Errichtung von Schutzanlagen begehrt werden, wenn bestimmte Voraussetzungen erfüllt sind. Lärmeinwirkung durch Verkehrsgeräusche können ihrer Art nach

"Nachteile" im Sinne des § 17 Abs. 4 des Bundesfernstraßengesetzes [106] sein. § 17 Abs. 1 FStrG gebietet bei der Planfeststellung die Abwägung der von dem Vorhaben berührten öffentlichen und privaten Belange. Normzweck ist hierbei auch der Schutz Einzelner, nämlich der von der Planfeststellung Betroffenen [107]. Zur Ausübung des straßenbaurechtlichen Planungsermessens hat der Hess. VGH [108] Grundsätze herausgearbeitet. Hiernach gewährt § 17 Abs. 1 FStrG der Planfeststellungsbehörde als Rechtsgrundlage der Planfeststellungsentscheidung die Ermächtigung zur Fachplanung und räumt dieser hiermit eine umfassende planerische Gestaltungsfreiheit in der Form eines — rechtlichen Bindungen unterliegenden — Planungsermessens ein. Hierbei ergeben sich zunächst Bindungen aus formeller Hinsicht aus dem für die Planung vorgeschriebenen Verwaltungsverfahren. In materieller Sicht muß — neben der verwaltungsintern zu beachtenden Linienführung der Fernstraßenplanung (§ 16 Abs. 1 FStr G) — die fernstraßenrechtliche Planung dem Erfordernis eines der fernstraßenrechtlichen Zielsetzung entsprechenden Rechtfertigung des konkreten Planungsvorhabens genügen. Bindungen materieller Art ergeben sich ferner aus dem sich auf Abwägungsvorgang und Abwägungsergebnis erstreckenden Abwägungsgebots. Eine konkrete fernstraßenrechtliche Entscheidung findet ihre Rechtfertigung darin, daß für das mit der Planung beabsichtigte Vorhaben nach Maßgabe der vom Bundesfernstraßengesetz allgemein verfolgten Ziele ein Bedürfnis besteht, es objektiv erforderlich ist. Der Hess. VGH arbeitet sodann in der bereits zitierten Entscheidung weiter hervor, daß die Gestaltungsfreiheit der Planfeststellungsbehörde nicht erst mit der Entscheidung beginnt, wie einem Verkehrsbedürfnis straßenbaurechtlich Rechnung getragen werden soll, sondern bereits vorher bei der Bewertung einsetzt, ob ein Verkehrsbedürfnis für die geplante Straße vorliegt. Dieses Bewertungserfordernis bedingt notwendigerweise eine Ermächtigung zur Abgabe einer Prognose über die Verkehrsentwicklung. Bundesstraßen dienen dem zusammenhängenden Verkehrsnetz und einem weiträumigen Verkehr und müssen hierbei dem Gebot der Verkehrssicherheit (Fernverkehr) und dem zur Sicherheit des Nahverkehrsteilnehmers folgen. Im Bereich der fernstraßenrechtlichen Planung verlangt das Abwägungsgebot, daß eine Abwägung der öffentlichen Belange untereinander, insbesondere aber eine Abwägung der öffentlichen und privaten Belange, überhaupt stattfindet, (Erkennbarkeit des Abwägungsvorganges), die Bedeutung der im Widerstreit stehenden Belange erkannt wird (Relation Planungsrealität — Planungsbetroffenheit) und der Ausgleich zwischen den Belangen der Betroffenen unter Berücksichtigung des Grundsatzes der Verhältnismäßigkeit vorgenommen wird. Dies bedeutet nach Ansicht des Hess. VGH zugleich, daß die Planungsbehörde unter Abwägung der gegebenen Planungsmöglichkeiten die als zweckmäßig erscheinende Lösung wählen und hierbei den Grundsatz des geringst möglichen Eingriffs in die Rechte der planungsbetroffenen Bürger beachten muß. Der VGH hebt jedoch hervor, daß sich

§ 50 BImSchG mit seinem Gebot, bei raumbedeutsamen Planungen und Maßnahmen die hierfür vorgesehenen Flächen einander so zuzuordnen, daß
schädliche Umwelteinwirkungen auf schutzbedürftige Gebiete, wie ausschließlich oder überwiegend dem Wohnen dienende Gebiete, weitest möglich vermieden werden, nur an die für die Planung zuständigen Aufgabenträger wendet, ohne den einzelnen Bürgern Individualrechtsschutz zu gewähren.

Allerdings begründen Lärmeinwirkungen einen Anspruch auf Schutzanlagen
und zwar dann, wenn sie ihrem Umfang und ihrem Maß nach erheblich
sind [109].

Das Bundesverwaltungsgericht hat sich mit seinem Urteil vom 22.02.1980
[110] mit der Frage auseinandergesetzt, ob derjenige, der durch den Ausbau
einer Bundesfernstraße betroffen ist, gegenüber dem Träger der Straßenbaulast einen Anspruch auf Durchführung eines Planfeststellungsverfahrens hat.

Das Bundesverwaltungsgericht betont, daß gemäß § 17 Abs. 1 Satz 1 FStrG
Bundesfernstraßen zwar nur gebaut bzw. geändert werden dürfen, wenn der
Plan vorher festgestellt worden ist. Aus dieser Regelung können jedoch keine
entsprechenden Ansprüche Dritter gegenüber dem Träger der Straßenbaulast
auf Durchführung eines entsprechenden Planfeststellungsverfahrens herge-
leitet werden.

Weiter oben wurde bereits hervorgehoben, daß Lärmeinwirkungen als "Nachteile" im Sinne von § 17 Abs. 4 FStrG einen Anspruch auf Schutzanlagen
dann begründen, wenn sie ihrem Umfange nach "erheblich" sind, wobei
natürlich die Frage die ist, wann von einer derart erheblichen Lärmeinwirkung gesprochen werden kann. Der für das Merkmal der Erheblichkeit fest-
zustellende Maßstab ist in der Beziehung zu suchen, die zwischen der Erheblichkeit einer nachteiligen Wirkung und ihrer Zumutbarkeit herzustellen ist.
Die "Unzumutbarkeit" kennzeichnet die Grenze, von der ab dem Betroffenen
eine nachteilige Einwirkung der Straße auf seine Rechte billigerweise nicht
mehr zugemutet werden kann und soll. Das Maß des jeweils Zumutbaren ergibt sich aus dem Verhältnis des Straßenbauvorhabens zu den jeweils von ihm
betroffenen Umgebung. Danach sind solche Lärmeinwirkungen unzumutbar,
die billigerweise dem Nachbarn nicht mehr zugemutet werden können [111].
Der Adressat einer nach § 17 Abs. 4 FStrG im Planfeststellungsverfahren erteilten Schutzauflage ist ausschließlich der Träger der Straßenbaulast, weshalb
ein Dritter im Planfeststellungsbeschluß gegen seinen Willen auch dann nicht
zu den durch die Erfüllung der Auflagen entstehenden Kosten herangezogen
werden kann, wenn die Auflagen seinem Schutz dienen [112].

Dem vom Lärm einer noch zu errichtenden Bundesfernstraße betroffenen
Anwohner steht also gegenüber dem Träger der Straßenbaulast ein Anspruch
auf Errichtung und Erhaltung von Lärmschutzanlagen zu. Hieraus folgt, daß
der Schutz gegen Verkehrslärm schon vor der Ausführung der Straßenbau-

maßnahme, also auch bereits bei der Planfeststellung zu berücksichtigen ist. Bereits im Planungsstadium ist also, etwa durch die Wahl der Trasse und der baulichen Gestaltung der Straße, an die Verkehrslärmschutzbelange möglicherweise betroffener Anlieger zu denken. So hat das Bundesverwaltungsgericht in seinem Urteil vom 21.5.1976 [113] hervorgehoben, daß der Planfeststellungsbeschluß rechtswidrig ist, wenn keine Berücksichtigung der notwendigen Schutzmaßnahmen erfolgt ist.

Das Bundesverwaltungsgericht betont weiter, daß bei den Wechselwirkungen zwischen Umgebung und Straßenbauvorhaben auf die bebauungsrechtlich geprägte Situation abzustellen ist. Unterschiedlich zu beurteilen ist die Frage der Zumutbarkeit von Verkehrslärm bei unterschiedlichen Baugebieten, wie z.B. auch der BGH in seiner enteignungsrechtlichen Judikatur hervorhebt.

Hier ist z.B. von Bedeutung, ob die Straße etwa mit einem reinen oder allgemeinen Baugebiet zusammentrifft. Anders wiederum ist die Frage der Zumutbarkeit zu beurteilen, wenn von einem Nebeneinander von Straßen und Industrie- bzw. Gewerbegebiet auszugehen ist. Was auf der einen Seite einem Industrie- bzw. Gewerbebetrieb im Hinblick auf die von diesen selbst ausgehenden Immissionen noch zugemutet werden kann, wird für ein dem Wohnen dienenden Gebiet wegen der anderen Funktion und der damit verbundenen höheren Schutzbedürftigkeit anders zu beurteilen sein. Zu berücksichtigen ist jedoch eine bereits ortsgeprägte vorhandene Geräuschvorbelastung, was auch der Hess. VGH [114] hervorhebt. Für Gebiete, die ausschließlich oder doch zum überwiegenden Teil dem Wohnen dienen, hat sich das Maß der zumutbaren Lärmbelästigung an dieser Gebietsbestimmung "zum Wohnen" zu orientieren. Sind im betroffenen Gebiet z.B. Balkone, Terrassen oder auch Hausgärten und sonstige Grün- und Freiflächen anzutreffen, sind auch diese Gebiete und Bauteile in die Beurteilung der Wohnfunktion einzubeziehen. Das Bundesverwaltungsgericht ist mit seinem Urteil vom 21.5.1976 [115] zu dem begrüßenswerten Ergebnis gelangt, daß Schutzgegenstand des § 17 Abs. 4 FStrG in Wohngebieten ein den berechtigten Wohnerwartungen und Wohngewohnheiten entsprechendes Wohnen ist, das die angemessene Nutzung der Wohnbereiche sich auf Teile außerhalb und innerhalb des Gebäudes bezieht. Zu beachten ist jedoch, daß die Grenze dessen, wa für den Betroffenen im Rahmen der Vorschrift des § 17 Abs. 4 FStrG als nicht mehr zumutbar zu werten ist, sich nicht mit der Schwelle deckt, jenseits derer ein Eingriff in das Eigentum als so schwer und unerträglich anzusehen ist, daß es sich als unzumutbar im enteignungsrechtlichen Sinne erweist [116].

16.3.2 Parkplätze, Bushaltestellen, Halten mit laufenden Motoren

a) Für mittelbaren Störer zumutbare Maßnahmen gegen Motorenbelästigung [117]: Der Bundesgerichtshof bestätigte eine erstinstanzliche Entscheidung, wonach dem Eigentümer eines Grundstückes, der dort eine Kaffee-Groß-rösterei betrieb, bei Vermeidung eines Ordnungsgeldes ersatzweise Ordnungs-haft Maßnahmen durchführten mußte, die das Parken und Halten von Last-kraftwagen, welche die Großrösterei belieferten, mit laufendem Motor zur Tages- und Nachtzeit auf der vor dem Grundstück des Klägers verlaufenden Straße verhindern.

b) Klage auf Beseitigung einer Omnibushaltestelle [118]: Das Beklagte Ver-kehrsunternehmen mußte die vor dem Haus des Klägers unterhaltene End-haltestelle für eine ihrer Omnibuslinien so abändern, daß die Haltestelle vor dem Grundstück des Klägers entfiel. Die von der Endhaltestelle ausgehenden Lärmimmissionen brachten nächtliche Geräuschpegelsprünge von annähernd 20 dB(A) bei geschlossenen Fenstern mit sich. Der Kläger konnte nicht dar-auf verwiesen werden, den von dem Busunternehmer erzeugten unzulässigen Lärm durch Einbau von Doppelfenstern abzuhalten.

c) Benutzungsbeschränkung von Taxistand; Einrichtung eines anderen Stand-platzes [119]: Hiernach handelt die Straßenverkehrsbehörde grundsätzlich nicht ermessensfehlerhaft und verletzt nicht den Grundsatz der Verhältnis-mäßigkeit, wenn sie die Benutzung eines Taxenstandes vor Wohnhäusern zum Schutz der Nachtruhe der Anwohner auf die Zeit von 7.00 Uhr bis 21.00 Uhr beschränkt und für die übrige Zeit in der näheren Umgebung einen anderen Standplatz einrichtet.

d) Lärmbelästigung durch Parkplätze, die zu einem als Gaststätte betriebenen Clubheim gehören [120]: Die Benutzung eines zu einem als Gaststätte betrie-benen Clubheimes gehörigen Parkplatzes durch ca. 50 Fahrzeuge an Werk-tagen über 22.00 Uhr hinaus sowie an Sonntagen läßt mit der Folge des gebotenen Einschreitens der Behörden Beeinträchtigungen des benachbarten Grundstücks erwarten.

e) Behördliche Schutzmaßnahmen gegen Lärmeinwirkungen des Straßen-verkehrs:

Das OVG Münster [121] hatte sich mit der Frage zu befassen, ob der Anlieger einer Straße, die mitten in einem Gewerbegebiet führt, Maßnahmen zum Schutz gegen Lärmbeeinträchtigungen, die von dem Straßenverkehr ausgehen, verlangen kann. In der Entscheidung wird betont, daß der Straßenverkehrs-behörde bei ihrer Entscheidung nach § 45 Abs. 1 Satz 2 Nr. 3 StVO die Wohnruhe ein besonderes Anliegen sein muß, wenn für die Dauer der Nacht-stunden für LKW's ein Durchfahrverbot angeordnet wird. Das Bedürfnis nach Wohnruhe ist mit dem ihm zukommenden Gewicht in die von der Behörde zu treffende Ermessensentscheidung einzubeziehen.

Das OVG Münster verkennt nicht, daß die in Gewerbegebieten liegenden Betriebe ein aus ihrem Eigentum fließendes Anliegerrecht haben und hieraus ein Recht auf eine angemessene Zufahrt herzuleiten ist. Jedoch besteht dieses Anliegerrecht nicht unbeschränkt, sondern reicht nur soweit, wie die Benutzung des Grundeigentums eine Benutzung der Straße erfordert. In diesem Sinne angemessen ist nicht schon jede Nutzung der Straße, zu der das Grundeigentum Gelegenheit bietet, sondern ausschließlich das, worauf das Grundstück von seiner Nutzung her angewiesen ist.

16.3.3 Fluglärm

Der BGH [122] hatte kürzlich wieder Gelegenheit, die von ihm entwickelten Grundsätze zur Entschädigung wegen der von einem Militärflugplatz ausgehenden Lärmbeeinträchtigungen darzustellen. Es wird zunächst betont, daß dem Grundstückseigentümer hinsichtlich der von einem in unmittelbarer Nähe (hier: 93 m) gelegenen Militärflugplatz ausgehenden Lärmbelastungen wegen des Grundstücksminderwertes einen Entschädigungsanspruch aus enteignendem Eingriff jedenfalls dann zusteht, wenn durch einen äquivalenten Dauerschallpegel 76,5 dB(A) und durch plötzlichen Spitzenpegel von 100 bis 112 db(A) die Zumutbarkeitsgrenze überschritten ist. Unter Bezugnahme auf das sogenannte Naßauskiesungsurteil des BGH [123] wird weiter ausgeführt, daß der Betroffene die Fluglärmbeeinträchtigungen nicht aus dem Gesichtspunkt der Situationsgebundenheit seines Grundeigentums ganz oder teilweise entschädigungslos hinnehmen müsse. Die Standortwahl für den Flughafen wirkt sich nämlich für das benachbarte Grundeigentum des Klägers − wie betont wird − faktisch lastenbegründend aus. Auch die Wahl des Standortes stelle sich nicht als Konkretisierung der Sozialbindung des Nachbareigentums dar. Die Lärmbelästigung eines Grundstücks durch Fluglärm wird insoweit durch die Benutzung des Flughafengrundstücks herbeigeführt und ist dem Flughafenunternehmen zuzurechnen, wenn das beeinträchtigte Grundstück in dem nach den §§ 2 ff des Fluglärmschutzgesetzes ausgewiesenen Lärmschutzbereich des Flughafens liegt. Zivilrechtliche Nachbaransprüche werden durch die planungsrechtlichen Regelungen des Fluglärmschutzgesetzes nicht unmittelbar berührt. Die äquivalenten Dauerschallpegel, die in § 2 des Fluglärmschutzgesetzes zur Abgrenzung der Schutzzonen im Lärmschutzbereich eines Flughafens festgelegt sind, sind für die Beurteilung der Unzumutbarkeit im Sinne des § 906 Abs. 2 Satz 2 BGB weder Grenz- noch Richtwerte [124]. Allerdings kommt eine Entschädigung zu dem Minderwert des vom Lärm betroffenen Grundstücks erst dann in Betracht, wenn Schutzeinrichtungen auf dem beeinträchtigten Grundstück keine wirksame Abhilfe versprechen oder unverhältnismäßige Aufwendungen erforderlich [125] machen. Was in diesem Sinne eine wirksame Abhilfe sei, hänge entscheidend davon ab, so wird in dieser Entscheidung weiter ausgeführt, welche Lärmbelastung dem Benutzer des betroffenen Grundstücks nach dessen Eigenart und Zweckbestimmung im Einzelfall noch zugemutet werden könne. Hierzu wird weiter ausgeführt, daß nach Ergebnissen der Lärmwirkungsforschung unter anderem als weitgehend gesichert gelten könne, daß Mittelungspegel am Ohr des schlafenden Menschen von 25 bis 35 db(A) noch im schlafgünstigen Bereich lägen; Pegelanstiege sollten diese Werte möglichst um nicht mehr als 10 db(A) überschreiten; ein Anstieg innerhalb dieses Bereiches bliebe dann noch unterhalb der Schwelle für erste Weckreaktionen und Schlafstufenveränderungen [126], der insbesondere auf den Informationsgehalt der Störwirkung eines Geräusches abhebt; auf die Frage des zumutbaren Maßes bei der Beeinträchtigung eines Wohngrundstückes durch Fluglärm im Fluglärmschutzbereich geht der BGH in seinem Urteil vom 26.11.1980 [127] näher ein.

16.3.4 Musikausübung

"Musik wird störend oft empfunden, dieweil sie mit Geräusch verbunden". Lärmstörungen durch Musikausübung, aber auch durch das Betreiben von Phono- und Rundfunkgeräten sind ein häufiger Anlaß zu nachbarlichen Auseinandersetzungen.Ansatzpunkt dafür, innerhalb welcher Zeiträume Beeinträchtigungen durch Musikausübung und ähnliches zu unterbleiben habe, ist § 3 der Polizeiverordnung über die Bekämpfung des Lärms in der Fassung vom 8.12.1970 [128]. § 3 Abs. 1 dieser Verordnung besagt, daß in der Zeit von 20.00 Uhr bis 7.00 Uhr Arbeiten und sonstige Handlungen verboten sind, welche die Ruhe anderer beeinträchtigen. Die Anspruchsgrundlagen sind eindeutig. Der durch Lärm gestörte Eigentümer hat gegen den Störer einen Abwehranspruch aus § 1004 BGB. Dem Besitzer — z.B. dem Mieter — steht ein Unterlassungsanspruch aus § 862 Abs. 1 BGB zur Seite.

Die Geräuschimmission beinhaltet eine Betriebsstörung durch verbotene Eigenmacht im Sinne des § 858 Abs. 1 BGB. Allerdings stellt sich auch in diesem Rahmen, wie bei § 1004 BGB, die Frage, ob der Anspruch nicht aus § 906 BGB eingeschränkt ist. In mietrechtlicher Sicht hat der Vermieter gegenüber dem störenden Mieter einen Unterlassungsanspruch aus § 550 BGB, im Falle der nachhaltigen Störung kann er aus berechtigtem Interesse gemäß § 564 b Abs. 2 Satz 1 Nr. 1 BGB das Mietverhältnis kündigen und dann, wenn durch die Störung der häusliche Friede in einer Weise gestört ist, daß es dem Vermieter nicht mehr zugemutet werden kann, das Mietverhältnis auch unter Berücksichtigung des Bedürfnisses anderer Parteien im Hause auf Wohnruhe fortzusetzen, fristlos nach § 554 a BGB zu kündigen. Umgekehrt stehen natürlich dem gestörten Mieter Rechte gegenüber seinem Vermieter zu. Die Geräuschbelästigung ist einmal ein Mangel der Mietsache im Sinne von § 537 BGB, der den Mieter im Falle der Erheblichkeit zur Mietminderung berechtigt. Unter den weiteren Voraussetzungen des § 538 BGB kann schließlich eine Schadensersatzforderung begründet sein. In ausgesprochen gravierenden Fällen, in denen die Lärmbelästigung zu einer erheblichen Gesundheitsgefährdung führt, kann der Mieter nach § 544 BGB fristlos kündigen. Schließlich hat der Mieter einen Anspruch aus § 536 BGB gegenüber seinem Vermieter, daß dieser gegen den Störer einschreitet. Der Anspruch des Mieters von Wohnraum, wegen einer vom Nachbargrundstück ausgehenden Lärmbeeinträchtigung (hier: Baulärm) den Mietzins zu mindern, wird nicht dadurch ausgeschlossen, daß der Vermieter als Eigentümer die Lärmbeeinträchtigung ohne Anspruch auf Ausgleichszahlung dulden muß [129]. In dieser Entscheidung wird auf den Zusammenhang aufmerksam gemacht, der zwischen dem Minderungsanspruch des Mieters und dem Ausgleichsanspruch des Eigentümers aufgrund des § 906 Abs. 2 Satz 2 BGB besteht, der zugleich Vermieter ist. Ist der Mieter wegen der vom Vermiter als Eigentümer gemäß § 906 Abs. 2 Satz 1 BGB zu duldenden Einwirkung berechtigt, den Mietzins zu mindern, weil die Einwirkung derart erheblich ist, daß sie einen Fehler der Mietsache im Sinne von § 537 Abs. 1 Satz 1 BGB begründet, so steht dem Vermieter ein Ausgleichsanspruch grundsätzlich dann zu, wenn der Mieter gegenüber dem Vermieter mit der Minderung durchdringt, also insbesondere ein rechtskräftiges Urteil erwirkt.

Für den Bereich des Wohnungseigentums ist auf § 14 Nr. 1 WEG zu verweisen, wonach jeder Wohnungseigentümer unter anderem verpflichtet ist, von den im Sondereigentum stehenden Gebäudeteilen nur in einer solchen Weise Gebrauch zu machen, daß dadurch keinem der anderen Wohnungseigentümer über das bei einem geordneten Zusammenleben unvermeidliche Maß hinaus ein Nachteil erwächst.

Das OLG Frankfurt [130] bestätigte die Entscheidung der Vorinstanz, nach welcher die Spielzeit (Klavierspielen) auf täglich 1 1/2 Std. beschränkt wurde. Das Amtsgericht Esslingen [131] hat die Grenze von 6 Std. bei einem wöchentlichen Klavierspiel gezogen. Die täglich zulässige Klavier-Spielzeit kann sich für einen Wohnungseigentümer dadurch reduzieren (hier: auf 1 Std.), daß mehrere in einer Eigentumswohnung zusammen lebende Miteigentümer oder Familienmitglieder musizieren und die Hausordnung einen zeitlichen Rahmen (hier: 16.00 bis 18.00 Uhr) festlegt [132].

Das Landgericht Köln [133] hat ausgesprochen, daß Cello-Spiel unter anderem in der mittäglichen Ruhezeit zu unterlassen ist [134].

Daß es kein schutzwürdiges Interesse daran gibt, Phonogeräte, Stereoanlagen oder Fernseher auch tagsüber so laut zu betreiben, daß sie in der Nachbarwohnung mit 35 dB(A) hörbar sind, hat kürzlich das Amtsgericht Oberhausen [134a] entschieden. Der Betrieb von Phonogeräten in Nachbarhäusern einer Reihenhaus-Einfamilienhaus-Siedlung mit einer Lautstärke, die überdies bereits vorhandene Lärmschutzmaßnahmen überschreitet, gehört hiernach nicht zur ortsüblichen Nutzung eines Hauses gemäß § 906 Abs. 1 BGB. In dieser Entscheidung wird darauf hingewiesen, daß die nach der VDI-Richtlinie 2085 gültige Grenzziehung mit einem Schallpegel von 35 dB(A) tagsüber und 25 dB(A) nachts nicht ohne weiteres auf die willkürliche Beschallung durch den Betrieb von Phonogeräten übertragen werden könne. Diese Grenze gelte erkennbar nur für die Zuführung unvermeidbaren Lärms aus der Umwelt, wie etwa durch den notwendigen Betrieb von Haushaltsgeräten und ähnlichen technischen Einrichtungen. Bei Phono- und Fernsehgeräten handele es sich um Schallquellen, deren Betrieb durch die Rücksichtnahme auf die Umwelt stärker einzuschränken sei. Das Gericht gelangte zu dem Ergebnis, daß es dem Kläger nicht zugemutet werden konnte, tagsüber aufgrund einer Grenzziehung bei einer zulässigen Beschallung von 35 dB(A) vernehmbar Musikgeräusche aus dem Nachbarhaus mitanzuhören.

16.3.5 Volksfeste

Volksfeste erfreuen sich einer zunehmenden Beliebtheit bei weiten Bevölkerungskreisen. Es stellt ein Zeichen der Urbanität dar, wenn solche Volksfeste innerhalb der Städte und Gemeinden abgehalten werden, damit diese auch von Jedermann erreicht und genossen werden können. Nicht selten bringen diese Veranstaltungen jedoch eine erhebliche Belästigung der umliegenden Bewohner mit sich. Von daher hatte auch bereits die Rechtsprechung Gelegenheit zu prüfen, ob und in welchem Rahmen hiergegen Rechtsschutz begehrt werden kann.

Ein Unterlassungsanspruch kann nach den Vorschriften der §§ 1004, 906, 862 BGB begründet sein, wenn die von dem Volksfest ausgehenden Lärmeinwirkungen die Benutzung der anliegenden Grundstücke nicht nur unwesentlich beeinträchtigen und die Abhaltung von Volksfesten vor den betroffenen Grundstücken dieser Lage nicht gewöhnlich ist. Der Eigentümer eines Grundstücks kann ein Verbietungsrecht gemäß § 906 BGB nicht ausüben, wenn die Lärmeinwirkung die Nutzung seines Grundstücks nicht oder nur unwesentlich beeinträchtigt.

Das OLG Karlsruhe hat [135] einem betroffenen Eigentümer einen Unterlassungsanspruch zugestanden. Nach dem dem Urteil zugrundeliegenden Tatbestand hatte der Gemeinderat der beklagten Stadtgemeinde beschlossen, alljährlich im Frühjahr ein 10 Tage dauerndes Volksfest mit Festzelt, Karussells, Schau- und Verkaufsbuden unter der Bezeichnung "Frühlingsfest" abzuhalten. Da die Stadtgemeinde über einen eigenen öffentlichen Festplatz nicht verfügt, wurde vom Gemeinderat beschlossen, bis zu dessen Fertigstellung das Fest auf dem einer Turn- und Sportgemeinde gehörenden, etwa 1 Hektar großen, innerhalb eines umschlossenen Wohngebietes gelegenen Platz stattfinden zu lassen.

Nach den Feststellungen des Gerichtes lag der Platz, auf dem das Volksfest stattfand, in einem Stadtviertel mit offener Bauweise von teilweise villenartigem Charakter. Das um den Platz herum liegende Gelände wurde in den letzten 30 Jahren vollständig bebaut, so daß er nunmehr inmitten eines reinen Wohn- und Villenviertel lag.

Für die Frage der Wesentlichkeit der Beeinträchtigung — so führt das OLG Karlsruhe aus — kommt es auf das Empfinden des Durchschnittsbewohners gerade der beeinträchtigten Grundstücke in ihrer konkreten Beschaffenheit und Zweckbestimmung an. In dem Urteil wird weiter ausgeführt, daß die alljährliche Abhaltung eines 10 Tage dauernden Volksfestes auf einem Platz inmitten eines abseits vom Straßenverkehr gelegenen, reinen Wohngebietes mit überwiegendem Villencharakter eine nicht unwesentliche Beeinträchtigung darstellt.

Die vom entscheidenden Senat durchgeführte Beweisaufnahme hatte ergeben, daß die in den Vorjahren abgehaltenen Frühlingsfeste die Bewohner des ruhigen Viertels wesentlich beeinträchtigten.

Unter Berücksichtigung der vom Bundesarbeitsministerium und dem Verein Deutscher Ingenieure ausgearbeiteten Richtlinien zur Lärmabwehr sollen in reinen Wohngebieten von einem Betrieb ausgehende Lärmeinwirkungen von dem nächst benachbarten Wohnhaus aus gemessen nachts 30 — 40 Phon nicht übersteigen.

Bei einem Lärm über 65 Phon können, wie sich aus einem Aufsatz von Prof. Lehmann [136] ergibt, Störungen des vegetativen Nervensystems eintreten, die mit der Zeit, schon durch die Schlafstörungen bedingt, zu einer Schädigung des Nervensystems, mindestens zur Nervosität führen können.

Eine wichtige Rolle spielt nach Auffassung des Gerichts, insbesondere bei unregelmäßigen Geräuschen, wie es der Volksfestlärm mit den auf einer Geräuschkulisse herausragenden Höchstlautwerten darstellt, der sogenannte "Erwartungseffekt".

Bei einer 10 Tage lang von 14 Uhr bis 24 Uhr andauernden, ununterbrochenen Lärmeinwirkung kann nicht mehr von einer vorübergehenden Einwirkung gesprochen werden.

Die Benutzung des Platzes zur Abhalung von Volksfesten nach Art des Frühlingsfestes konnte vorliegend auch nicht als ortsüblich im Sinne des § 906 BGB angesehen werden. Ortsüblich — so das OLG Karlsruhe weiter — wäre sie nur dann, wenn diese Benutzung des Platzes "nach den örtlichen Verhältnissen bei Grundstücken dieser Art gewöhnlich" wäre.

Die Ortsüblichkeit erfordere also eine gegenwärtige gleichartige oder im wesentlichen gleichartige Benutzung einer Mehrheit von Grundstücken derselben örtlichen Lage. Es seien also Art und Maß der Benutzung des störenden Grundstücks mit anderen Grundstücken seiner Umgebung zu vergleichen. Bei der Frage der Ortsüblichkeit sei im übrigen nicht auf die Stadt im ganzen, sondern auf den Stadtteil abzustellen, weil dieser ein von der übrigen Stadt erkennbar verschiedenes Gepräge als reines Wohngebiet und zum Teil Villengegend trage.

Im Falle der klageweisen Durchsetzung eines entsprechenden Unterlassungsanspruchs ist der Rechtsweg von wesentlicher Bedeutung. Es kann sich nämlich fragen, ob es sich bei der Abwehr gegen Immissionen, die bei einer im öffentlichen Interesse erfolgenden Nutzung eines gemeindeeigenen Grundstückes verursacht werden, um eine bürgerlich-rechtliche Streitigkeit oder eine öffentlich-rechtliche Streitigkeit handelt. Im erstgenannten Fall ist der ordentliche Rechtsweg (§ 13 GVG), im anderen Fall mangels ausdrücklicher bundesrechtlicher Zuweisung auf den ordentlichen Rechtsweg der Weg zu den Verwaltungsgerichten gemäß § 40 VwGO eröffnet.

Der Bundesgerichtshof [137] hat zu dieser Frage entschieden, daß bei Abwehr gegen Immissionen, die bei öffentlichen Interesse erfolgenden Nutzung eines gemeindeeigenen Grundstücks verursacht werden, nur dann und insoweit eine öffentlich-rechtliche Streitigkeit vorliegt, als die Bestimmung über die Nutzung des Grundstücks in Formen des öffentlichen Rechtes erfolgt ist und die Vollstreckung des dem Klageantrag stattgebenden Urteils zur Aufhebung oder Änderung einer hoheitlichen Maßnahme führen würde.

Anders ist es dann, wenn es sich um die Festsetzung eines Volks- und Heimatfestes nach den Bestimmungen der §§ 60 b, 69, 69a GewO handelt. Nach diesen Vorschriften hat die zuständige Behörde ein Volksfest auf Antrag des Veranstalters nach Gegenstand, Zeit, Öffnungszeit und Platz schriftlich festzusetzen. Hierbei ist der Antrag gemäß § 69a Abs. 1 Nr. 3 GewO abzulehnen, wenn die Durchführung der Veranstaltung dem öffentlichen Interesse widerspricht, insbesondere der Schutz der Veranstaltungsteilnehmer vor Gefahren für Leib und Gesundheit nicht gewährleistet ist oder sonstige erhebliche Störungen der öffentlichen Sicherheit oder Ordnung zu befürchten sind. Bei der Festsetzung eines Volksfestes handelt es sich um einen Verwaltungsakt, der sich an den Veranstalter richtet und unbeschadet sonstiger öffentlich rechtlicher Erlaubnis — Genehmigungs- oder Anzeigeerfordernisse — sowie privater Abwehransprüche ergeht.

Das Oberverwaltungsgericht Münster [138] hat in einem Fall, in dem sich der Kläger gegen die Störungen wandte, die von einem festgesetzten Volksfest ausgingen, hervorgehoben, daß der Begriff der öffentlichen Sicherheit und Ordnung in § 69a Abs. 1 Nr. 3 GewO sich mit dem des allgemeinen Ordnungsrechts decke. Bei der Festsetzung eines Volksfestes hat die Behörde dementsprechend zu prüfen, ob die Durchführung der Veranstaltung mit der Rechtsordnung vereinbar ist, beispielsweise nicht gegen Vorschriften der Bauleitplanung oder des Immissionsschutzrechts verstößt. Die §§ 69, 69a GewO sind

(relativ) nachbarschützend — wie das OVG Münster hervorhebt — insoweit,
als die im Rahmen des § 69a Abs. 1 Nr. 3 GewO zu prüfenden sonstigen Vorschriften ihrerseits Nachbarschutz gewähren.

Nach dem zur Entscheidung anstehenden Fall war die Festsetzungsverfügung
der Gemeinde deswegen rechtswidrig und verletzte den Kläger in seinen
Rechten, weil die Veranstaltung wegen ihrer täglichen Dauer erheblich die
öffentliche Sicherheit störte. Der mit der Durchführung des Volksfestes verbundene Lärm zur Nachtzeit (Öffnungszeiten für vollen Kirmesbetrieb: an
allen vier Festtagen bis 24 Uhr; Öffnungszeiten für den Betrieb des Schützen-
zeltes, der Getränkepavillons, der Imbißwagen und -stände an 3 Tagen bis 2
Uhr, am letzten Tag bis 1 Uhr nachts) bedeutet nach den Feststellungen des
Gerichts einen schweren Verstoß gegen die §§ 9 Abs. 1, 10 Abs. 1 des Immissionsschutzgesetzes des Landes Nordrhein-Westfalen.

Ähnliche Erwägungen wird man bei der Festsetzung eines Volksfestes auch im
Land Hessen treffen müssen. Die Polizeiverordnung über die Bekämpfung
des Lärms besagt etwa in § 5 Abs. 1, daß Lautsprecher, Tonwiedergabegeräte
und Musikinstrumente nur in solcher Lautstärke benutzt werden dürfen, daß
Dritte nicht mehr als nach den Umständen unvermeidbar beeinträchtigt
werden.

Die zuständige Behörde kann von diesem Verbot Ausnahmen zulassen.

Zuständige Behörde ist gemäß § 11 dieser Verordnung in Gemeinden mit
3.000 und mehr Einwohnern der Bürgermeister als Ortspolizeibehörde, im
übrigen der Landrat als Kreispolizeibehörde.

Was nun die Festsetzung eines Volksfestes gemäß § 60b GewO anbelangt,
so ist gemäß § 1 Abs. 1 Nr. 2 der Verordnung über Zuständigkeit zur Ausführung des Teil IV der Gewerbeordnung von 14.9.1978 [139] in Gemeinden
mit 7.500 und mehr Einwohnern der Gemeindevorstand, im übrigen der
Landrat als Behörde der Landesverwaltung zuständig.

In dem vor dem OVG Münster zur Entscheidung anstehenden Fall wurde
hinsichtlich der §§ 9 Abs. 1 und 10 Abs. 1 des Immissionsschutzgesetzes
des Landes Nordrhein-Westfalen ausgeführt, daß diese nachbarschützend
seien, was aus dem Zweck dieser Vorschrift folge. Ähnliches gilt für die Vorschriften der Lärmbekämpfungsverordnung im Bundesland Hessen. Gemäß
§ 9 Abs. 1 des Immissionsschutzgesetzes des Landes Nordrhein-Westfalen
war die Durchführung des unzweifelhaft mit ruhestörendem Lärm verbundenen Volksfestes über 22 Uhr hinaus verboten. Zusätzlich waren nach den
Feststellungen des OVG Münster gemäß § 10 Abs. 1 NRW ImschG die Musikinstrumente und Tonwiedergabegeräte auf dem Veranstaltungsplatz, jedenfalls zur Nachtzeit, grundsätzlich unzulässig. Da nach dem Inhalt des Fest-

setzungsbescheids die Öffnungszeiten länger als 22 Uhr andauerten, lag grundsätzlich ein Verstoß gegen die Rechtsordnung und damit eine Störung der öffentlichen Sicherheit im Sinne von § 69a Abs. 1 Nr. 3 GewO vor.

Zwar sehen auch die Bestimmungen des nordrhein-westfälischen Immissionsschutzgesetzes die Möglichkeit einer Ausnahme vor — ebenso wie die §§ 3 und 5 der Lärmbekämpfungsverordnung für das Land Hessen. Im Rahmen einer derartigen Ermessensentscheidung über eine Ausnahme ist jedoch der ungestörten Nachtruhe im Hinblick auf den Gesundheitsschutz der Bevölkerung ein hohes Gewicht beizumessen.

Das Verwaltungsgericht Neustadt [140] hat kürzlich entschieden, daß der Anwohner eines Festplatzes gegen die Gemeinde einen Anspruch darauf hat, daß dort insgesamt pro Jahr für nicht mehr als 5 vom Hundert in der Zeit vom 1. April bis 30. September fallenden Tage Volksfeste genehmigt werden und daß in der Zeit von 22 Uhr bis 6 Uhr ein Lärmgrenzwert von 45 db(A) eingehalten wird. In dieser Entscheidung wird betont, daß für Lärmeinwirkungen, hervorgerufen durch Veranstaltungen zur Pflege dörflichen Brauchtums verbunden mit musikalischen Darstellungen, die Regeln der TA-Lärm nur sehr eingeschränkt zur Beurteilung herangezogen werden können, da diese grundsätzlich für technisch-gewerbliche und industrielle Anlagen gelten. Die Nutzung eines gemeindlichen "Grillplatzes" ist nur in einem Maße zulässig, das deutlich unter den vom Länderausschuß für Immissionsschutz festgelegten Richtwerten [141] liegt. Die Zumutbarkeitsgrenze im Sinne von § 3 BImSchG wird wegen der mit der Nutzung des Grillplatzes verbundenen Lärmbelästigung (Musik- und Lautsprecherbetrieb) nicht überschritten, wenn pro Jahr höchstens 15 solcher Veranstaltungen genehmigt werden, die jeweils spätestens um 22 Uhr beendet sind [142]. Hiernach kann zur Pflege dörflicher Gemeinschaft einmal pro Jahr für bis zu 3 zusammenhängende Tage eine Veranstaltung bis jeweils 1 Uhr gestattet werden. In dieser Entscheidung wird betont, daß der Schutz der Nachbarschaft vor Lärm infolge des Betriebes einer gemeindlichen Einrichtung eine Aufgabe der Behörde sei, zu der es insbesondere gehöre, für die Einhaltung der Betriebszeit Sorge zu tragen und erforderlichenfalls nur zuverlässigen Veranstaltern die Genehmigung zur Nutzung des Platzes zu erteilen.

In einem unlängst ergangenen Beschluß [142a] wurde entschieden, daß im Interesse der Anwohner eines in einem allgemeinen Wohngebiet liegenden Festplatzes, den die Gemeinde Vereinen überläßt, damit diese dort unter anderem in einem Festzelt Wein- und Bierfeste einschließlich Musikdarbietungen veranstalten, pro Jahr lediglich eine an 3 zusammenhängenden Tagen stattfindende Festveranstaltung zulässig ist, wobei die Musikdarbietungen ab 22 Uhr untersagt sind und die Sperrzeit um 24 Uhr beginnt.

Fußball- und Tennisplätze

16.3.6 Sportanlagen

Die Sportausübung hat im Rahmen wachsender Freizeit eine immer größere Bedeutung. So ist verständlich, daß auch Sportanlagen und die hiervon ausgehenden Lärmbeeinträchtigungen Gegenstand gerichtlicher Entscheidungen wurden [143]. Das OLG Stuttgart [144] hatte sich mit der Benutzung von Sportstätten in Wohngebieten zu befassen. Der Miteigentümer eines Hausgrundstücks, das sich etwa 15 m von einem Sportplatz befand, fühlte sich durch den dort stattfindenden Sportbetrieb belästigt. Die Belästigungen bestünden darin — so wurde vorgetragen —, daß gelegentlich Bälle auf sein Grundstück fliegen sowie Sportbetrieb auch nach 20 Uhr abends und an Sonntagen stattfindet. Der Klage wurde — jedenfalls was die Beeinträchtigung durch das Fliegen der Bälle in sein Grundstück anbelangte — stattgegeben. Jedenfalls mußte — so wird festgehalten — der Kläger solche Beeinträchtigungen seines Grundstückes nicht hinnehmen, die sich durch Einhaltung der zwischen dem Sportclub und der beklagten Gemeinde getroffenen Absprachen hinsichtlich des Trainingsbetriebs und des fraglichen Tores ohne weiteres vermeiden ließen. Was das Unterlassen des Fußballspielens nach 20 Uhr und an Sonntagen anbelangte, wurde die Klage deswegen abgewiesen, weil es an einem konkreten Vortrag mangelte. Es wird jedoch betont, daß eine unzulässige Lärmbelästigung durch eine benachbarte Sportanlage einen Anspruch auf Unterlassung begründe, der sogar auf völlige Unterlassung des gesamten Spielbetriebs gerichtet sein könne. Voraussetzung für einen Unterlassungsanspruch ist allerdings, daß es sich nicht nur um eine unerhebliche Beeinträchtigung handelt und daß sie auch nicht ortsüblich ist. Der Bundesgerichtshof [145] hatte die Entscheidung der Vorinstanz bestätigt, wonach ein Sportverein hinsichtlich der von ihm betriebenen Tennisplätze zur Unterlassung des Tennisspiels in vollem Umfange verurteilt wurde. Das Grundstück des Klägers befand sich in einem Mischgebiet im Sinne der Baunutzungsverordnung. Er bebaute es mit einem Wohnhaus. Zwei Jahre später wurden auf dem Nachbargrundstück 2 Tennisplätze angelegt. Einer dieser Plätze lag knapp 4 Meter vom Wohnhaus des Klägers entfernt. Die Auffälligkeit und Lästigkeit des durch die Tennisplätze ausgehenden Lärmes wurde insbesondere in dem Impulscharakter der erzeugten Geräusche gesehen. Bei der Beurteilung der Frage, ob es sich bei Tennisspiel um eine ortsübliche Benutzung handelt, ist zu prüfen, ob auch eine Mehrheit von Grundstücken in der Umgebung mit einer nach Art und Maß einigermaßen gleichen beeinträchtigenden Einwirkung benutzt werden. Zu prüfen war weiter, ob Anhaltspunkte dafür bestehen, daß schon der Tennisplatz den Gebietscharakter prägt, was nicht zutraf. Weiter wird bemerkt, daß sowohl die planerische Zulässigkeit von Tennisplätzen in Mischgebieten als auch die Grenzwerte der VDI-Richtlinien 2058 nur einen allgemeinen Anhalt für die Ermittlung der ortsüblichen Nutzung geben. Diese beiden Gesichtspunkte schließen nicht aus, daß die verursachten

Geräusche im Einzelfall als nicht mehr ortsüblich zu qualifizieren sind. Hierbei lag die Besonderheit darin, daß der Tennisplatz sich in einem besonders geringen Abstand zum Wohngrundstück des Klägers befand und überdies jegliche Schalldämpfung fehlte. Allerdings wird darauf verwiesen, daß es dem Störer im allgemeinen überlassen bleiben müsse, wie er die Einwirkung beseitigt. Eine völlige Untersagung des Betriebes ist nur dort zulässig, wo sich nur über eine umfassende Umgestaltung des Tennisbetriebes die Beeinträchtigungen des Nachbarn vermeiden lassen. Werden durch den Betrieb von 2 Tennisplätzen die Richtwerte der TA-Lärm (hier: für Kurgebiete 45 db(A) in der Zeit von 6 Uhr bis 22 Uhr) auch nur geringfügig überschritten, so liegt eine wesentliche Lärmimmission im Sinne des § 906 Abs. 1 BGB vor, die einen Anspruch des Nachbarn auf völlige Unterlassung des Tennisspieles nach sich zieht [146].

Der Anlieger eines Tennisplatzes kann die völlige Einstellung des dortigen Spielbetriebs verlangen, soweit die damit verbundenen Geräusche einen Beurteilungspegel von 50 db(A) überschreiten. Dieser Unterlassungsanspruch wird nicht dadurch verwirkbar, daß der störende Spielbetrieb vor Klageerhebung 8 Jahre geduldet wurde. Der Betreiber des Tennisplatzes kann nicht damit gehört werden, durch die Errichtung einer 4 Meter hohen Schallschutzmauer ließe sich der Maximalwert von 50 dB(A) einhalten [147].

Mit dem Begehren, einen Sportplatz wegen der von ihm ausgehenden Lärmeinwirkungen werktags ab 18.30 Uhr, Samstag ab 14 Uhr und Sonntags ganztägig zu schließen, mußte sich das LG Osnabrück [148] befassen. Es ging um einen Sportplatz, der sich in einem allgemeinen Wohngebiet befand und zu Schulsportzwecken benutzt wurde. Das Wohngebiet wurde dadurch geprägt, daß sich in ihm eine große Anzahl verschiedener Einrichtungen befanden, nämlich eine Schule, das Amtsgericht, der Sitz der Kreisverwaltung und andere Behörden. Die Grenze der nicht mehr ortsüblichen Benutzung des Sportplatzes wurde werktags bei 18.30 Uhr, samstags nach 14 Uhr und sonn- und feiertags ganztägig als überschritten angesehen, da dann von den übrigen Grundstücken, die nicht Wohnzwecken dienen, grundsätzlich keine Lärmbeeinträchtigung mehr ausgeht. Deshalb mußte der grundsätzlich notwendige Sportplatzbetrieb innerhalb dieser Zeiten der Ruhe im übrigen angepaßt werden.

Zu der Frage eines öffentlich-rechtlichen Abwehranspruchs auf Unterlassung von Sportbetrieb entschied das OVG Hamburg [149], daß der Anlieger eines Sportplatzes vom Staat als dem Betreiber der Anlage aufgrund eines öffentlich-rechtlichen, den §§ 1004, 906 BGB entsprechenden Abwehranspruchs verlangen kann, daß der Sportbetrieb unterlassen wird, der das private Grundeigentum mehr als nur unwesentlich beeinträchtigt, wenn die Nutzung der Sportanlage rechtswidrig und von dem Anlieger nicht geduldet ist. Fußballsport auf einem unmittelbar und ungeschützt als reines Wohngebiet grenzenden Sportplatz stellt für das Wohngrundstück wegen der Lautstärke und der Eigenart der Sportgeräusche eine nicht unwesentliche Beeinträchtigung dar. Der Sportbetrieb auf einem Sportplatz, für den der Bebauungsplan zum Schutz der Anlieger die Errichtung von Lärmschutzwänden vorschreibt, ist ohne die Lärmschutzwände rechtswidrig und braucht nicht geduldet zu werden. Vorliegend war die nordwestliche Hauswand des eingeschossigen Wohnhauses des Klägers etwa 21 m von dem dort befindlichen Spielfeld entfernt.

16.3.7 Kinderspielplätze

Auch Kinderspielplätze sind hin und wieder Gegenstand nachbarrechtlicher Auseinandersetzungen. Hier geht es einmal um die Frage, ob und inwieweit aus öffentlich-rechtlicher Sicht gegenüber der Errichtung eines Spielplatzes vorgegangen werden kann. Zum anderen stellt sich die Frage, unter welchen Voraussetzungen der betroffene Grundstückseigentümer von den Betreibern eines Spielplatzes geeignete Maßnahmen verlangen kann, die verhindern, daß übermäßige Geräusche und ähnliche Einwirkungen von dem Kinderspielplatz auf ihre Grundstücke dringen. Kinderspielplätze können einmal im Rahmen der Erschließungstätigkeit der Gemeinde und zur sozialen Betreuung ihrer Einwohner zu schaffende öffentliche Einrichtungen im Sinne von §§ 19, 20 der Hess. Gemeindeordnung [150] sein. Zum anderen ist darauf zu verweisen, daß nach § 10 Abs. 2 HBO auf dem Baugrundstück oder öffentlich-rechtlich gesichert (durch Baulast) in der Nähe ein Spielplatz für Kleinkinder (bis zu 6 Jahren) anzulegen ist, wenn mehr als drei Wohnungen errichtet werden. Wird ein Kinderspielplatz aufgrund einer Baugenehmigung eingerichtet und danach für seine Benutzung formlos gewidmet, so muß sich der Eigentümer eines angrenzenden Grundstücks, der sich durch den von diesem Spielplatz ausgehenden Lärm belästigt fühlt und die Beseitigung des Spielplatzes begehrt, unter Beachtung der gesetzlichen Fristen (Vorverfahren und Klage) gegen die Baugenehmigung werden. Erstrebt der Eigentümer eines Grundstücks die Beseitigung des Spielplatzes, dann handelt es sich mit Ausnahme des vorbezeichneten Falles um einen Anspruch gegen die öffentliche Hand, der regelmäßig ohne Durchführung des Vorverfahrens gemäß §§ 68 ff VwGO im Wege der allgemeinen Leistungsklage gerichtlich geltend gemacht werden kann. Gemäß § 2 Abs. 1 Nr. 4 HBO gelten Spielplätze als bauliche Anlagen. Hieraus folgt, daß deren Errichtung genehmigungsbedürftig ist, soweit nicht die Spielgeräte auf Spielplätzen ausdrücklich hiervon nach § 89 Abs. 1 Nr. 31 HBO ausgenommen sind.

Der VGH Kassel [151] vertritt den Standpunkt, daß ein nachbarrechtliches Abwehrrecht alsdann gegeben sei, wenn die Einrichtung und Unterhaltung eines Spielplatzes die vorgegebene Grundstückssituation des angrenzenden

Eigentums so nachhaltig verändere, daß sie dadurch schwer und unerträglich getroffen werde. Die von einem Kinderspielplatz ausgehenden Immissionen, die dem Anlagezweck entsprechen, seien übliche Lärmbelästigungen, wie sie auch von Kraftfahrzeugen, Rasenmähern und von Schwimmbädern hervorgerufen würden. Die Anlage — dies zum Sachverhalt — wurde in einem Abstand von weniger als 10 m zum Anbau des klägerischen Wohngebäudes errichtet und betrieben. Allerdings hat der Kläger nicht vorgetragen, daß über die üblichen Lärmbelästigungen hinausgehende unerträgliche Beeinträchtigungen durch den Spielplatzbetrieb hervorgerufen wurden. Hinzu kam, daß das angrenzende Grundstück bereits in einem Bebauungsplan als Kinderspielplatz ausgewiesen war, bevor dem Kläger die Genehmigung für einen Anbau an sein Wohngebäude in Richtung dieses Spielplatzes erteilt wurde. Bei der Beurteilung der Frage, welche Lärmbelästigung durch einen Kinderspielplatz den Nachbarn nicht mehr zugemutet werden kann, ist zu berücksichtigen, daß Kinderspielplätze nach allgemeiner Ansicht in allen Baugebieten, sogar in reinen Wohngebieten, zulässig sind, was allerdings nicht für sogenannte Abendteuerspielplätze und Bolzplätze gilt [152]. Soweit die örtlichen Verhältnisse es zulassen, ist bei der Anlage eines Spielplatzes auf das Ruhebedürfnis der Anwohner Rücksicht zu nehmen [153]. Im Rahmen einer Nachbarklage gegen die Genehmigung eines Kinderspielplatzes ist auch § 22 BImSchG zu berücksichtigen. Es ist zu prüfen, ob der Kinderspielplatz zu einer erheblichen Belästigung der Nachbarschaft führt. Das Gebot der Rücksichtnahme, das sowohl bei der Aufstellung von Bebauungsplänen [154] als auch bei der Erteilung von Baugenehmigungen Anwendung findet, wird im Bereich des Immissionsschutzes durch die Vorschriften des BImSchG näher ausgefüllt. Zwar dient dieses Gebot in der Regel nicht dem Nachbarschutz, anderes gilt jedoch, wenn der Kreis der geschützten Personen im Hinblick auf ihre unmittelbare Betroffenheit mit hinreichender Genauigkeit abgegrenzt werden kann [155]. Dies ist bei der Errichtung eines Kinderspielplatzes wohl regelmäßig der Fall, da die Belästigungen, die hiervon ausgehen können, meistens einen kleinen, überschaubaren Kreis von Anliegern tangieren. Das Gebot der Rücksichtnahme und auch die immissionsschutzrechtlichen Bestimmungen führen jedoch in den seltensten Fällen dazu, daß ein Kinderspielplatz an dem beabsichtigten Standort unzulässig ist. Eine Versagung der Baugenehmigung kommt mithin nur in Betracht, wenn die Belästigungen der Nachbarn nicht durch Auflagen auf das zumutbare Maß reduziert werden können [156].

Von den üblichen Kinderspielplätzen sind jedoch die sogenannten Abenteuerspielplätze zu unterscheiden, die oft zu erheblichen Lärmbelästigungen führen, da diese häufig von älteren Jugendlichen benutzt werden. Die Ausweisung "Spielplatz" in einem Bebauungsplan rechtfertigt nicht die Einrichtung eines Abenteuerspielplatzes [157]. Ist die Baugenehmigung eines sogenannten

Abenteuerspielplatzes rechtswidrig, so hat der Eigentümer eines benachbarten Grundstücks, welches in einem reinen Wohngebiet liegt, auch dann einen Anspruch auf Reduzierung des von diesem Spielplatz ausgehenden Lärmes auf maximal 50 dB(A) (hier: durch Lärmschutzwand bzw. -wall), wenn eine Baugenehmigung schon seit 2 Jahren unanfechtbar geworden ist [158].

Aus zivilrechtlicher Sicht bieten die §§ 906, 1004 BGB eine Anspruchsgrundlage, von welcher ausgehend der betroffene Grundstückseigentümer von den Betreibern des Spielplatzes geeignete Maßnahmen verlangen kann, die verhindern, daß übermäßige Geräusche von dem Kinderspielplatz auf ihre Grundstücke dringen. Das LG Aachen [159] hat eine Gemeinde verpflichtet, durch geeignete Sicherungsmaßnahmen und Vorkehrungen ernsthaft Vorsorge gegen rechtsverletzende Einwirkungen von einem Kinderspiel aus zu treffen. Hierbei wurde jedoch der betroffenen Gemeinde freigestellt, wie sie in wirksamer Weise künftige Einwirkungen verhindert, da sie als Inhaberin der gefährdenden Anlage am besten beurteilen kann — und zwar als Betreiber derselben —, welche Maßnahmen zu ergreifen sind.

16.3.8 Gaststätten — Diskotheken — Jugendheime

Gaststätten- und Diskothekenlärm führt oft zu einer erheblichen Beeinträchtigung der Nachbarschaft. Ruhestörungen können insbesondere durch an- und abfahrende Motorräder, Mofas und PKW's verursacht werden. In allgemeinen Wohngebieten im Sinne von § 4 der Baunutzungsverordnung sind Gast- und Speisewirtschaften sowie Anlagen für kulturelle und soziale Zwecke — wie Jugendheime — zulässig. Ruhestörungen, die durch das An- und Abfahren von Gästen in Kraftfahrzeugen verursacht werden, können u. U. eine Anordnung eines Halte- und Parkverbots bei der Gaststätte rechtfertigen. Nach § 45 Abs. 1 StVO kann die Straßenverkehrsbehörde die Nutzung bestimmter Straßen oder Straßenstrecken zum Schutze der Nachtruhe in Wohngebieten beschränken. Gemäß § 5 Abs. 1 Ziffer 3 GaststättenG können dem Inhaber einer Gastwirtschaft nach Erteilung der Erlaubnis Auflagen zum Schutze der Bewohner der Nachbargrundstücke erteilt werden. In einer solchen Auflage darf jedoch nur ein solches Verhalten gefordert werden, das dem Gewerbetreibenden rechtlich möglich ist. Durch die Auflage sollen Nachbarn davor geschützt werden, daß sie durch den Betrieb der Gaststätte in ihrer Nachtruhe gestört werden. So kann einem Gaststätteninhaber aufgegeben werden, die Gaststättentüre von 22 Uhr an derart zu verschließen, daß kein Lärm mehr nach außen dringt. Der Gastwirt ist dafür verantwortlich, daß durch seinen Betrieb — also auch durch das Verhalten seiner Gäste — die Bewohner der Nachbargrundstücke keinen erheblichen Belästigungen ausgesetzt werden. Da die Anwendungen des § 5 Abs. 1 Ziffer 3 GaststättenG keine polizeirechtliche Gefahr voraussetzt, bedarf es nicht der Feststellung, daß durch den Gaststättenbetrieb die Gesundheit der Bewohner der Nachbargrundstücke gefährdet sei. Es genügt eine erhebliche Beeinträchtigung des Wohlbefindens. Das Bundesverwaltungsgericht [160] bestätigte eine Auflage, durch die dem Inhaber einer Gastwirtschaft verboten wurde, durch den Betrieb der Gaststätte nach 22 Uhr Lärmimmissionen in einer Stärke von mehr als 30 DIN Phon zu verursachen.

Nach § 4 der SperrzeitVO [161] können die örtlichen Behörden den Beginn der Sperrstunde für einzelne Betriebe auf einen früheren Zeitpunkt als 24 Uhr festsetzen, wenn sich bei der Ausübung des Gewerbes Unzuträglichkeiten für die öffentliche Sicherheit und Ordnung ergeben. Es genügt hier die objektive Feststellung, daß Unzuträglichkeiten für die öffentliche Sicherheit und Ordnung in der Ausübung ihres Gewerbes ihre Ursache haben. Diese Verordnungsbestimmung basiert auf der Ermächtigungsgrundlage des § 18 GaststättenG in Verbindung mit § 1 der ErmächtigungsVO [162]. In einem vergleichbaren Fall kam das OVG Münster [163] zu der Auffassung, daß eine dauernde Ruhestörung der Anwohner, die durch das An- und Abfahren von Kraftfahrzeugen der Gäste einer Gaststätte verursacht werden, eine Vorverlegung des Beginns der Sperrstunde auf 22 Uhr rechtfertigen kann. Soweit seitens des Gaststätteninhabers eingewandt wird, die Störungen würden nicht unmittelbar durch seinen Betrieb, sondern allenfalls von Gästen seines Lokales ausgehen, nachdem diese es verlassen hätten und wofür er nicht mehr verantwortlich sei, kann dieser nicht gehört werden, weil er sich grundsätzlich auch den Lärm zurechnen lassen muß, der von seinen Gästen außerhalb seines Betriebs verursacht wird. Die Verantwortung eines Gastwirts endet nicht am Eingang der Gaststätte, sondern erstreckt sich auch auf deren unmittelbaren Ausstrahlungsbereich. Wenn bei Berücksichtigung aller Umstände des Einzelfalls das Ausmaß der Lärmbeeinträchtigung das den Anwohnern zumutbare Ausmaß überschritten hat, ist ein Einschreiten der Behörde gegenüber dem Gaststätteninhaber gerechtfertigt. Die Behörde trifft sogar die Amtspflicht zum Schutze der beeinträchtigten Anwohner dort und so tätig zu werden, wo und wie dies nach Lage des Falls erforderlich ist [164]. Wegen der überragenden Bedeutung ungestörten Schlafs für den Menschen ist die Behörde befugt, dem Nachtruhebedürfnis der Anwohner mehr Gewicht beizumessen als den wirtschaftlichen Interessen des Gastwirts, und darf demgemäß zur Vermeidung von Lärmbelästigungen der Umgebung die Sperrstunde für die Gaststätte vorverlegen (hier: auf 22 Uhr). Diese Kriterien entfalten eine noch größere Tragweite, wenn in der Nachbarschaft ein Krankenhaus betrieben wird, da ungestörter Schlaf zur Genesung lebensnotwendig ist, der nächtliche Betrieb einer Pilsschänke dagegen nicht [165]. Der Gastwirt hat seinen in einem allgemeinen Wohngebiet liegenden Betrieb so zu führen, daß die Anwohner jedenfalls ab 22 Uhr vor aus der Gaststätte dringendem Musiklärm, welcher den Wert von 40 dB(A) übersteigt, geschützt wird. Der Gastwirt ist verpflichtet, zum Schutz der Anwohner gegen den Lärm einzuschreiten, den die Gäste vor dem Lokal durch laute Unterhaltungen und das An- und Abfahren mit dem Auto, Türenschlagen usw. verursachen. Ist der Gastwirt nicht willens oder nicht in der Lage, dem zu entsprechen, so entbehrt er der gewerberechtlichen Zuverlässigkeit [166]. Auf der anderen Seite hat der Eigentümer eines 60 m von einer Mehrzweckhalle entfernten Grundstücks die bei Diskotanz-Veranstaltungen von dorther mit 45—50 dB(A) hörbare Musik dann hinzunehmen, wenn diese Veranstaltungen allenfalls 8 mal jährlich stattfinden und jeweils um 21 Uhr beendet sind [167]. Der durch den Zu- und Abgangsverkehr der Gäste einer Diskothek verursachte Lärm (Anfahren von Autos, Motorrädern, Mofas, Aufheulen der Motoren, Geschrei, Gepfiffe, Streitereien, Gesang) darf auch dann nachts den Wert von 45 dB(A) auf gar keinen Fall überschreiten, wenn die Diskothek in einem an ein Mischgebiet grenzenden Industriegebiet liegt. Überschreiten solche dem Diskothekenbetreiber zurechenbaren Lärmbelästigungen diesen bei dominierender Wohnbebauung des Mischgebiets eher noch niedriger anzusetzenden Wert, so ist auch im öffentlichen Interesse die Vorverlegung der Sperrzeit auf 22 Uhr notwendig.

Der Diskothekenbetreiber kann dem nicht entgegenhalten, seine Existenz werde bedroht. Denn dem Interesse der Nachbarn an ungestörtem Schlaf gebührt Vorrang vor den wirtschaftlichen Belangen des Diskothekenbetreibers und dem Wunsch der Gäste, sich bis zum allgemeinen Ende der Sperrzeit vergnügen zu können [168].

Von der zivilrechtlichen Seite her kann ein Unterlassungsanspruch aus § 1004 BGB gegeben sein. Einwirkungen können jedoch dann nicht verboten werden, wenn sie die Benutzung des Grundstücks nur unwesentlich beeinträchtigen. Diese Voraussetzung im Rahmen des § 906 BGB hat jedoch der Gastwirt darzulegen, den insoweit die Beweislast trifft. Der betroffene Nachbar hat nur darzulegen und unter Beweis zu stellen, daß der Gastwirt durch Geräusche auf sein Grundstück einwirkt und daß sein Eigentum hierdurch beeinträchtigt wird [169].

Der Betreiber eines Jugendheimes ist gemäß §§ 1004, 906 BGB einmal zur Unterbindung der Lärmbeeinträchtigung verpflichtet, welche der Nachbarschaft infolge der Musik von Disko- und Tanzveranstaltungen sowie durch den Zu- und Abgangsverkehr (Türenschlagen, Aufheulen der Motoren, Hupen, Spielen der Autoradios, Jolen, Rufen, Gelächter, laute Unterhaltungen) entstehen; er ist weiter verpflichtet, außerhalb der Öffnungszeiten Besucher vom Gelände des Heimes fernzuhalten. Bei der Frage der Ortsüblichkeit im Sinne von § 906 BGB ist auf das durch die Lärmimmission gestörte Grundstück abzustellen, so daß die Ortsüblichkeit auch dann zu verneinen ist, wenn das Jugendheim bauplanungsrechtlich in einem Sondergebiet, das benachbarte Wohnhaus in einem allgemeinen Wohngebiet liegt [170].

Hinsichtlich der von einem Gemeinschaftshaus ausgehenden Lärmbelästigung muß es zwar grundsätzlich dem Störer überlassen bleiben, wie er die Einwirkung beseitigt. Kommen jedoch andere Abhilfemaßnahmen nicht in Betracht, so ist dem Gestörten ein umfassender Unterlassungsanspruch zuzubilligen. Der Schutz der Nachtruhe erfordert hierbei eine Einstellung des Betriebes ab 21,30 Uhr, um sicherzustellen, daß die letzten Gäste bis 22 Uhr das Gemeinschaftshaus verlassen haben [171].

16.3.9 Tiere

Falsch verstandene Tierliebe führt auch unter Nachbarn teilweise zu unerquicklichen Auseinandersetzungen: Hundegebell zur Nachtzeit, Halten und Züchten von Vögeln in Volieren auf dem Nachbargrundstück, das Halten von Hühnern, Enten und Gänsen — nicht etwa in ländlich strukturierter Gegend sondern in allgemeinem Wohngebiet —, die Anlage sogenannter Feuchtbiotope als Brutstätte von Fröschen und Kröten in unmittelbarer Nähe zu Nachbars Schlafzimmer — der Drang nach Schaffung von Freiräumen zu Lasten anderer ungeachtet des Gebots der Rücksichtnahme auf nachbarliche Belange zeitigt auch hier seine "Blüten". Wenn Tierlärm zunehmend zu einem Rechtsproblem wird, so hat dies seinen Grund nicht zuletzt auch in der zunehmenden Bebauungs- und demzufolge Nutzungsdichte, was naturgemäß den Entfaltungsdrang des Einzelnen einengt. Das Ausmaß der Sensibilität gegenüber ruhestörendem Lärm wächst. Die Immissionsrichtwerte der TA-Lärm [172] können im Hinblick auf Tierlärm infolge der hiervon ausgehenden Weckreaktion, aber auch hinsichtlich ihres unkontrollierten Einsetzens und Endens allenfalls als Richtschnur herangezogen werden [173].

Wer Tiere hält, hat nach § 10 der Polizeiverordnung über die Bekämpfung des Lärms [174] dafür zu sorgen, daß Dritte nicht mehr als nach den Umständen unvermeidbar durch den von diesen Tieren erzeugten Lärm beeinträchtigt werden. Wer vorsätzlich oder fahrlässig hiergegen verstößt, handelt ordnungswidrig und kann mit einer Geldbuße bis zu 1.000,— DM belegt werden (§ 13 LärmbekämpfungsVO).

Nach der Grundregel der Lärmbekämpfungsverordnung in § 1 hat sich jeder so zu verhalten, daß andere nicht mehr als nach den Umständen unvermeidbar durch Geräusche gesundheitlich gefährdet werden. Polizeirechtlich relevant wird Tierlärm indes nur dort, wo er nach Art, Ausmaß und Dauer geeignet ist, erhebliche Belästigungen oder gar Gefahren für die Allgemeinheit oder die Nachbarschaft herbeizuführen. Die Nachtzeit wird in der Lärmbekämpfungsverordnung zwischen 20 und 7 Uhr festgelegt.

Nachbarrechtliche Auseinandersetzungen über Lärmbelästigungen durch Tierhaltung werden einmal nach den §§ 1004, 906 BGB ausgetragen; in besonderer Weise taucht diese Problematik jedoch auch im Bereich des Mietrechts auf, wenn durch Tierlärm Beeinträchtigungen und Besitzstörungen des Mieters zu besorgen sind. Dem Mieter stehen einmal Unterlassungsansprüche gegenüber dem Störer aus §§ 862 Abs. 1, 865 BGB zur Seite, aber auch ein Anspruch gegenüber seinem Vermieter, daß dieser gegenüber übermäßigem Tierlärm einschreitet (§§ 535, 862 BGB). Unzumutbare Störungen durch Tierlärm gehören sicher nicht zur vertragsmäßigen Nutzung einer Wohnung. Ein Unterlassungsanspruch ist nur dann gegeben, wenn durch den Tierlärm die Benutzung des Grundstücks bzw. der Wohnung wesentlich beeinträchtigt ist. Hierbei ist nicht das subjektive Empfinden des Einzelnen maßgeblich, sondern von einer objektiven Warte ausgehend das Empfinden eines durchschnittlichen Betrachters. Wesentlich für die Beurteilung von Tierlärm ist auch die Frage der Ortsüblichkeit. Ortsüblich ist Tierlärm dann, wenn er in gleicher Weise auch vergleichbare Grundstücke beeinträchtigt [175]. Ein gewisses Maß von Geräuschen muß überdies jedermann aufgrund des nachbarrechtlich in besonderem Maße nach Treu und Glauben ausgebildeten Verhältnisses in Kauf nehmen [176]. Hinsichtlich der in § 3 der LärmbekämpfungsVO angesprochenen Zeiten von 20 - 7 Uhr und von 13 - 15 Uhr dürfte jedoch bei einem Verstoß hiergegen ein Berufen auf die Ortsüblichkeit des Tierlärms ausgeschlossen sein.

Einzelfälle:

— Lärmbelästigung durch Vogelhaltung [177]:

Werden Nachbarn in einem großstädtischen Wohngebiet durch das Zwitschern und Kreischen von Vögeln, die auf einem Gartengelände in Volieren gehalten werden, erheblich gestört, so haben diese einen Unterlassungsanspruch. Das Wohnhaus des Klägers lag nur einige Meter von dem Nachbargarten entfernt, wobei insbesondere Türe und Fenster des Schlafzimmers dem Nachbargarten zugewandt waren. Der Nachbar hatte in diesem Garten 30 Wellensittiche und 8 große Sittiche in einer Voliere gehalten. Es handelt sich um ein großstädtisches Wohngebiet. Diese Entscheidung betont, daß die Kläger nicht darauf verwiesen werden konnten, das Fenster des Schlafzimmers zu schließen, um die eindringenden Geräusche abzumindern. Abgestellt wurde insbesondere auf die Beeinträchtigung, die sich aus dem Bewußtsein der jederzeit möglichen erheblichen Ruhestörung ergab (Erwartungshaltung). Eine exakte Phon-Messung durch einen Sachverständigen wurde in diesem Falle im Hinblick auf die dem Nachbarn aufgedrängte "Geräuscherwartung" als nicht erforderlich angesehen.

— Hundegebell:

Soweit es einem Tierhalter nicht zugemutet werden kann, seinen Hund ständig in der Wohnung zu halten und einzusperren, nur damit Störungen des

Nachbarn vermieden werden, so kann dessen Nachbar gleichwohl für bestimmte Zeiten — nicht jedoch allgemein — verlangen, daß dieser geeignete Maßnahmen trifft, die eine wesentliche Beeinträchtigung durch Hundegebell ausschließen [178]. Da bei dem zur Entscheidung anstehenden Fall auf mehreren Grundstücken des Wohngebietes Hunde gehalten wurden, war einerseits das Kriterium der Ortsüblichkeit erfüllt. Andererseits lag aufgrund des anhaltenden Bellens des Hundes eine wesentliche Beeinträchtigung vor, der durch geeignete Maßnahmeen in der Zeit von 10 – 7 Uhr sowie während der Mittagsruhe von 13 – 15 Uhr abzuhelfen war.

Das Amtsgericht Hannover [179] weist darauf hin, "daß häufige Schlafstörungen zu einer Beeinträchtigung des Gesundheitszustandes führen können und, wenn sie lange anhalten, auch führen müssen". In dieser Entscheidung wird weiter ausgeführt: "Bereits vor Jahrtausenden hatte man in China als Mittel der Tötung den Schlafentzug. Dieses uralte Wissen um die Folge des Schlafentzugs ist nicht verloren gegangen, vielmehr war der immer mehr festzustellenden Verfeinerung des menschlichen Wissens um die dem Mitmenschen abträglichen Dinge durchaus erhalten geblieben".

Der Halter eines Schäferhundes, der diesen über Gebühr lange bellen ließ, wurde wegen vorsätzlicher Körperverletzung in Tateinheit mit ruhestörendem Lärm verurteilt.

In einem Wohngebiet sind Beeinträchtigungen durch eine Hundezucht in der Regel nicht ortsüblich [179a]. Die Wahl zwischen bestehenden Möglichkeiten, die Beeinträchtigung zu unterlassen, kann hiernach dem Hundezüchter im Urteilsverfahren überlassen bleiben. Die ihm gesetzte Obergrenze der Ortsüblichkeit bildet in der Regel eine Beeinträchtigung, wie sie normalerweise von Haltern zweier Hunde ausgehen. Nach dem der Entscheidung zugrundeliegenden Sachverhalts grenzte das Wohnhaus des Klägers, der dort im 1. OG wohnte, auf einige Meter an den Hof des Grundstücks des Störers, der dort ein Gehege mit Zwinger für eine Zucht von Leonberger Hunden betrieb. Die Grundstücke der Parteien lagen in einem Wohngebiet der Gemeinde. Der Beklagte hielt einen Rüden und vier Hündinnen; jährlich kamen etwa 2 Würfe Welpen zur Welt.

— Hühnerhaltung und Hahnenkrähen:

Das Halten von vier Hennen bedeutet auch in einer Villengegend eine nur unwesentliche Beeinträchtigung des Nachbarn in der Benutzung seines Grundstücks [180].

— Katzen:

Katzen gehören zu den in der Regel stillen Lebewesen gleichwohl scheint in der Rechtsprechung lebhaft umstritten zu sein, ob ein Grundstückseigentümer

Katzenbesuch vom Nachbargrundstück zu dulden hat. Einerseits wird bereits in dem bloßen Betreten eines Grundstückes durch Katzen ein störender Eingriff in das Grundeigentum gesehen [181].

Nach anderen Entscheidungen [182] ist bereits aufgrund des nachbarlichen Gemeinschaftsverhältnisses in einem Wohnort der Grundstückseigentümer zur Duldung verpflichtet, wenn eine dem Nachbarn gehörende Katze von Zeit zu Zeit seinen Grundstücksgarten betritt.

– Froschgequake:

Das Landgericht Hanau [183] steht auf dem Standpunkt, von einem Nachbarn könne nicht verlangt werden, daß dieser die Lärmbelästigung, die von Fröschen in einem Teich seines Grundstücks ausgingen, verhindert. Begründet wurde die Entscheidung damit, daß es offenbleiben könne, ob ein den Abwehranspruch aus § 1004 BGB ausschließende Duldungspflicht nach § 906 BGB gegeben sei, da dem Störer schließlich ein Verhalten abverlangt würde, das "gegen zwingende Vorschriften des Hess. Naturschutzgesetzes verstoße".

Diese Entscheidung wurde zu Recht kritisiert [184], da sie eine sachgerechte Abwägung zwischen Lärmschutz und Naturschutz vermissen lasse. Beim Zielkonflikt zwischen einer Verhinderung von Belästigungen oder Schädigung der Menschen durch Lärm und dem Schutz bestimmter Tierarten hat der Schutz menschlicher Gesundheit Vorrang, der bereits im Vorbereich der bloßen Belästigung einsetzen kann. Wenngleich auch das OLG Schleswig [185] einem Nachbarn einen entsprechenden Unterlassungsanspruch gegen Froschgequake verwehrt hat mit der Begründung, in einem ländlichen Wohngebiet müßten Geräuschbelästigungen durch das Quaken von Fröschen aus einem Teich des Nachbargrundstücks als ortsüblich geduldet werden, so mußte hier indessen die Klage insbesondere deswegen abgewiesen werden, da es an einem detaillierten Vortrag seitens des Klägers zur Frage der Wesentlichkeit der Störwirkung mangelte. Für die Darstellung der Häufigkeit und Dauer der jeweiligen Lärmimmissionen quakender Frösche könnten – so wird betont – tagebuchähnliche Aufzeichnungen hilfreich sein. Vorliegend lag es dann auch noch so, daß die von den Fröschen ausgehenden Immissionen als ortsüblich angesehen wurden, weil sich unmittelbar an das entsprechende Neubaugebiet der Gemeinde, in welchem sich die Grundstücke der Beteiligten befanden, ein Gebiet befand, welches von einer Vielzahl von Auen durchzogen ist und in ein Moor übergeht.

16.3.10 Verschiedenes

– Geräuschimmissionen durch kirchliches Glockengeläute:
Für die Klage eines Nachbarn gegen das liturgische Glockengeläute einer als Körperschaft des öffentlichen Rechts anerkannten Kirche ist der Verwal-

tungsrechtsweg gegeben [186]. Indes sind Geräuschimmissionen durch liturgisches Glockengeläute der Kirche im herkömmlichen Rahmen regelmäßig keine erhebliche Belästigung im Sinne von § 3 Abs. 1 BImSchG, sondern eine zumutbare, sozial adäquate Einwirkung. Der Eigentümer eines etwa 200 Meter Luftlinie von einer Pfarrkirche entfernt gelegenen Eigenheims fühlte sich durch das frühmorgendliche Geläut um 6 Uhr zur Sommerzeit und in der Winterzeit um 7 Uhr mit jeweils 1 Minute Dauer gestört. Die dagegen gerichtete Klage wurde abgewiesen, da mit dem herkömmlichen täglichen Glockenläuten in der Regel die Grenze des Zumutbaren nicht überschritten wird. Das kultische Glockengeläut − so wird ausgeführt − sei eine Jahrhunderte alte kirchliche Lebensäußerung, wenn sie sich nach Zeit, Dauer und Intensität im Rahmen des herkömmlichen hält, was auch in einer säkularisierten Gesellschaft bei Würdigung der widerstreitenden Interessen hinzunehmen ist [187].

− Alarmsirenen:
Außenwandalarmsirenen zum Schutz vor Ladeneinbrüchen sind grundsätzlich unzulässig bei erheblichen Störungen Dritter durch solche Anlagen [188]: zum Schutze seines Supermarktes ließ dessen Inhaber eine Einbruchsalarmsirene installieren, wogegen sich ein Nachbar, der an der gegenüberliegenden Straßenseite wohnte, zur Wehr setzte, weil sie artbedingt bzw. infolge fehlerhafter Überwachung ihn und seine Familie wiederholt gestört habe und weil sie ihn zu stören drohe. Die Sirene hatte in 3 Meter Entfernung eine Lautstärke von 100 dB(A).

− Industrielärm:
Bei einer Klage gegen Geräuschbelästigungen durch einen benachbarten Betrieb sind einzelne Lärmquellen des Betriebs rechtlich gesondert zu beurteilen, allerdings jeweils vor dem Hintergrund der Geräusche des gesamten Betriebs [189]. Der Eigentümer eines etwa 150 m gegenüber einem Säge-, Zaun- und Imprägnierwerkes gelegenen Einfamilienhauses wehrte sich gegen die hiervon ausgehenden Immissionen: Gegenstand der Beschwerden war einmal ein sogenannter "Vereinzelner", mittels welchem Rundholz von einem Stapel einzeln in die Verarbeitungshalle bewegt wurde, zum anderen im freien benutzte Motorsägen, der Lärm der Werkhalle und schließlich der Betrieb des Werks in Ruhezeiten.

− Rasenmäher:
§ 9 der Polizeiverordnung über die Bekämpfung des Lärms bestimmt, daß an Werktagen in der Zeit von 20 bis 7 Uhr und von 13 − 15 Uhr einerseits sowie an gesetzlichen Feiertagen andererseits die Benutzung von Rasenmähern verboten ist. § 9 Abs. 1 Satz 2 dieser Verordnung dehnt dieses Verbot auch auf sonstige im Garten benutzte Maschinen und Geräte aus, wenn zu ihrem Betrieb Motorenkraft verwendet wird. Dieses Gebot gilt z.B. auch für das Betä-

tigen von Motorsägen oder für Heckenscheren, die mittels eines elektrischen Motores betrieben werden. § 9 Abs. 2 der Lärmbekämpfungsverordnung macht von diesem Verbot nur dann eine Ausnahme, wenn feststeht, daß Dritte nicht beeinträchtigt werden. Die Rasenmäherlärm-Verordnung [190] besagt darüber hinausgehend, daß Rasenmäher, außer solchen im land- und forstwirtschaftlichen Einsatz, an Werktagen in der Zeit von 19 bis 7 Uhr sowie an Sonn- und Feiertagen nicht betrieben werden dürfen. Abweichend hiervon dürfen nach § 6 Abs. 2 der Rasenmäherlärm-Verordnung an Werktagen in der Zeit von 19 − 22 Uhr Rasenmäher betrieben werden, die

− nach § 5 mit einem Schalleistungspegel von weniger als 88 dB(A) bezogen auf ein Pikowatt gekennzeichnet sind oder

− vor dem 1. August 1987 erstmals in den Verkehr gebracht worden und mit einem Immissionswert von weniger als 60 dB(A) gekennzeichnet sind.

Die Rasenmäherlärm-Verordnung hat als Bundesrecht Vorrang vor der Hessischen Polizeiverordnung über die Bekämpfung des Lärms vom 8. Dezember 1970.

16.4 Erschütterungen

Bei Bauarbeiten in städtischen Gebieten mit dichter Bebauung, insbesondere bei Grundstücksvertiefungen und hierzu eingesetzten "Vibrationsbären" entstehen nicht selten bereits bei den Gründungsarbeiten Schäden an benachbarten Häusern. Zur Frage einer Verschuldungshaftung des Architekten für Schäden aus Grundstücksvertiefung und auf die Immissionseinwirkungen durch Bodenerschütterungen hat der BGH [191] besonders betont, daß ein Architekt als verantwortlicher Bauleiter gehalten ist, sich von Anfang an und ständig Gewißheit über die tatsächlichen Auswirkungen des mit erheblichen Bodenerschütterungen verbundenen Arbeitsvorgangs bei einem durch Alter und Kriegsschäden gefährdeten Zustand des Nachbargebäudes zu verschaffen. Wird durch eine Grundstücksvertiefung ohne Verschulden des Eigentümers und Bauherrn dem Boden des Nachbargrundstücks die erforderliche Stütze entzogen, so kommt gegen ihn ein nachbarrechtlicher Ausgleichsanspruch des geschädigten Eigentümers in entsprechender Anwendung von § 906 Abs. 2 Satz 2 BGB in Betracht. Dieser Anspruch erfaßt alle von einem Grundstück auf ein benachbartes Grundstück ausgehenden Einwirkungen, die das zumutbare Maß einer entschädigungslos hinzunehmenden Beeinträchtigung übersteigen, sofern der davon betroffene Eigentümer aus besonderen Gründen gehindert war, diese Einwirkungen rechtzeitig zu unterbinden. Unter diesen Voraussetzungen steht ein nachbarrechtlicher Ausgleichsanspruch auch für Schäden aus einer nach § 909 unzulässigen Grundstücksvertiefung zu, wenn dafür mangels Verschuldens gegenüber dem Bauherren eine Schadensersatzpflicht nach § 823 Abs. 2 BGB nicht begründbar ist.

Sind nun Grundstückseigentümer und Architekt für ein und dieselbe Schadenssache verantwortlich, so haften sie auch dann als Gesamtschuldner nach § 840 BGB, wenn den Eigentümer eine nachbarrechtliche Ausgleichspflicht und nur den Architekten eine Haftung aus unerlaubter Handlung trifft.

Hinsichtlich eines Ausgleichsanspruchs für durch Sprengungen ausgelöste Beeinträchtigungen (hier: Risse an Häusern infolge von Sprengungen in Steinbrüchen) hat der BGH [192] entschieden, daß auf derartige Beeinträchtigungen der Anspruch aus § 906 Abs. 2 Satz 2 BGB auch dann gestützt werden könne, wenn nur einzelne Sprengungen möglicherweise nicht mehr im Rahmen der ortsüblichen Benutzung des Steinbruchgrundstücks geblieben sind, eine Abgrenzung der hierdurch ausgelösten Immissionen unter dem Gesichtspunkt der Ortsüblichkeit nach dem Eintritt eines Schadens aber nicht mehr möglich ist. Beeinträchtigen gleichartige, je für sich wesentliche Einwirkungen zweier Immittenten zusammen die ortsübliche Benutzung des benachbarten Grundstücks über das zumutbare Maß hinaus, so hat jeder Immittent nach Maßgabe der von ihm verursachten Beeinträchtigungen einen Ausgleich zu leisten. Für den nur durch das Zusammenwirken beider Immittenten verursachten Schadensanteil haften beide als Gesamtschuldner.

16.5 Ähnliche Einwirkungen

Zu den ähnlichen Einwirkungen zählen nicht die sogenannten negativen und immateriellen Einwirkungen. Unter negativen Einwirkungen sind Handlungen auf dem eigenen Grundstück zu verstehen, die natürliche Vorteile und Zuführungen vom Nachbargrundstück abhalten. So existiert z.B. kein Abwehranspruch gegen die Behinderung der Zufuhr von Licht und Luft zum Nachbargrundstück und eines Ausblicks von diesen durch bauliche Anlagen wie Zäune, Bäume und Pflanzen. Schattet ein Hochhaus Funkwellen so ab, daß auf dem Nachbargrundstück ein Empfang von Fernsehen nicht mehr möglich ist, kann der Eigentümer des beeinträchtigten Grundstücks nicht beanspruchen, auf Kosten des Hochhauseigentümers Anschluß an die Sammelantenne des Hochhauses zu erhalten. Er hat auch keinen Anspruch auf Zahlung eines angemessenen Ausgleichs [193].

Unter immateriellen — ideellen — Einwirkungen wiederum sind Handlungen auf dem eigenen Grundstück zu verstehen, die das ästhetische oder sittliche Empfinden des Nachbarn verletzen. Auch diese sind nicht über §§ 862, 1004 BGB abwehrbar, zumindest dann, wenn eine das sittliche Empfinden des Nachbarn verletzende Nutzung eines Grundstückes nach außen nicht wahrnehmbar ist [194]. Dies wurde entschieden für den Fall, daß sich ein Nachbar über den Betrieb eines Bordells auf dem Nachbargrundstück gestört fühlte. Er hatte vorgetragen, er sehe insbesondere seine minderjährigen Tochter und die minderjährigen Kinder weiterer Nachbarn durch das Vorhandensein des

Bordells sittlich gefährdet; außerdem mindere dies den Wert seines Hausgrundstücks.

Zu den ähnlichen Einwirkungen im Sinne von § 906 Abs. 1 BGB gehören dann z.b. Einwirkungen durch Laubfall, Blüten- und Samenflug [195], Kleintiere wie Bienen und Vögel, Strahlungen wie Lichtreklame und Straßenbeleuchtung und schließlich Chemikalien.

In einem Wohngebiet einer ländlichen Gemeinde mit groß parzellierten Grundstücken kann das Halten mehrerer Bienenvölker im Rahmen einer Freizeitimkerei, und dadurch bedingt der hiervon ausgehende Bienenflug, nicht als eine wesentliche Beeinträchtigung angesehen werden. Demgegenüber kann die Grenze zur Wesentlichkeit hin überschritten werden, wenn auf einem großstädtischen Grundstück 11 Bienenvölker in unmittelbarer Nähe zur Grundstücksgrenze gehalten werden [196]. Dem gegenüber hat das LG Ellwangen [197] einen Unterlassungsanspruch aus dem nachbarlichen Gemeinschaftsverhältnis gegenüber der Bienenhaltung auf dem Nachbargrundstück für den Fall bejaht, daß der beeinträchtigte Nachbar unter einer Bienenallergie 4. Grades (höchste Stufe) leidet.

Hinsichtlich der Einwirkung durch Lichtreklame [198] darf bei der Frage, ob die Beeinträchtigung wesentlich ist, nicht außer Betracht gelassen werden, wenn ein Grundeigentümer eine Lichtreklame so angebracht hat, daß sie nur den Nachbarn, aber nicht ihn selbst stört, während er sie vom Reklamezweck her auch so anbringen könnte, daß sie nicht nur ihn selbst, aber nicht den Nachbarn stören würde. Einer richtig verstandenen Einstellung zur nachbarlichen Gemeinschaft würde es vielmehr entsprechen, wenn derjenige, der die Störung schafft, auch — soweit möglich — die Beeinträchtigung selbst trägt und sie nicht allein auf seinen Nachbarn abwälzt.

Im Hinblick auf das Anbringen von Straßenleuchten hat der Anlieger einer öffentlichen Straße weder verfahrensrechtlich noch materiell-rechtlich ein Recht auf Einhaltung des gemeindlichen Standortplatzes für Straßenleuchten [199]. In einer weiteren Entscheidung [200] wurde ein Folgenbeseitigungsanspruch wegen der von einer Straßenlampe ausgehenden unmittelbaren Lichteinwirkung auf ein Hotel mit Gästehaus abgelehnt, da es sich hierbei um eine unmittelbare Einwirkung handele, die innerhalb geschlossener Ortslagen als ortsüblich hinzunehmen sei. In einem extrem gelagerten Fall [201] wurde eine Gemeinde verurteilt, Quecksilberdampf-Hochdruckleuchten zu beseitigen und durch Lampen mit langwelliger Ausstrahlung zu ersetzen, da die hiervon zur Nachtzeit ausgehenden Lichtimmissionen in die Stallungen des klägerischen Anwesens drangen, so daß das Vieh nicht mehr zur Ruhe kam und schwere Streßerscheinungen zeitigte mit der Folge, daß die Rinder mit Verlust verkauft werden mußten. Zu berücksichtigen war bei dem zur Entscheidung anstehenden Sachverhalt, daß das klägerische Anwesen an einen vormals

öffentlichen Feld- und Waldweg bis zur Teerung dieses Weges und seine Um-
stufung in eine Ortsstraße mit keinerlei Lichtimmissionen einer Straßenbeleuchtung vorbelastet war, und daß ferner der nähere und weitere Umgriff
um das Anwesen auch heute noch überwiegend ländlich orientiert ist. Es
stand fest, daß die von der beklagten Gemeinde verwendeten Straßenlampen
mit ihrem "Übermaß an Lichtexposition" keineswegs notwendig waren, um
einer verkehrssicheren Straßenbenutzung zur Nachtzeit ausreichend Rechnung zu tragen.

Zur Frage der Immissionsbeeinträchtigung durch Unkrautvernichtungsmittel
[202]: Werden von einem Grundstück Rückstände eines dort versprühten
chemischen Unkrautvernichtungsmittels durch wild abfließendes Niederschlagswasser einem anderen Grundstück zugeführt, so handelt es sich um eine
Immissionseinwirkung im Sinne des § 906 Abs. 1 BGB. Ein nachbarrechtlicher Ausgleichsanspruch entsprechend § 906 Abs. 2 Satz 2 BGB kommt
auch dann in Betracht, wenn eine nach § 906 BGB rechtswidrige und deshalb abwehrfähige Immissionsbeeinträchtigung von dem Eigentümer oder
Besitzer des betroffenen Grundstücks aus besonderen Gründen nicht verhindert werden kann.

17 An wen kann man sich wenden, um Rechtsrat einzuholen?

Nach § 3 Abs. 1 der Bundesrechtsanwaltsordnung [203] ist der **Rechtsanwalt**
der berufene unabhängige Berater und Vertreter in allen Rechtsangelegenheiten. Jedermann hat im Rahmen der gesetzlichen Vorschriften das Recht, sich
in Rechtsangelegenheiten jedweder Art durch einen Rechtsanwalt seiner Wahl
beraten und vor Gerichten, Schiedsgerichten und Behörden vertreten zu
lassen. Nach Art. 1 § 7 des Rechtsberatungsgesetzes [204] dürfen auf berufs-
ständischer oder ähnlicher Grundlage gebildete Vereinigungen oder Stellen
im Rahmen ihres Aufgabenbereichs ihren Mitgliedern Rat und Hilfe in
Rechtsangelegenheiten gewähren. Sie bedürfen insoweit nicht einer behörd-
lichen Erlaubnis im Sinne von Art. 1 § 1 des Rechtsberatungsgesetzes. Hierzu
gehören u.a. die örtlichen Haus-, Wohnungs- und Grundeigentümer-Vereine,
die in Hessen in der Regel im Landesverband der Hessischen Haus-, Wohnungs-
und Grundeigentümer e.V. mit Sitz in 6000 Frankfurt am Main, Niedenau
63, zusammengeschlossen sind. Rechtsrat kann man sich jedoch hier nur dann
holen, wenn man Mitglied in einem dieser Verbände ist.

Zu erwähnen ist ferner die Beratungshilfe nach dem Gesetz über Rechtsberatung und Vertretung für Bürger mit geringem Einkommen [205]. Beratungs-

hilfe wird durch Rechtsanwälte gewährt, aber auch in Beratungsstellen, die augrund einer Vereinbarung mit der Landesjustizverwaltung eingerichtet sind (§ 3 Abs. 1 Beratungshilfegesetz). Die Beratungshilfe kann auch durch das Amtsgericht gewährt werden, soweit dem Anliegen durch eine sofortige Auskunft, einen Hinweis auf andere Möglichkeiten für Hilfe oder durch Aufnahme eines Antrages oder einer Erklärung entsprochen werden kann (§ 3 Abs. 2 Beratungshilfegesetz).

Über den Antrag auf Beratungshilfe entscheidet das Amtsgericht. Der Antrag kann mündlich oder schriftlich gestellt werden. Sind die Voraussetzungen für die Gewährung von Beratungshilfe gegeben und wird die Angelegenheit nicht durch das Amtsgericht erledigt, stellt das Amtsgericht dem Rechtssuchenden unter genauer Bezeichnung der Angelegenheit einen Berechtigungsschein für Beratungshilfe durch einen Rechtsanwalt seiner Wahl aus (§ 6 Beratungshilfegesetz).

Der Magistrat einer Gemeinde oder Stadt kann Rechtsrat in **zivil**rechtlichen Fragen nachbarrechtlicher Art nicht erteilen. Rechtsberatung und Rechtsbetreuung können Dienststellen der Stadt und Gemeinden nur im Rahmen ihrer Zuständigkeit ausüben (§ 1 Nr. 1 Rechtsberatungsgesetz). Die Zuständigkeit der Bauaufsichtsbehörden und Bauämter richtet sich in funktionaler Hinsicht ausschließlich nach § 83 HBO: diese Stellen haben dafür zu sorgen, daß bei baulichen und sonstigen Anlagen **öffentlich-rechtliche** Vorschriften und die hieraus erlassenen Anordnungen gewahrt werden.

Zur Streitschlichtung außerhalb der ordentlichen Gerichtsbarkeit kommt schließlich auch der sogenannte Schiedsmann in Betracht. Nach den Bestimmungen des Hessischen Schiedsmannsgesetzes in der Fassung vom 13.2.1975 [206] ist in jeder Gemeinde zur Sühneverhandlung über streitige Rechtsangelegenheiten ein Schiedsmann bestellt, wobei kleinere Gemeinden mit anderen Gemeinden zu einem Schiedsmannsbezirk vereinigt, größere Gemeinden in mehrere Bezirke geteilt werden können. Nach § 12 des Schiedsmanngesetzes finden in bürgerlich-rechtlichen Streitigkeiten eine Sühneverhandlung nur über vermögensrechtliche Ansprüche statt. Nach § 10 der Verwaltungsvorschrift zum Hess. Schiedsmannsgesetz vom 23.11.1985 [207] sind bürgerliche Rechtsstreitigkeiten Streitigkeiten, die, wenn eine gütliche Einigung nicht zustande kommt, von den ordentlichen Gerichten nach den Vorschriften der Zivilprozeßordnung entschieden werden müssen. Die Tätigkeit des Schiedsmanns in bürgerlichen Rechtsstreitigkeiten ist nach § 10 Abs. 2 der vorbezeichneten Verwaltungsvorschrift auf vermögensrechtlichen Ansprüche beschränkt. Vermögensrechtlich ist ein Anspruch, wenn er auf Zahlung von Geld gerichtet oder wenn sein Gegenstand in Geld schätzbar ist. Hierzu zählen auch zivilnachbarrechtliche Streitigkeiten. für die Sühneverhandlung ist ein Schiedsmann örtlich zuständig, wenn in seinem Bezirk beide Parteien oder wenigstens der Antragsgegner ihren Wohnsitz haben, ferner, wenn beide Parteien gemeinsam um seine Vermittlung nachsuchen. Örtlich zuständig ist der Schiedsmann schließlich dann, wenn der Antragsgegner sich mit der Verhandlung von ihm ausdrücklich oder stillschweigend einverstanden erklärt. Der Schiedsmann kann allerdings nach § 17 Abs. 1 des Schiedsmannsgesetzes die Ausübung seines Amtes ablehnen, wenn ihm die streitige Angelegenheit zu weitläufig oder zu schwierig erscheint.

Anhang

Bürgerliches Gesetzbuch

Vom 18. August 1896 mit späteren Änderungen — Auszug —

§ 94 Wesentliche Bestandteile eines Grundstücks oder Gebäudes

(1) Zu den wesentlichen Bestandteilen eines Grundstücks gehören die mit dem Grund und Boden fest verbundenen Sachen, insbesondere Gebäude, sowie die Erzeugnisse des Grundstücks, solange sie mit dem Boden zusammenhängen. Samen wird mit dem Aussäen, eine Pflanze wird mit dem Einpflanzen wesentlicher Bestandteil des Grundstücks.

(2) Zu den wesentlichen Bestandteilen eines Gebäudes gehören die zur Herstellung des Gebäudes eingefügten Sachen.

§ 95 Vorübergehende Verbindung

(1) Zu den Bestandteilen eines Grundstücks gehören solche Sachen nicht, die nur zu einem vorübergehenden Zwecke mit dem Grund und Boden verbunden sind. Das gleiche gilt von einem Gebäude oder anderen Werke, das in Ausübung eines Rechtes an einem fremden Grundstücke von dem Berechtigten mit dem Grundstück verbunden worden ist.

(2) Sachen, die nur zu einem vorübergehenden Zwecke in ein Gebäude eingefügt sind, gehören nicht zu den Bestandteilen des Gebäudes.

§ 100 Nutzungen einer Sache oder eines Rechts

Nutzungen sind die Früchte einer Sache oder eines Rechtes sowie die Vorteile, welche der Gebrauch der Sache oder des Rechtes gewährt.

§ 132 Ersatz des Zugangs durch Zustellung

(1) Eine Willenserklärung gilt auch dann als zugegangen, wenn sie durch Vermittlung eines Gerichtsvollziehers zugestellt worden ist. Die Zustellung erfolgt nach den Vorschriften der Zivilprozeßordnung.

(2) Befindet sich der Erklärende über die Person desjenigen, welchem gegenüber die Erklärung abzugeben ist, in einer nicht auf Fahrlässigkeit beruhenden Unkenntnis oder ist der Aufenthalt dieser Person unbekannt, so kann die Zustellung nach den für die öffentliche Zustellung einer Ladung geltenden Vorschriften der Zivilprozeßordnung erfolgen. Zuständig für die Bewilligung ist im ersteren Falle das Amtsgericht, in dessen Bezirke der Erklärende seinen Wohnsitz oder in Ermangelung eines inländischen Wohnsitzes seinen Aufent-

halt hat, im letzteren Falle das Amtsgericht, in dessen Bezirke die Person, welcher zuzustellen ist, den letzten Wohnsitz oder in Ermangelung eines inländischen Wohnsitzes den letzten Aufenthalt hatte.

§ 134 Verstoß gegen gesetzliches Verbot

Ein Rechtsgeschäft, das gegen ein gesetzliches Verbot verstößt, ist nichtig, wenn sich nicht aus dem Gesetz ein anderes ergibt.

§ 194 Der Anspruch als Gegenstand der Verjährung

(1) Das Recht, von einem anderen ein Tun oder ein Unterlassen zu verlangen (Anspruch), unterliegt der Verjährung.

(2) Der Anspruch aus einem familienrechtlichen Verhältnis unterliegt der Verjährung nicht, soweit er auf die Herstellung des dem Verhältnis entsprechenden Zustandes für die Zukunft gerichtet ist.

§ 195 Regelmäßige Verjährungsfrist

Die regelmäßige Verjährungsfrist beträgt dreißig Jahre.

§ 197 Vierjährige Verjährungsfrist

In vier Jahren verjähren die Ansprüche auf Rückstände von Zinsen, mit Einschluß der als Zuschlag zu den Zinsen zum Zwecke allmählicher Tilgung des Kapitals zu entrichtenden Beträge, die Ansprüche auf Rückstände von Miet- und Pachtzinsen, soweit sie nicht unter die Vorschrift des § 196 Abs. 1 Nr. 6 fallen, und die Ansprüche auf Rückstände von Renten, Auszugsleistungen, Besoldungen, Wartegeldern, Ruhegehalten, Unterhaltsbeiträgen und allen anderen regelmäßig wiederkehrenden Leistungen.

§ 198 Regelmäßiger Beginn der Verjährung

Die Verjährung beginnt mit der Entstehung des Anspruchs. Geht der Anspruch auf ein Unterlassen, so beginnt die Verjährung mit der Zuwiderhandlung.

§ 205 Wirkung der Hemmung

Der Zeitraum, während dessen die Verjährung gehemmt ist, wird in die Verjährungsfrist nicht eingerechnet.

§ 228 Verteidigungsnotstand

Wer eine fremde Sache beschädigt oder zerstört, um eine durch sie drohende Gefahr von sich oder einem anderen abzuwenden, handelt nicht widerrechtlich, wenn die Beschädigung oder die Zerstörung zur Abwendung der Gefahr erforderlich ist und der Schaden nicht außer Verhältnis zu der Gefahr steht. Hat der Handelnde die Gefahr verschuldet, so ist er zum Schadensersatze verpflichtet.

BGB (Auszug)

§ 254 Mitwirkendes Verschulden des Geschädigten

(1) Hat bei der Entstehung des Schadens ein Verschulden des Beschädigten mitgewirkt, so hängt die Verpflichtung zum Ersatze sowie der Umfang des zu leistenden Ersatzes von den Umständen, insbesondere davon ab, inwieweit der Schaden vorwiegend von dem einen oder dem anderen Teile verursacht worden ist.

(2) Dies gilt auch dann, wenn sich das Verschulden des Beschädigten darauf beschränkt, daß er unterlassen hat, den Schuldner auf die Gefahr eines ungewöhnlich hohen Schadens aufmerksam zu machen, die der Schuldner weder kannte noch kennen mußte, oder daß er unterlassen hat, den Schaden abzuwenden oder zu vermindern. Die Vorschrift des § 278 findet entsprechende Anwendung.

§ 313 Form des Verpflichtungsgeschäfts zur Veräußerung oder zum Erwerb eines Grundstücks

Ein Vertrag, durch den sich der eine Teil verpflichtet, das Eigentum an einem Grundstück zu übertragen oder zu erwerben, bedarf der notariellen Beurkundung. Ein ohne Beobachtung dieser Form geschlossener Vertrag wird seinem ganzen Inhalte nach gültig, wenn die Auflassung und die Eintragung in das Grundbuch erfolgen.

§ 535 Hauptpflichten aus dem Mietvertrag

Durch den Mietvertrag wird der Vermieter verpflichtet, dem Mieter den Gebrauch der vermieteten Sache während der Mietzeit zu gewähren. Der Mieter ist verpflichtet, dem Vermieter den vereinbarten Mietzins zu entrichten.

§ 536 Überlassungs- und Erhaltungspflichten des Vermieters

Der Vermieter hat die vermietete Sache dem Mieter in einem zu dem vertragsmäßigen Gebrauche geeigneten Zustande zu überlassen und sie während der Mietzeit in diesem Zustande zu erhalten.

§ 537 Befreiung vom Mietzins bei Sachmängeln

(1) Ist die vermietete Sache zur Zeit der Überlassung an den Mieter mit einem Fehler behaftet, der ihre Tauglichkeit zu dem vertragsmäßigen Gebrauch aufhebt oder mindert, oder entsteht im Laufe der Miete ein solcher Fehler, so ist der Mieter für die Zeit, während deren die Tauglichkeit aufgehoben ist, von der Entrichtung des Mietzinses befreit, für die Zeit, während deren die Tauglichkeit gemindert ist, nur zur Entrichtung eines nach den §§ 472, 473 zu bemessenden Teiles des Mietzinses verpflichtet. Eine unerhebliche Minderung der Tauglichkeit kommt nicht in Betracht.

(2) Absatz 1 Satz 1 gilt auch, wenn eine zugesicherte Eigenschaft fehlt oder später wegfällt. Bei der Vermietung eines Grundstücks steht die Zusicherung einer bestimmten Größe der Zusicherung einer Eigenschaft gleich.

(3) Bei einem Mietverhältnis über Wohnraum ist eine zum Nachteil des Mieters abweichende Vereinbarung unwirksam.

§ 538 Schadensersatzanspruch und Selbsthilferecht bei Sachmängeln
(1) Ist ein Mangel der im § 537 bezeichneten Art bei dem Abschluß des Vertrages vorhanden oder entsteht ein solcher Mangel später infolge eines Umstandes, den der Vermieter zu vertreten hat, oder kommt der Vermieter mit der Beseitigung eines Mangels in Verzug, so kann der Mieter unbeschadet der im § 537 bestimmten Rechte Schadensersatz wegen Nichterfüllung verlangen.

(2) Im Falle des Verzugs des Vermieters kann der Mieter den Mangel selbst beseitigen und Ersatz der erforderlichen Aufwendungen verlangen.

§ 544 Kündigungsrecht wegen Gesundheitsgefährdung
Ist eine Wohnung oder ein anderer zum Aufenthalte von Menschen bestimmter Raum so beschaffen, daß die Benutzung mit einer erheblichen Gefährdung der Gesundheit verbunden ist, so kann der Mieter das Mietverhältnis ohne Einhaltung einer Kündigungsfrist kündigen, auch wenn er die gefahrbringende Beschaffenheit bei dem Abschlusse des Vertrages gekannt oder auf die Geltendmachung der ihm wegen dieser Beschaffenheit zustehenden Rechte verzichtet hat.

§ 550 Unterlassungsklage bei vertragswidrigem Gebrauch
Macht der Mieter von der gemieteten Sache einen vertragswidrigen Gebrauch und setzt er den Gebrauch ungeachtet einer Abmahnung des Vermieters fort, so kann der Vermieter auf Unterlassung klagen.

§ 554a Fristlose Kündigung bei schwerwiegender Vertragsverletzung
Ein Mietverhältnis über Räume kann ohne Einhaltung einer Kündigungsfrist gekündigt werden, wenn ein Vertragsteil schuldhaft in solchem Maße seine Verpflichtungen verletzt, insbesondere den Hausfrieden so nachhaltig stört, daß dem anderen Teil die Fortsetzung des Mietverhältnisses nicht zugemutet werden kann. Eine entgegenstehende Vereinbarung ist unwirksam.

§ 564b Beschränkung der Kündigung durch den Vermieter bei Wohnraum
(1) Ein Mietverhältnis über Wohnraum kann der Vermieter vorbehaltlich der Regelung in Absatz 4 nur kündigen, wenn er ein berechtigtes Interesse an der Beendigung des Mietverhältnisses hat.

(2) Als ein berechtigtes Interesse des Vermieters an der Beendigung des Mietverhältnisses ist es insbesondere anzusehen, wenn
1. der Mieter seine vertraglichen Verpflichtungen schuldhaft nicht unerheblich verletzt hat;

. . . .

§ 741 Gemeinschaft nach Bruchteilen
Steht ein Recht mehreren gemeinschaftlich zu, so finden, sofern sich nicht aus dem Gesetz ein anderes ergibt, die Vorschriften der §§ 742 bis 758 Anwendung (Gemeinschaft nach Bruchteilen).

§ 742 Größe der Anteile
Im Zweifel ist anzunehmen, daß den Teilhabern gleiche Anteile zustehen.

§ 743 Beteiligung an Früchten und Gebrauch
(1) Jedem Teilhaber gebührt ein seinem Anteil entsprechender Bruchteil der Früchte.

(2) Jeder Teilhaber ist zum Gebrauche des gemeinschaftlichen Gegenstandes insoweit befugt, als nicht der Mitgebrauch der übrigen Teilhaber beeinträchtigt wird.

§ 744 Verwaltungszuständigkeit
(1) Die Verwaltung des gemeinschaftlichen Gegenstandes steht den Teilhabern gemeinschaftlich zu.

(2) Jeder Teilhaber ist berechtigt, die zur Erhaltung des Gegenstandes notwendigen Maßregeln ohne Zustimmung der anderen Teilhaber zu treffen; er kann verlangen, daß diese ihre Einwilligung zu einer solchen Maßregel im voraus erteilen.

§ 745 Regelung der Verwaltung und Benutzung durch Beschluß
(1) Durch Stimmenmehrheit kann eine der Beschaffenheit des gemeinschaftlichen Gegenstandes entsprechende ordnungsmäßige Verwaltung und Benutzung beschlossen werden. Die Stimmenmehrheit ist nach der Größe der Anteile zu berechnen.

(2) Jeder Teilhaber kann, sofern nicht die Verwaltung und Benutzung durch Vereinbarung oder durch Mehrheitsbeschluß geregelt ist, einen dem Interesse aller Teilhaber nach billigem Ermessen entsprechende Verwaltung und Benutzung verlangen.

(3) Eine wesentliche Veränderung des Gegenstandes kann nicht beschlossen oder verlangt werden. Das Recht des einzelnen Teilhabers auf einen seinem

Anteil entsprechenden Bruchteil der Nutzungen kann nicht ohne seine Zustimmung beeinträchtigt werden.

§ 746 Erstreckung auf den Sondernachfolger
Haben die Teilhaber die Verwaltung und Benutzung des gemeinschaftlichen Gegenstandes geregelt, so wirkt die getroffene Bestimmung auch für und gegen die Sondernachfolger.

§ 747 Verfügungsbefugnisse der Teilhaber
Jeder Teilhaber kann über seinen Anteil verfügen. Über den gemeinschaftlichen Gegenstand im ganzen können die Teilhaber nur gemeinschaftlich verfügen.

§ 748 Lasten- und Kostentragung
Jeder Teilhaber ist den anderen Teilhabern gegenüber verpflichtet, die Lasten des gemeinschaftlichen Gegenstandes sowie die Kosten der Erhaltung, der Verwaltung und einer gemeinschaftlichen Benutzung nach dem Verhältnisse seines Anteils zu tragen.

§ 749 Aufhebungsanspruch
(1) Jeder Teilhaber kann jederzeit die Aufhebung der Gemeinschaft verlangen.

(2) Wird das Recht, die Aufhebung zu verlangen, durch Vereinbarung für immer oder auf Zeit ausgeschlossen, so kann die Aufhebung gleichwohl verlangt werden, wenn ein wichtiger Grund vorliegt. Unter der gleichen Voraussetzung kann, wenn eine Kündigungsfrist bestimmt wird, die Aufhebung ohne Einhaltung der Frist verlangt werden.

(3) Eine Vereinbarung, durch welche das Recht, die Aufhebung zu verlangen, diesen Vorschriften zuwider ausgeschlossen oder beschränkt wird, ist nichtig.

§ 823 Grundtatbestand der unerlaubten Handlung
(1) Wer vorsätzlich oder fahrlässig das Leben, den Körper, die Gesundheit, die Freiheit, das Eigentum oder ein sonstiges Recht eines anderen widerrechtlich verletzt, ist dem anderen zum Ersatze des daraus entstehenden Schadens verpflichtet.

(2) Die gleiche Verpflichtung trifft denjenigen, welcher gegen ein den Schutz eines anderen bezweckendes Gesetz verstößt. Ist nach dem Inhalte des Gesetzes ein Verstoß gegen dieses auch ohne Verschulden möglich, so tritt die Ersatzpflicht nur im Falle des Verschuldens ein.

§ 836 Haftung des Grundstücksbesitzers bei Einsturz eines Gebäudes
(1) Wird durch den Einsturz eines Gebäudes oder eines anderen mit einem Grundstücke verbundenen Werkes oder durch die Ablösung von Teilen des

BGB (Auszug)

Gebäudes oder des Werkes ein Mensch getötet, der Körper oder die Gesundheit eines Menschen verletzt oder eine Sache beschädigt, so ist der Besitzer des Grundstücks, sofern der Einsturz oder die Ablösung die Folge fehlerhafter Errichtung oder mangelhafter Unterhaltung ist, verpflichtet, dem Verletzten den daraus entstehenden Schaden zu ersetzen. Die Ersatzpflicht tritt nicht ein, wenn der Besitzer zum Zwecke der Abwendung der Gefahr die im Verkehr erforderliche Sorgfalt beobachtet hat.

(2) Ein früherer Besitzer des Grundstücks ist für den Schaden verantwortlich, wenn der Einsturz oder die Ablösung innerhalb eines Jahres nach der Beendigung seines Besitzes eintritt, es sei denn, daß er während seines Besitzes die im Verkehr erforderliche Sorgfalt beobachtet hat oder ein späterer Besitzer durch Beobachtung dieser Sorgfalt die Gefahr hätte abwenden können.

(3) Der Besitzer im Sinne dieser Vorschriften ist der Eigenbesitzer.

§ 837 Haftung des Gebäudebesitzers bei Einsturz eines Gebäudes
Besitzt jemand auf einem fremden Grundstück in Ausübung eines Rechtes ein Gebäude oder ein anderes Werk, so trifft ihn an Stelle des Besitzers des Grundstücks die im § 836 bestimmte Verantwortlichkeit.

§ 838 Haftung des Gebäudeunterhaltungspflichtigen
Wer die Unterhaltung eines Gebäudes oder eines mit einem Grundstücke verbundenen Werkes für den Besitzer übernimmt oder das Gebäude oder das Werk vermöge eines ihm zustehenden Nutzungsrechts zu unterhalten hat, ist für den durch den Einsturz oder die Ablösung von Teilen verursachten Schaden in gleicher Weise verantwortlich wie der Besitzer.

§ 854 Erwerb des Besitzes
(1) Der Besitz einer Sache wird durch die Erlangung der tatsächlichen Gewalt über die Sache erworben.
(2) Die Einigung des bisherigen Besitzers und des Erwerbers genügt zum Erwerbe, wenn der Erwerber in der Lage ist, die Gewalt über die Sache auszuüben.

§ 855 Besitzdiener
Übt jemand die tatsächliche Gewalt über eine Sache für einen anderen in dessen Haushalt oder Erwerbsgeschäft oder in einem ähnlichen Verhältnis aus, vermöge dessen er den sich auf die Sache beziehenden Weisungen des anderen Folge zu leisten hat, so ist nur der andere Besitzer.

§ 856 Beendigung des Besitzes
(1) Der Besitz wird dadurch beendigt, daß der Besitzer die tatsächliche Gewalt über die Sache aufgibt oder in anderer Weise verliert.

(2) Durch eine ihrer Natur nach vorübergehende Verhinderung in der Ausübung der Gewalt wird der Besitz nicht beendigt.

§ 857 Vererblichkeit des Besitzes
Der Besitz geht auf den Erben über.

§ 858 Verbotene Eigenmacht und Fehlerhaftigkeit des Besitzes
(1) Wer dem Besitzer ohne dessen Willen den Besitz entzieht oder ihn im Besitze stört, handelt, sofern nicht das Gesetz die Entziehung oder die Störung gestattet, widerrechtlich (verbotene Eigenmacht).

(2) Der durch verbotene Eigenmacht erlangte Besitz ist fehlerhaft. Die Fehlerhaftigkeit muß der Nachfolger im Besitze gegen sich gelten lassen, wenn er Erbe des Besitzers ist oder die Fehlerhaftigkeit des Besitzes seines Vorgängers bei dem Erwerbe kennt.

§ 859 Selbsthilferecht des Besitzers
(1) Der Besitzer darf sich verbotener Eigenmacht mit Gewalt erwehren.

(2) Wird eine bewegliche Sache dem Besitzer mittels verbotener Eigenmacht weggenommen, so darf er sie dem auf frischer Tat betroffenen oder verfolgten Täter mit Gewalt wieder abnehmen.

(3) Wird dem Besitzer eines Grundstücks der Besitz durch verbotene Eigenmacht entzogen, so darf er sofort nach der Entziehung sich des Besitzes durch Entsetzung des Täters wieder bemächtigen.

(4) Die gleichen Rechte stehen dem Besitzer gegen denjenigen zu, welcher nach § 858 Abs. 2 die Fehlerhaftigkeit des Besitzes gegen sich gelten lassen muß.

§ 860 Selbsthilferecht des Besitzdieners
Zur Ausübung der dem Besitzer nach § 859 zustehenden Rechte ist auch derjenige befugt, welcher die tatsächliche Gewalt nach § 855 für den Besitzer ausübt.

§ 861 Herausgabeanspruch bei Besitzentziehung
(1) Wird der Besitz durch verbotene Eigenmacht dem Besitzer entzogen, so kann dieser die Wiedereinräumung des Besitzes von demjenigen verlangen, welcher ihm gegenüber fehlerhaft besitzt.

(2) Der Anspruch ist ausgeschlossen, wenn der entzogene Besitz dem gegenwärtigen Besitzer oder dessen Rechtsvorgänger gegenüber fehlerhaft war und in dem letzten Jahre vor der Entziehung erlangt worden ist.

BGB (Auszug)

§ 862 Beseitigungs- und Unterlassungsanspruch gegen Besitzstörung
(1) Wird der Besitzer durch verbotene Eigenmacht im Besitze gestört, so kann er von dem Störer die Beseitigung der Störung verlangen. Sind weitere Störungen zu besorgen, so kann der Besitzer auf Unterlassung klagen.

(2) Der Anspruch ist ausgeschlossen, wenn der Besitzer dem Störer oder dessen Rechtsvorgänger gegenüber fehlerhaft besitzt und der Besitz in dem letzten Jahre vor der Störung erlangt worden ist.

§ 863 Einwendungen gegen Besitzschutzansprüche
Gegenüber den in den §§ 861, 862 bestimmten Ansprüchen kann ein Recht zum Besitz oder zur Vornahme der störenden Handlung nur zur Begründung der Behauptung geltend gemacht werden, daß die Entziehung oder die Störung des Besitzes nicht verbotene Eigenmacht sei.

§ 864 Erlöschen der Besitzschutzansprüche
(1) Ein nach den §§ 861, 862 begründeter Anspruch erlischt mit dem Ablauf eines Jahres nach der Verübung der verbotenen Eigenmacht, wenn nicht vorher der Anspruch im Wege der Klage geltend gemacht wird.

(2) Das Erlöschen tritt auch dann ein, wenn nach der Verübung der verbotenen Eigenmacht durch rechtskräftiges Urteil festgestellt wird, daß dem Täter ein Recht an der Sache zusteht, vermöge dessen er die Herstellung eines seiner Handlungsweise entsprechenden Besitzstandes verlangen kann.

§ 865 Besitzschutz bei Teilbesitz
Die Vorschriften der §§ 858 bis 864 gelten auch zugunsten desjenigen, welcher nur einen Teil einer Sache, insbesondere abgesonderte Wohnräume oder andere Räume, besitzt.

§ 866 Mitbesitz
Besitzen mehrere eine Sache gemeinschaftlich, so findet in ihrem Verhältnisse zueinander ein Besitzschutz insoweit nicht statt, als es sich um die Grenzen des den einzelnen zustehenden Gebrauchs handelt.

§ 867 Verfolgungsrecht des Besitzers
Ist eine Sache aus der Gewalt des Besitzers auf ein im Besitz eines anderen befindliches Grundstück gelangt, so hat ihm der Besitzer des Grundstücks die Aufsuchung und die Wegschaffung zu gestatten, sofern nicht die Sache inzwischen in Besitz genommen worden ist. Der Besitzer des Grundstücks kann Ersatz des durch die Aufsuchung und die Wegschaffung entstehenden Schadens verlangen. Er kann, wenn die Entstehung eines Schadens zu besorgen ist, die Gestattung verweigern, bis ihm Sicherheit geleistet wird; die Verweigerung ist unzulässig, wenn mit dem Aufschube Gefahr verbunden ist.

§ 868 Mittelbarer Besitz

Besitzt jemand eine Sache als Nießbraucher, Pfandgläubiger, Pächter, Mieter, Verwahrer oder in einem ähnlichen Verhältnisse, vermöge dessen er einem anderen gegenüber auf Zeit zum Besitze berechtigt oder verpflichtet ist, so ist auch der andere Besitzer (mittelbarer Besitz).

§ 869 Besitzschutz bei mittelbarem Besitz

Wird gegen den Besitzer verbotene Eigenmacht verübt, so stehen die in den §§ 861, 862 bestimmten Ansprüche auch dem mittelbaren Besitzer zu. Im Falle der Entziehung des Besitzes ist der mittelbare Besitzer berechtigt, die Wiedereinräumung des Besitzes an den bisherigen Besitzer zu verlangen; kann oder will dieser den Besitz nicht wieder übernehmen, so kann der mittelbare Besitzer verlangen, daß ihm selbst der Besitz eingeräumt wird. Unter der gleichen Voraussetzung kann er im Falle des § 867 verlangen, daß ihm die Aufsuchung und Wegschaffung der Sache gestattet wird.

§ 870 Übertragung des mittelbaren Besitzes

Der mittelbare Besitz kann dadurch auf einen anderen übertragen werden, daß diesem der Anspruch auf Herausgabe der Sache abgetreten wird.

§ 871 Mehrfach gestufter mittelbarer Besitz

Steht der mittelbare Besitzer zu einem Dritten in einem Verhältnisse de in § 868 bezeichneten Art, so ist auch der Dritte mittelbarer Besitzer.

§ 872 Eigenbesitz

Wer eine Sache als ihm gehörend besitzt, ist Eigenbesitzer.

§ 891 Vermutung für die Richtigkeit des Grundbuchs

(1) Ist im Grundbuche für jemand ein Recht eingetragen, so wird vermutet, daß ihm das Recht zustehe.

(2) Ist im Grundbuch ein eingetragenes Recht gelöscht, so wird vermutet, daß das Recht nicht bestehe.

§ 903 Inhalt des Eigentums

Der Eigentümer einer Sache kann, soweit nicht das Gesetz oder Rechte Dritter entgegenstehen, mit der Sache nach Belieben verfahren und andere von jeder Einwirkung ausschließen.

§ 904 Aggressivnotstand

Der Eigentümer einer Sache ist nicht berechtigt, die Einwirkung eines anderen auf die Sache zu verbieten, wenn die Einwirkung zur Abwendung einer gegenwärtigen Gefahr notwendig und der drohende Schaden gegenüber dem aus der Einwirkung dem Eigentümer entstehenden Schaden unverhältnismäßig groß ist. Der Eigentümer kann Ersatz des ihm entstehenden Schadens verlangen.

§ 905 Erstreckung des Eigentums auf Luftraum und Erdreich
Das Recht des Eigentümers eines Grundstücks erstreckt sich auf den Raum über der Oberfläche und auf den Erdkörper unter der Oberfläche. Der Eigentümer kann jedoch Einwirkungen nicht verbieten, die in solcher Höhe oder Tiefe vorgenommen werden, daß er an der Ausschließung kein Interesse hat.

§ 906 Einwirkungen vom Nachbargrundstück
(1) Der Eigentümer eines Grundstücks kann die Zuführung von Gasen, Dämpfen, Gerüchen, Rauch, Ruß, Wärme, Geräusch, Erschütterungen und ähnliche von einem anderen Grundstück ausgehende Einwirkungen insoweit nicht verbieten, als die Einwirkung die Benutzung seines Grundstücks nicht oder nur unwesentlich beeinträchtigt.

(2) Das gleiche gilt insoweit, als eine wesentliche Beeinträchtigung durch eine ortsübliche Benutzung des anderen Grundstücks herbeigeführt wird und nicht durch Maßnahmen verhindert werden kann, die Benutzern dieser Art wirtschaftlich zumutbar sind. Hat der Eigentümer hiernach eine Einwirkung zu dulden, so kann er von dem Benutzer des anderen Grundstücks einen angemessenen Ausgleich in Geld verlangen, wenn die Einwirkung eine ortübliche Benutzung seines Grundstücks oder dessen Ertrag über das zumutbare Maß hinaus beeinträchtigt.

(3) Die Zuführung durch eine besondere Leitung ist unzulässig.

§ 907 Gefahrdrohende Anlagen auf dem Nachbargrundstück
(1) Der Eigentümer eines Grundstücks kann verlangen, daß auf den Nachbargrundstücken nicht Anlagen hergestellt oder gehalten werden, von denen mit Sicherheit vorauszusehen ist, daß ihr Bestand oder ihre Benutzung eine unzulässige Einwirkung auf sein Grundstück zur Folge hat. Genügt eine Anlage den landesgesetzlichen Vorschriften, die einen bestimmten Abstand von der Grenze oder sonstige Schutzmaßregeln vorschreiben, so kann die Beseitigung der Anlage erst verlangt werden, wenn die unzulässige Einwirkung tatsächlich hervortritt.

(2) Bäume und Sträucher gehören nicht zu den Anlagen im Sinne dieser Vorschriften.

§ 908 Drohender Gebäudeeinsturz auf dem Nachbargrundstück
Droht einem Grundstücke die Gefahr, daß es durch den Einsturz eines Gebäudes oder eines anderen Werkes, das mit einem Nachbargrundstücke verbunden

ist, oder durch die Ablösung von Teilen des Gebäudes oder des Werkes beschädigt wird, so kann der Eigentümer von demjenigen, welcher nach dem § 836 Abs. 1 oder den §§ 837, 838 für den eintretenden Schaden verantwortlich sein würde, verlangen, daß er die zur Abwendung der Gefahr erforderliche Vorkehrung trifft.

§ 909 Vertiefung auf dem Nachbargrundstück
Ein Grundstück darf nicht in der Weise vertieft werden, daß der Boden des Nachbargrundstücks die erforderliche Stütze verliert, es sei denn, daß für eine genügende anderweitige Befestigung gesorgt ist.

§ 910 Überwuchs und Überhang auf dem Nachbargrundstück
(1) Der Eigentümer eines Grundstücks kann Wurzeln eines Baumes oder eines Strauches, die von einem Nachbargrundstück eingedrungen sind, abschneiden und behalten. Das gleiche gilt von herüberragenden Zweigen, wenn der Eigentümer dem Besitzer des Nachbargrundstücks eine angemessene Frist zur Beseitigung bestimmt hat und die Beseitigung nicht innerhalb der Frist erfolgt.

(2) Dem Eigentümer steht dieses Recht nicht zu, wenn die Wurzeln oder die Zweige die Benutzung des Grundstücks nicht beeinträchtigen.

§ 911 Aus dem Nachbargrundstück fallende Früchte
Früchte, die von einem Baume oder einem Strauche auf ein Nachbargrundstück hinüberfallen, gelten als Früchte dieses Grundstücks. Diese Vorschrift findet keine Anwendung, wenn das Nachbargrundstück dem öffentlichen Gebrauche dient.

§ 912 Duldungspflicht bei Überbau
(1) Hat der Eigentümer eines Grundstücks bei der Errichtung eines Gebäudes über die Grenze gebaut, ohne daß ihm Vorsatz oder grobe Fahrlässigkeit zur Last fällt, so hat der Nachbar den Überbau zu dulden, es sei denn, daß er vor oder sofort nach der Grenzüberschreitung Widerspruch erhoben hat.

(2) Der Nachbar ist durch eine Geldrente zu entschädigen. Für die Höhe der Rente ist die Zeit der Grenzüberschreitung maßgebend.

§ 913 Rente für Überbau
(1) Die Rente für den Überbau ist dem jeweiligen Eigentümer des Nachbargrundstücks von dem jeweiligen Eigentümer des anderen Grundstücks zu entrichten.

(2) Die Rente ist jährlich im voraus zu entrichten.

BGB (Auszug)

§ 914 Rang, Eintragung und Erlöschen der Rente

(1) Das Recht auf die Rente geht allen Rechten an dem belasteten Grundstück, auch den älteren, vor. Es erlischt mit der Beseitigung des Überbaus.

(2) Das Recht wird nicht in das Grundbuch eingetragen. Zum Verzicht auf das Recht sowie zur Feststellung der Höhe der Rente durch Vertrag ist die Eintragung erforderlich.

(3) Im übrigen finden die Vorschriften Anwendung, die für eine zugunsten des jeweiligen Eigentümers eines Grundstücks bestehende Reallast gelten.

§ 915 Anspruch auf Abkauf des überbauten Grundstücksteils

(1) Der Rentenberechtigte kann jederzeit verlangen, daß der Rentenpflichtige ihm gegen Übertragung des Eigentums an dem überbauten Teile des Grundstücks den Wert ersetzt, den dieser Teil zur Zeit der Grenzüberschreitung gehabt hat. Macht er von dieser Befugnis Gebrauch, so bestimmen sich die Rechte und Verpflichtungen beider Teile nach den Vorschriften über den Kauf.

(2) Für die Zeit bis zur Übertragung des Eigentums ist die Rente fortzuentrichten.

§ 916 Beeinträchtigung von Erbbaurecht oder Dienstbarkeit

Wird durch den Überbau ein Erbbaurecht oder eine Dienstbarkeit an dem Nachbargrundstücke beeinträchtigt, so finden zugunsten des Berechtigten die Vorschriften der §§ 912 bis 914 entsprechende Anwendung.

§ 917 Notweg

(1) Fehlt einem Grundstücke die zur ordnungsmäßigen Benutzung notwendige Verbindung mit einem öffentlichen Wege, so kann der Eigentümer von den Nachbarn verlangen, daß sie bis zur Hebung des Mangels die Benutzung ihrer Grundstücke zur Herstellung der erforderlichen Verbindung dulden. Die Richtung des Notwegs und der Umfang des Benutzungsrechts werden erforderlichen Falles durch Urteil bestimmt.

(2) Die Nachbarn, über deren Grundstücke der Notweg führt, sind durch eine Geldrente zu entschädigen. Die Vorschriften des § 912 Abs. 2 Satz 2 und der §§ 913, 194, 916 finden entsprechende Anwendung.

§ 918 Ausschluß des Notwegerechts

(1) Die Verpflichtung zur Duldung des Notwegs tritt nicht ein, wenn die bisherige Verbindung des Grundstücks mit dem öffentlichen Wege durch eine willkürliche Handlung des Eigentümers aufgehoben wird.

(2) Wird infolge der Veräußerung eines Teiles des Grundstücks der veräußerte oder der zurückbehaltene Teil von der Verbindung mit dem öffentlichen Wege

abgeschnitten, so hat der Eigentümer desjenigen Teiles, über welchen die Verbindung bisher stattgefunden hat, den Notweg zu dulden. Der Veräußerung eines Teiles steht die Veräußerung eines von mehreren demselben Eigentümer gehörenden Grundstücken gleich.

§ 919 Abmarkung

(1) Der Eigentümer eines Grundstücks kann von dem Eigentümer eines Nachbargrundstücks verlangen, daß dieser zur Errichtung fester Grenzzeichen und, wenn ein Grenzzeichen verrückt oder unkenntlich geworden ist, zur Wiederherstellung mitwirkt.

(2) Die Art der Abmarkung und das Verfahren bestimmen sich nach den Landesgesetzen; enthalten diese keine Vorschriften, so entscheidet die Ortsüblichkeit.

(3) Die Kosten der Abmarkung sind von den Beteiligten zu gleichen Teilen zu tragen, sofern nicht aus einem zwischen ihnen bestehenden Rechtsverhältnisse sich ein anderes ergibt.

§ 920 Grenzverwirrung

(1) Läßt sich im Falle einer Grenzverwirrung die richtige Grenze nicht ermitteln, so ist für die Abgrenzung der Besitzstand maßgebend. Kann der Besitzstand nicht festgestellt werden, so ist jedem der Grundstücke ein gleich großes Stück der streitigen Fläche zuzuteilen.

(2) Soweit eine diesen Vorschriften entsprechende Bestimmung der Grenze zu einem Ergebnisse führt, das mit den ermittelten Umständen, insbesondere mit der feststehenden Größe der Grundstücke, nicht übereinstimmt, ist die Grenze so zu ziehen, wie es unter Berücksichtigung dieser Umstände der Billigkeit entspricht.

§ 921 Gemeinschaftliche Benutzung von Grenzanlagen

Werden zwei Grundstücke durch einen Zwischenraum, Rain, Winkel, einen Graben, eine Mauer, Hecke, Planke oder eine andere Einrichtung, die zum Vorteile beider Grundstücke dient, voneinander geschieden, so wird vermutet, daß die Eigentümer der Grundstücke zur Benutzung der Einrichtung gemeinschaftlich berechtigt seien, sofern nicht äußere Merkmale darauf hinweisen, daß die Einrichtung einem der Nachbarn allein gehört.

§ 922 Benutzungsverhältnis bei gemeinsamer Grenzeinrichtung

Sind die Nachbarn zur Benutzung einer der im § 921 bezeichneten Einrichtungen gemeinschaftlich berechtigt, so kann jeder sie zu dem Zwecke, der sich aus ihrer Beschaffenheit ergibt, insoweit benutzen, als nicht die Mitbenutzung des anderen beeinträchtigt wird. Die Unterhaltskosten sind von den Nachbarn zu gleichen Teilen zu tragen. Solange einer der Nachbarn an dem Fortbestande der Einrichtung ein Interesse hat, darf sie nicht ohne seine Zustimmung beseitigt oder geändert werden. Im übrigen bestimmt sich das Rechtsverhältnis zwischen den Nachbarn nach den Vorschriften über die Gemeinschaft.

§ 923 Grenzbaum

(1) Steht auf der Grenze ein Baum, so gebühren die Früchte und, wenn der Baum gefällt wird, auch der Baum den Nachbarn zu gleichen Teilen.

(2) Jeder der Nachbarn kann die Beseitigung des Baumes verlangen. Die Kosten der Beseitigung fallen den Nachbarn zu gleichen Teilen zur Last. Der Nachbar, der die Beseitigung verlangt, hat jedoch die Kosten allein zu tragen, wenn der andere auf sein Recht an dem Baume verzichtet; er erwirbt in diesem Falle mit der Trennung das Alleineigentum. Der Anspruch auf die Beseitigung ist ausgeschlossen, wenn der Baum als Grenzzeichen dient und den Umständen nach nicht durch ein anderes zweckmäßiges Grenzzeichen ersetzt werden kann.

(3) Diese Vorschriften gelten auch für eine auf der Grenze stehenden Strauch.

§ 924 Unverjährbarkeit nachbarrechtlicher Ansprüche

Die Ansprüche, die sich aus den §§ 907 bis 909, 915, dem § 917 Abs. 1, dem § 918 Abs. 2, den §§ 919, 920 und dem § 923 Abs. 2 ergeben, unterliegen nicht der Verjährung.

§ 985 Herausgabeanspruch des Eigentümers

Der Eigentümer kann von dem Besitzer die Herausgabe der Sache verlangen.

§ 1018 Inhalt der Grunddienstbarkeit

Ein Grundstück kann zugunsten des jeweiligen Eigentümers eines anderen Grundstücks in der Weise belastet werden, daß dieser das Grundstück in einzelnen Beziehungen benutzen darf oder daß auf dem Grundstücke gewisse Handlungen nicht vorgenommen werden dürfen oder daß die Ausübung eines Rechtes ausgeschlossen ist, das sich aus dem Eigentum an dem belasteten Grundstücke dem anderen Grundstücke gegenüber ergibt (Grunddienstbarkeit).

§ 1030 Inhalt des Nießbrauchs

(1) Eine Sache kann in der Weise belastet werden, daß derjenige, zu dessen Gunsten die Belastung erfolgt, berechtigt ist, die Nutzungen der Sache zu ziehen (Nießbrauch).

(2) Der Nießbrauch kann durch den Ausschluß einzelner Nutzungen beschränkt werden.

Hessisches Nachbarrechtsgesetz
vom 24. September 1962 (GVBl. S. 417)

Erster Abschnitt: Nachbarwand

§ 1 Errichten einer Nachbarwand
(1) Nachbarwand ist die auf der Grenze zweier Grundstücke errichtete Wand, die den auf diesen Grundstücken errichteten oder zu errichtenden Bauwerken als Abschlußwand oder zur Unterstützung oder Aussteifung dient oder dienen soll.

(2) Der Eigentümer eines Grundstücks darf eine Nachbarwand errichten, wenn
1. die Bebauung seines und des benachbarten Grundstücks bis an die Grenze vorgeschrieben oder zugelassen ist und
2. der Eigentümer des benachbarten Grundstücks einwilligt.

§ 2 Beschaffenheit der Nachbarwand
Die Nachbarwand ist in der Art und in der Dicke auszuführen, wie es notwendig ist, um den beabsichtigten Zweck zu erreichen. Höchstens mit der Hälfte der hiernach gebotenen Dicke darf sie das angrenzende Grundstück in Anspruch nehmen.

§ 3 Anbau an die Nachbarwand
(1) Der Eigentümer des Nachbargrundstücks ist berechtigt, an die Nachbarwand anzubauen. Anbau ist die Mitbenutzung der Nachbarwand als Abschlußwand oder zur Unterstützung oder Aussteifung des neuen Bauwerks.

(2) Der anbauende Eigentümer des Nachbargrundstücks ist zur Zahlung einer Vergütung in Höhe des halben Wertes der Nachbarwand, höchstens des halben Wertes einer Nachbarwand im Sinne des § 2 Satz 1 verpflichtet, soweit die Nachbarwand durch den Anbau genutzt ist. Nimmt die Nachbarwand von dem angrenzenden Grundstück eine größere Bodenfläche in Anspruch, als § 2 Satz 2 vorsieht, so ist dies bei der Festsetzung der Vergütung angemessen zu berücksichtigen. Für die Berechnung des Wertes der Nachbarwand und für die Fälligkeit der Vergütung ist der Zeitpunkt der Rohbauabnahme des Anbaus maßgebend. Auf Verlangen ist Sicherheit in Höhe der voraussichtlich zu gewährenden Vergütung zu leisten; in solchem Falle darf der Anbau erst nach Leistung der Sicherheit begonnen oder fortgesetzt werden.

(3) Bis zum Anbau an die Nachbarwand fallen die Unterhaltungskosten dem Eigentümer allein zur Last. Nach dem Anbau sind die Unterhaltungskosten

für den gemeinsam genutzten Teil der Nachbarwand von beiden Grundstückseigentümern entsprechend dem Verhältnis ihrer Beteiligung gemäß Abs. 2 Satz 1 und 2 zu tragen.

§ 4 Nichtbenutzen der Nachbarwand

(1) Wird das spätere Bauwerk nicht an die Nachbarwand angebaut, so hat der anbauberechtigte Eigentümer des Nachbargrundstücks für die durch die Errichtung der Nachbarwand entstandenen Mehraufwendungen gegenüber den Kosten der Herstellung einer Grenzwand (§ 8 Abs. 1) Ersatz zu leisten; dabei ist in angemessener Weise zu berücksichtigen, daß das Nachbargrundstück durch die Nachbarwand teilweise weiter genutzt wird. Der zu erstattende Betrag darf jedoch nicht höher sein als der, den der Eigentümer des Nachbargrundstücks im Falle des Anbaus nach § 3 Abs. 2 Satz 1 bis 3 zu zahlen hätte. Der Anspruch wird mit der Rohbauabnahme des späteren Bauwerks fällig.

(2) Der anbauberechtigte Eigentümer des Nachbargrundstücks ist ferner verpflichtet, die Fuge zwischen der Nachbarwand und seinem an die Nachbarwand herangebauten Bauwerk auf seine Kosten bündig mit der Außenfläche seines Bauwerks zu verdecken.

§ 5 Beseitigen der Nachbarwand

(1) Der Eigentümer der Nachbarwand ist berechtigt, die Nachbarwand ganz oder teilweise zu beseitigen, solange und soweit noch nicht angebaut ist.

(2) Das Recht nach Abs. 1 besteht nicht, wenn der anbauberechtigte Eigentümer des Nachbargrundstücks die Absicht, die Nachbarwand ganz oder teilweise durch Anbau zu nutzen, dem Eigentümer der Nachbarwand anzeigt und spätestens binnen 6 Monaten den erforderlichen Bauantrag bei der Bauaufsichtsbehörde einreicht.

(3) Abs. 2 ist nicht anwendbar, wenn der Eigentümer der Nachbarwand, bevor er eine Anzeige nach Abs. 2 erhalten hat, die Absicht, die Nachbarwand ganz oder teilweise zu beseitigen, dem Eigentümer des Nachbargrundstücks anzeigt und spätestens binnen 6 Monaten den erforderlichen Bauantrag bei der Bauaufsichtsbehörde einreicht.

(4) Gehen die Anzeigen nach Abs. 2 und 3 ihren Empfängern gleichzeitig zu, so hat die Anzeige nach Abs. 3 keine Rechtswirkung.

(5) Macht der Eigentümer der Nachbarwand von seinem Beseitigungsrecht zulässigen Gebrauch, so hat er dem Eigentümer des Nachbargrundstücks für die Dauer der Nutzung des Nachbargrundstücks durch den hinübergebauten Teil der Nachbarwand eine angemessene Vergütung zu leisten. Beseitigt der Eigentümer der Nachbarwand diese ganz oder teilweise, obwohl gemäß Abs. 2 ein Recht hierzu nicht besteht, so hat er dem anbauberechtigten Eigentümer

des Nachbargrundstücks Ersatz für den durch die völlige oder teilweise Beseitigung der Anbaumöglichkeit zugefügten Schaden zu leisten; der Anspruch wird mit der Rohbauabnahme des späteren Bauwerks fällig.

§ 6 Erhöhen der Nachbarwand
Jeder Grundstückseigentümer ist berechtigt, die Nachbarwand in voller Dicke auf seine Kosten zu erhöhen. Für den erhöhten Teil der Nachbarwand gelten die §§ 3, 4 Abs. 2, sowie § 5 Abs. 1 bis 4 und Abs. 5 Satz 2 entsprechend.

§ 7 Verstärken der Nachbarwand
Jeder Grundstückseigentümer darf die Nachbarwand auf seinem Grundstück verstärken.

Zweiter Abschnitt: Grenzwand

§ 8 Anbau an eine Grenzwand
(1) Grenzwand ist die an der Grenze zum Nachbargrundstück auf dem Grundstück des Erbauers errichtete Wand.

(2) Der Eigentümer des Nachbargrundstücks darf eine Grenzwand durch Anbau nutzen, wenn der Eigentümer der Grenzwand einwilligt. Anbau ist die Mitbenutzung der Grenzwand als Abschlußwand oder zur Unterstützung oder Aussteifung des neuen Bauwerks.

(3) Der anbauende Eigentümer des Nachbargrundstücks hat eine Vergütung in Höhe des halben Wertes der Grenzwand, soweit sie durch den Anbau genutzt ist, zu zahlen und ferner eine angemessene Vergütung dafür zu leisten, daß er den für die Errichtung einer eigenen Abschlußwand erforderlichen Baugrund einspart. Für die Berechnung des Wertes der Grenzwand und für die Fälligkeit der Vergütung ist der Zeitpunkt der Rohbauabnahme des Anbaus maßgebend. Auf Verlangen ist Sicherheit in Höhe der voraussichtlich zu gewährenden Vergütung zu leisten; in solchem Fall darf der Anbau erst nach Leistung der Sicherheit begonnen oder fortgesetzt werden.

(4) Nach dem Anbau sind die Unterhaltungskosten für den gemeinsam genutzten Teil der Grenzwand von den beiden Grundstückseigentümern zu gleichen Teilen zu tragen.

§ 9 Errichten einer zweiten Grenzwand
Steht auf einem Grundstück ein Bauwerk an der Grenze und wird später auf dem Nachbargrundstück an dieser Grenze ein Bauwerk errichtet, aber nicht an die Grenzwand angebaut, so ist dessen Erbauer verpflichtet, die Fuge zwischen den Grenzwänden auf seine Kosten bündig mit der Außenfläche des Bauwerks zu verdecken.

§ 10 Besondere Gründung

(1) Auf Verlangen des Eigentümers des Nachbargrundstücks ist der Erbauer eines an der gemeinsamen Grenze zu errichtenden Bauwerks verpflichtet, eine solche Gründung vorzunehmen, daß bei der späteren Durchführung des Bauvorhabens des Eigentümers des Nachbargrundstücks zusätzliche Baumaßnahmen vermieden werden. Der Eigentümer des Nachbargrundstücks kann das Verlangen nur bis zum Eingang des Bauantrags bei der Bauaufsichtsbehörde dem Bauherrn gegenüber stellen.

(2) Die durch das Verlangen nach Abs. 1 entstehenden Mehrkosten sind zu erstatten. In Höhe der voraussichtlich erwachsenden Mehrkosten ist auf Verlangen des Bauherrn binnen zwei Wochen Vorschuß zu leisten. Der Anspruch auf die besondere Gründung erlischt, wenn der Vorschuß nicht fristgerecht geleistet wird.

(3) Soweit der Bauherr die besondere Gründung auch zum Vorteil seines Bauwerks ausnutzt, beschränkt sich die Erstattungspflicht des Eigentümers des Nachbargrundstücks auf den angemessenen Kostenanteil. Bereits gezahlte Kosten können zurückgefordert werden.

Dritter Abschnitt: Fenster- und Lichtrecht

§ 11 Umfang und Inhalt

(1) In oder an der Außenwand eines Gebäudes, die parallel oder in einem Winkel bis zu 60° zur Grenze des Nachbargrundstücks verläuft, dürfen Fenster oder Türen oder zum Betreten bestimmte Bauteile nur mit der Einwilligung des Eigentümers des Nachbargrundstücks angebracht werden, wenn die Fenster, die Türen oder die Bauteile von der Grenze einen geringeren Abstand als 2,5 m einhalten sollen.

(2) Die Einwilligung muß erteilt werden, wenn keine oder nur geringfügige Beeinträchtigungen zu erwarten sind.

§ 12 Ausnahmen

§ 11 Abs. 1 gilt nicht,

1. soweit nach öffentlich-rechtlichen Vorschriften Fenster, Türen oder zum Betreten bestimmte Bauteile anzubringen sind;
2. für lichtdurchlässige, jedoch undurchsichtige und gegen Feuereinwirkung widerstandsfähige Wandbauteile;
3. für Außenwände gegenüber Grenzen zu öffentlichen Straßen, zu öffentlichen Grünflächen und zu Gewässern.

§ 13 Ausschluß des Beseitigungsanspruchs
Der Anspruch auf Beseitigung einer Einrichtung nach § 11 Abs. 1, die einen geringeren als den in § 11 Abs. 1 vorgeschriebenen Abstand einhält, ist ausgeschlossen,
1. wenn die Einrichtung bei Inkrafttreten dieses Gesetzes vorhanden ist und ihr Abstand dem bisherigen Recht entspricht oder
2. wenn der Nachbar nicht binnen einem Jahr nach dem Anbringen der Einrichtung Klage auf Beseitigung erhoben hat; diese Frist beginnt frühestens mit dem Inkrafttreten dieses Gesetzes.

Vierter Abschnitt: Einfriedung

§ 14 Errichtung
(1) Der Eigentümer eines bebauten oder gewerblich genutzten Grundstücks ist auf Verlangen des Eigentümers des Nachbargrundstücks verpflichtet, sein Grundstück einzufrieden, soweit die Grenze zum Nachbargrundstück nicht mit Gebäuden besetzt ist. Sind beide Grundstücke bebaut oder gewerblich genutzt, so sind die Eigentümer der beiden Grundstücke gegenseitig verpflichtet, bei der Errichtung der Einfriedung mitzuwirken. Stellt das Verlangen nach Satz 1 der Eigentümer eines Grundstücks, das weder bebaut noch gewerblich genutzt ist, aber innerhalb eines im Zusammenhang bebauten Ortsteils gelegen oder in einem Bebauungsplan als Bauland ausgewiesen ist, so ist er berechtigt, bei der Errichtung der Einfriedung mitzuwirken.

(2) Die Einfriedung ist im Falle des Abs. 1 Satz 1 — vorbehaltlich des § 16 Abs. 1 — entlang der Grenze, in den übrigen Fällen auf der Grenze zu errichten.

(3) Als gewerblich genutzt im Sinne des Abs. 1 Satz 1 gilt nicht ein Grundstück, das dem Erwerbsgartenbau dient.

§ 15 Beschaffenheit
Die Einfriedung besteht aus einem ortsüblichen Zaun; läßt sich eine ortsübliche Einfriedung nicht feststellen, so besteht sie aus einem 1,2 m hohen Zaun aus verzinktem Maschendraht. Schreiben öffentlich-rechtliche Vorschriften eine andere Art der Einfriedung vor, so tritt diese an die Stelle der in Satz 1 genannten Einfriedungsart.

§ 16 Abstand von der Grenze
(1) Die Einfriedung muß von der Grenze eines Grundstücks, das außerhalb eines im Zusammenhang bebauten Ortsteils liegt und nicht in einem Be-

bauungsplan als Bauland ausgewiesen ist, 0,5 m zurückbleiben, auch wenn ein Verlangen nach § 14 Abs. 1 nicht gestellt worden ist. Dies gilt nicht gegenüber Grundstücken, für die nach Lage, Beschaffenheit oder Größe eine Bearbeitung mit Gespann oder Schlepper nicht in Betracht kommt.

(2) Der Anspruch auf Beseitigung einer Einfriedung, die einen geringeren als den nach Abs. 1 vorgeschriebenen Abstand einhält, ist ausgeschlossen.

1. wenn die Einfriedung bei Inkrafttreten dieses Gesetzes vorhanden ist und ihr Abstand dem bisherigen Recht entspricht oder
2. wenn der Nachbar nicht binnen zwei Jahren nach der Errichtung Klage auf Beseitigung erhoben hat; diese Frist beginnt frühestens mit dem Inkrafttreten dieses Gesetzes.

(3) Wird eine Einfriedung, die einen geringeren als den nach Abs. 1 vorgeschriebenen Abstand einhält, durch eine andere ersetzt, so gilt Abs. 1.

§ 17 Kosten der Errichtung

(1) In den Fällen des § 14 Abs. 1 Satz 2 und 3 tragen die beteiligten Grundstückseigentümer die Kosten der Errichtung der Einfriedung zu gleichen Teilen.

(2) Wird das an ein eingefriedetes Grundstück angrenzende Grundstück bebaut oder gewerblich genutzt, so ist der Eigentümer des angrenzenden Grundstücks, sofern eine Verpflichtung zur Übernahme anteiliger Errichtungskosten für ihn noch nicht entstanden ist, zur Zahlung einer Vergütung in Höhe der Hälfte der Kosten der Errichtung der Einfriedung unter angemessener Berücksichtigung der bisherigen Abnutzung verpflichtet; das gleiche gilt, wenn das angrenzende Grundstück in den im Zusammenhang bebauten Ortsteil einbezogen oder in einem Bebauungsplan als Bauland ausgewiesen wird, sofern der Eigentümer dieses Grundstücks oder sein Rechtsvorgänger die Errichtung der Einfriedung verlangt hatte.

(3) Der Berechnung sind die Errichtungskosten einer Einfriedung im Sinne des § 15, höchstens die tatsächlichen Aufwendungen, einschließlich der Eigenleistungen, zugrunde zu legen. Ist nur für eines der beiden Grundstücke eine Einfriedungsart nach § 15 Satz 2 vorgeschrieben, so sind der Berechnung die Errichtungskosten einer Einfriedung nach § 15 Satz 1, höchstens die tatsächlichen Aufwendungen, einschließlich der Eigenleistungen, zugrunde zu legen.

§ 18 Kosten der Unterhaltung

(1) Die Kosten der Unterhaltung der Einfriedung tragen die beteiligten Grundstückseigentümer je zur Hälfte, wenn für sie oder ihre Rechtsvorgänger die Verpflichtung zur Tragung von Errichtungskosten begründet ist.

(2) § 17 Abs. 3 gilt entsprechend.

§ 19 Ausnahmen
Die §§ 14 bis 18 gelten nicht für Einfriedungen zwischen Grundstücken und den an sie angrenzenden öffentlichen Straßen, öffentlichen Grünflächen und Gewässern.

Fünfter Abschnitt: Veränderung des Grundwasserspiegels

§ 20
Der Eigentümer und die Nutzungsberechtigten eines Grundstücks dürfen auf dessen Untergrund mit physikalischen oder chemischen Mitteln nicht in einer Weise einwirken, daß der Grundwasserspiegel steigt oder sinkt und dadurch auf einem Nachbargrundstück erhebliche Beeiträchtigungen hervorgerufen werden.

Sechster Abschnitt: Wild abfließendes Wasser

§ 21 Abfluß und Zufluß
(1) Wild abfließendes Wasser ist oberirdisch außerhalb eines Bettes abfließendes Quell- oder Niederschlagswasser.

(2) Der Eigentümer und die Nutzungsberechtigten eines Grundstücks dürfen nicht
1. den Abfluß wild abfließenden Wassers auf Nachbargrundstücke verstärken,
2. den Zufluß wild abfließenden Wassers von Nachbargrundstücken auf ihr Grundstück hindern,
wenn dadurch die Nachbargrundstücke erheblich beeinträchtigt werden.

(3) Der Eigentümer und die Nutzungsberechtigten eines Grundstücks dürfen den Abfluß von Niederschlagswasser von ihrem Grundstück auf Nachbargrundstücke mindern oder unterbinden.

§ 22 Wiederherstellung des früheren Zustandes
(1) Haben Naturereignisse den Abfluß wild abfließenden Wassers von einem Grundstück auf ein Nachbargrundstück verstärkt oder den Zufluß wild abfließenden Wassers von einem Nachbargrundstück auf ein Grundstück gemindert oder unterbunden und wird dadurch das Nachbargrundstück erheblich beeinträchtigt, so müssen der Eigentümer und die Nutzungsberechtigten des Grundstücks die Wiederherstellung des früheren Zustandes durch den Eigentümer und die Nutzungsberechtigten des beeinträchtigten Nachbargrundstücks dulden.

(2) Die Wiederherstellung muß binnen drei Jahren vom Ende des Jahres ab, in dem die Veränderung eingetreten ist, durchgeführt werden. Während der Dauer eines Rechtsstreits über die Verpflichtung zur Duldung der Wiederherstellung ist der Lauf der Frist für die Prozeßbeteiligten gehemmt.

§ 23 Schadensersatz

Schaden, der bei Ausübung des Rechts auf dem betroffenen Grundstück entsteht, ist zu ersetzen. Auf Verlangen ist Sicherheit in Höhe des voraussichtlichen Schadensbetrages zu leisten; in solchem Falle darf das Recht erst nach Leistung der Sicherheit ausgeübt werden.

§ 24 Anzeigepflicht

(1) Die Absicht, das Recht nach § 22 Abs. 1 auszuüben, ist zwei Wochen vor Beginn der Bauarbeiten dem Eigentümer und, soweit deren Rechtsstellung oder Besitzstand davon berührt wird, auch den Nutzungsberechtigten des betroffenen Grundstücks anzuzeigen.

(2) Ist der Duldungspflichtige, der nicht unmittelbarer Besitzer ist, nicht bekannt oder infolge Aufenthalts im Ausland nicht alsbald erreichbar und hat er auch keinen Vertreter bestellt, so genügt insoweit die Anzeige an den unmittelbaren Besitzer.

§ 25 Wegfall der Verpflichtung zur Sicherheitsleistung und zur Anzeige

Ist die Ausübung des Rechts nach § 22 Abs. 1 zur Abwendung einer gegenwärtigen erheblichen Gefahr erforderlich, so entfällt die Verpflichtung zur Sicherheitsleistung und zur Anzeige.

Siebenter Abschnitt: Dachtraufe

§ 26 Niederschlagswasser

(1) Der Eigentümer und die Nutzungsberechtigten eines Grundstücks müssen ihre baulichen Anlagen so einrichten, daß

1. Niederschlagswasser nicht auf das Nachbargrundstück tropft oder nach diesem abgeleitet wird,
2. Niederschlagswasser, das auf das eigene Grundstück tropft oder abgeleitet ist, nicht auf das Nachbargrundstück übertritt.

(2) Abs. 1 findet keine Anwendung auf freistehende Mauern entlang öffentlicher Straßen und öffentlicher Grünflächen.

§ 27 Anbringen von Sammel- und Abflußeinrichtungen

(1) Der Eigentümer und die Nutzungsberechtigten eines Grundstücks, die aus besonderem Rechtsgrund verpflichtet sind, das von den baulichen Anlagen eines Nachbargrundstücks tropfende oder abgeleitete oder von dem Nachbargrundstück übertretende Niederschlagswasser aufzunehmen, sind berechtigt, auf eigene Kosten besondere Sammel- und Abflußeinrichtungen an der baulichen Anlage des traufberechtigten Nachbarn anzubringen, wenn die damit verbundene Beeinträchtigung nicht erheblich ist. Sie haben diese Einrichtungen zu unterhalten.

(2) Für die Verpflichtungen zum Schadensersatz und zur Anzeige gelten die §§ 23 und 24 entsprechend.

Achter Abschnitt: Hammerschlags- und Leiterrecht

§ 28 Inhalt und Umfang

(1) Der Eigentümer und die Nutzungsberechtigten eines Grundstücks müssen dulden, daß ihr Grundstück von dem Eigentümer und den Nutzungsberechtigten des Nachbargrundstücks zwecks Errichtung, Veränderung, Unterhaltung oder Beseitigung einer baulichen Anlage betreten wird und daß auf oder über ihm Gerüste aufgestellt sowie die zu den Bauarbeiten erforderlichen Gegenstände über das Grundstück gebracht oder dort niedergelegt werden, wenn und soweit

1. das Vorhaben anders nicht zweckmäßig oder nur mit unverhältnismäßig hohen Kosten durchgeführt werden kann,
2. die mit der Duldung verbundenen Nachteile oder Belästigungen nicht außer Verhältnis zu dem von dem Berechtigten erstrebten Vorteil stehen und
3. das Vorhaben den baurechtlichen Vorschriften entspricht.

(2) Das Recht ist mit tunlichster Schonung auszuüben. Wird das betroffene Grundstück landwirtschaftlich oder gewerbsmäßig gärtnerisch genutzt, so darf das Recht nicht zur Unzeit geltend gemacht werden, wenn sich die Arbeiten unschwer auf einen späteren Zeitpunkt verlegen lassen.

(3) Abs. 1 findet auf die Eigentümer öffentlicher Straßen keine Anwendung.

§ 29 Schadensersatz und Anzeigepflicht

Für die Verpflichtungen zum Schadensersatz und zur Anzeige gelten die §§ 23 bis 25 entsprechend.

Neunter Abschnitt: Duldung von Leitungen

§ 30 Leitungen in Privatgrundstücken

(1) Der Eigentümer und die Nutzungsberechtigten eines Grundstücks müssen dulden, daß durch ihr Grundstück der Eigentümer und die Nutzungsberechtigten des Nachbargrundstücks auf ihre Kosten Versorgungs- und Abwasserleitungen hindurchführen, wenn

1. der Anschluß an das Versorgungs- und Entwässerungsnetz anders nicht zweckmäßig oder nur mit unverhältnismäßig hohen Kosten durchgeführt werden kann und
2. die damit verbundene Beeinträchtigung nicht erheblich ist.

(2) Ist das betroffene Grundstück an das Versorgungs- und Entwässerungsnetz bereits angeschlossen und reichen die vorhandenen Leitungen aus, um die Versorgung oder Entwässerung der beiden Grundstücke durchzuführen, so beschränkt sich die Verpflichtung nach Abs. 1 auf das Dulden des Anschlusses. Im Falle des Anschlusses ist zu den Herstellungskosten des Teils der Leitungen, der nach dem Anschluß mitbenutzt werden soll, ein angemessener Beitrag und auf Verlangen Sicherheit in Höhe des voraussichtlichen Beitrags zu leisten. In solchem Falle darf der Anschluß erst nach Leistung der Sicherheit vorgenommen werden.

(3) Bestehen mehrere Möglichkeiten der Durchführung, so ist die für das betroffene Grundstück schonendste zu wählen.

§ 31 Unterhaltung

(1) Der Berechtigte hat die nach § 30 Abs. 1 verlegten Leitungen oder die nach § 30 Abs. 2 hergestellten Anschlußleitungen auf seine Kosten zu unterhalten. Zu den Unterhaltungskosten der Teile der Leitungen, die von ihm mitbenutzt werden, hat er einen angemessenen Beitrag zu leisten.

(2) Zur Durchführung von Maßnahmen im Sinne des Abs. 1 Satz 1 darf der Berechtigte das betroffene Grundstück betreten.

§ 32 Schadensersatz und Anzeigepflicht

Für die Verpflichtungen zum Schadensersatz und zur Anzeige gelten die §§ 23 bis 25 entsprechend.

§ 33 Nachträgliche erhebliche Beeinträchtigung

(1) Führen die nach § 30 Abs. 1 verlegten Leitungen oder die nach § 30 Abs. 2 hergestellten Anschlußleitungen nachträglich zu einer erheblichen Beeinträchtigung, so können der Eigentümer und die Nutzungsberechtigten des betroffenen Grundstücks von dem Berechtigten verlangen, daß er seine Leitungen beseitigt und die Beseitigung der Teile der Leitungen, die gemein-

schaftlich benutzt werden, duldet. Dieses Recht entfällt, wenn der Berechtigte die Beeinträchtigung so herabmindert, daß sie nicht mehr erheblich ist.

(2) Schaden, der durch die Maßnahmen nach Abs. 1 auf dem betroffenen Grundstück entstehen, ist zu ersetzen.

§ 34 Anschlußrecht des Duldungspflichtigen

(1) Der Eigentümer und die Nutzungsberechtigten eines Grundstücks, das gemäß § 30 Abs. 1 in Anspruch genommen ist, sind berechtigt, ihrerseits an die verlegten Leitungen anzuschließen, wenn diese ausreichen, um die Versorgung oder Entwässerung der beiden Grundstücke durchzuführen. § 30 Abs. 2 Satz 2 und § 31 Abs. 1 gelten entsprechend.

(2) Soll ein auf dem betroffenen Grundstück errichtetes oder noch zu erstellendes Gebäude an die Leitungen angeschlossen werden, die der Eigentümer oder die Nutzungsberechtigten des Nachbargrundstücks nach § 30 Abs. 1 durch das Grundstück hindurchführen wollen, so können der Eigentümer und die Nutzungsberechtigten des betroffenen Grundstücks verlangen, daß die Leitungen in einer ihrem Vorhaben Rechnung tragenden und technisch vertretbaren Weise verlegt werden. Die durch dieses Verlangen entstehenden Mehrkosten sind zu erstatten. In Höhe der voraussichtlich erwachsenden Mehrkosten ist auf Verlangen binnen zwei Wochen Vorschuß zu leisten; der Anspruch nach Satz 1 erlischt, wenn der Vorschuß nicht fristgerecht geleistet wird.

§ 35 Leitungen in öffentlichen Straßen

Die §§ 30 bis 34 gelten nicht für die Verlegung von Leitungen in öffentlichen Straßen und öffentlichen Grünflächen.

Zehnter Abschnitt: Höherführen von Schornsteinen und Lüftungsschächten

§ 36 Inhalt und Umfang

(1) Der Eigentümer und die Nutzungsberechtigten eines Grundstücks müssen dulden, daß an ihrem Gebäude der Eigentümer und die Nutzungsberechtigten des angrenzenden niederen Gebäudes ihre Schornsteine und Lüftungsschächte befestigen, wenn

1. die Erhöhung der Schornsteine und Lüftungsschächte zur Erzielung der notwendigen Zug- und Saugwirkung erforderlich ist und
2. die Befestigung der höhergeführten Schornsteine und Lüftungsschächte anders nicht zweckmäßig oder nur mit unverhältnismäßig hohen Kosten durchgeführt werden kann.

(2) Der Eigentümer und die Nutzungsberechtigten des betroffenen Grundstücks müssen ferner dulden, daß die höhergeführten Schornsteine und Lüftungsschächte des Nachbargebäudes von ihrem Grundstück aus unterhalten und gereinigt und die hierzu erforderlichen Einrichtungen angebracht werden, wenn diese Maßnahmen anders nicht zweckmäßig oder nur mit unverhältnismäßig hohen Kosten durchgeführt werden können. Sie können aber den Berechtigten darauf verweisen, eine Steigleiter an ihrem Gebäude anzubringen und zu benutzen, wenn diese Lösung technisch zweckmäßig ist.

§ 37 Schadensersatz und Anzeigepflicht
Für die Verpflichtung zum Schadensersatz und zur Anzeige gelten die §§ 23 bis 25 entsprechend. Die Anzeigepflicht entfällt auch, wenn die nach der Kehrordnung vorgeschriebene Reinigung durchgeführt werden soll.

Elfter Abschnitt: Grenzabstände für Pflanzen

§ 38 Grenzabstände für Bäume, Sträucher und einzelne Rebstöcke
Der Eigentümer und die Nutzungsberechtigten eines Grundstücks haben bei dem Anpflanzen von Bäumen, Sträuchern und einzelnen Rebstöcken von den Nachbargrundstücken − vorbehaltlich des § 40 − folgende Abstände einzuhalten:
1. mit Allee- und Parkbäumen, und zwar
   a) sehr stark wachsenden Allee- und Parkbäumen, insbesondere dem Eschenahorn (Acer negundo), sämtlichen Lindenarten (Tilia), der Platane (Platanus acerifolia), der Roßkastanie (Aesculus hippocastanum), der Rotbuche (Fagus sylvatica), der Stieleiche (Quercus robur), ferner der Atlas- und Libanon-Zeder (Cedrus atlantica u. libani), der Douglasfichte Pseudotsuga taxifolia), der Eibe (Taxus baccata), der österreichischen Schwarzkiefer (Pinus nigra austriaca) . . . . 4 m,
   b) stark wachsenden Allee- und Parkbäumen, insbesondere der Mehlbeere (Sorbus intermedia), der Weißbirke (Betula pendula), der Weißerle (Alnus incana), ferner der Fichte oder Rottanne (Picea abies), der gemeinen Kiefer oder Föhre (Pinus sylvestris), dem abendländischen Lebensbaum (Thuja occidentalis) . . . . 2 m,
   c) allen übrigen Allee- und Parkbäumen . . . . 1,5 m,
2. mit Obstbäumen, und zwar
   a) Walnußsämlingsbäumen . . . . 4 m,
   b) Kernobstbäumen, soweit sie auf stark wachsender Unterlage veredelt sind, sowie Süßkirschenbäumen und veredelten Walnußbäumen . . 2 m,
   c) Kernobstbäumen, sowie sie auf schwach wachsender Unterlage veredelt sind, sowie Steinobstbäumen, ausgenommen die Süßkirschenbäume 1,5 m,

3. mit Ziersträuchern, und zwar
   a) stark wachsenden Ziersträuchern, insbesondere der Alpenrose (Rhododendron-Hybriden), dem Feldahorn (Acer campestre), dem Feuerdorn
   (Pyracantha coccinea), dem Flieder (Syringa vulgaris), dem Goldglöckchen
   (Forsythia intermedia), der rotblättrigen Haselnuß (Corylus avellana v.
   fuscorubra), den stark wachsenden Pfeifensträuchern — falscher Jasmin —
   (Philadelphus coronarius, satsumanus, zeyheri u.a.), ferner dem Wacholder
   (Juniperus communis) . . . . 1 m,
   b) allen übrigen Ziersträuchern . . . . 0,5 m,
4. mit Beerenobststräuchern und zwar
   a) Brombeersträuchern . . . . 1 m,
   b) allen übrigen Beerenobststräuchern . . . . 0,5 m,
5. mit einzelnen Rebstöcken . . . . 0,5 m.

§ 39 Grenzabstände für lebende Hecken

(1) Der Eigentümer und die Nutzungsberechtigten eines Grundstücks haben
bei dem Anpflanzen lebender Hecken von den Nachbargrundstücken — vorbehaltlich des § 40 — folgende Abstände einzuhalten:
1. mit Hecken über 2 m Höhe . . . . 0,75 m,
2. mit Hecken bis zu 2 m Höhe . . . . 0,50 m,
3. mit Hecken bis zu 1,2 m Höhe . . . . 0,25 m.

(2) Abs. 1 gilt nicht für Hecken, die das öffentliche Recht als Einfriedung
vorschreibt.

§ 40 Ausnahmen

(1) Die doppelten Abstände nach den §§ 38 und 39 sind einzuhalten gegenüber Grundstücken, die
1. dem Weinbau dienen,
2. landwirtschaftlich nutzbar sind oder dem Erwerbsgartenbau oder dem
   Kleingartenbau dienen und im Außenbereich (§ 19 Abs. 2 des Bundesbaugesetzes) liegen oder
3. durch Bebauungsplan der landwirtschaftlichen, erwerbsgärtnerischen oder
   kleingärtnerischen Nutzung vorbehalten sind.

(2) Die §§ 38 und 39 gelten nicht für
1. Anpflanzungen, die hinter einer Wand oder Mauer vorgenommen werden
   und diese nicht überragen,
2. Anpflanzungen an den Grenzen zu öffentlichen Straßen, zu öffentlichen
   Grünflächen und zu Gewässern,
3. Anpflanzungen auf öffentlichen Straßen.

(3) § 13 Abs. 3 und 4 des Hessischen Forstgesetzes vom 10. November 1954
(GVBl. S. 221) bleibt unberührt.

§ 41 Berechnung des Abstandes

Der Abstand wird von der Mitte des Baumstammes, des Strauches oder des Rebstocks bis zur Grenzlinie gemessen, und zwar an der Stelle, an der der Baum, der Strauch oder der Rebstock aus dem Boden austritt.

§ 42 Grenzabstand im Weinbau

(1) Der Eigentümer und die Nutzungsberechtigten eines dem Weinbau dienenden Grundstücks haben bei dem Anpflanzen von Rebstöcken folgende Abstände einzuhalten:

1. gegenüber den parallel zu den Rebzeilen verlaufenden Grenzen die Hälfte des geringsten Zeilenabstandes, gemessen zwischen den Mittellinien der Rebzeilen, mindestens aber 0,75 m,
2. gegenüber den sonstigen Grenzen, gerechnet von dem äußersten Rebstock oder von der Verankerung, falls eine solche vorhanden ist, 0,5 m.

(2) Übersteigt die Gesamthöhe der Rebanlage 1,8 m (Rebschnittgärten, Weitraumanlage), so beträgt der Abstand nach Abs. 1 Nr. 1 mindestens 1,5 m.

§ 43 Ausschluß des Beseitigungsanspruchs und Ersatzanpflanzungen

(1) Der Anspruch auf Beseitigung von Anpflanzungen, die geringere als die in den §§ 38 bis 42 vorgeschriebenen Abstände einhalten, ist ausgeschlossen

1. wenn die Anpflanzungen bei Inkrafttreten dieses Gesetzes vorhanden sind und ihre Abstände dem bisherigen Recht entsprechen oder
2. wenn der Nachbar nicht binnen fünf Jahren nach dem Anpflanzen Klage auf Beseitigung erhoben hat; diese Frist beginnt frühestens mit dem Inkrafttreten dieses Gesetzes.

(2) Werden für die in Abs. 1 genannten Anpflanzungen Ersatzanpflanzungen vorgenommen, so gelten die §§ 38 bis 42. Werden aber in geschlossenen Obstanlagen einzelne Obstbäume nachgepflanzt, so bleibt der Abstand der anderen Obstbäume maßgebend.

§ 44 Nachträgliche Grenzänderungen

Die Rechtmäßigkeit des Abstandes einer Anpflanzung wird durch nachträgliche Grenzänderungen nicht berührt; jedoch gilt § 43 Abs. 2 entsprechend.

Zwölfter Abschnitt: Anwendungsbereich des Gesetzes

§ 45

Die §§ 1 bis 44 gelten nur, soweit öffentlich-rechtliche Vorschriften nicht entgegenstehen oder die Beteiligten nichts anderes vereinbaren.

Dreizehnter Abschnitt: Schlußbestimmungen

§ 46 Übergangsvorschriften
Der Umfang von Rechten, die bei Inkrafttreten dieses Gesetzes bestehen, richtet sich — unbeschadet des § 13, des § 16 Abs. 2 und des § 43 Abs. 1 — nach den Vorschriften dieses Gesetzes.

§ 47 Änderung des Hessischen Wassergesetzes
§ 73 des Hessischen Wassergesetzes vom 6. Juli 1960 (GVBl. S. 69) erhält folgende Fassung:

„§ 73 Veränderung des Zu- und Abflusses
Aus Gründen des Wohles der Allgemeinheit, insbesondere der Wasserwirtschaft und des öffentlichen Verkehrs, kann die obere Wasserbehörde eine künstliche Veränderung des Zu- oder Abflusses von wild abfließendem Wasser anordnen. Stellt die Anordnung eine Enteignung dar, so ist dafür Entschädigung zu leisten."

§ 48 Außerkrafttreten von Vorschriften
. . . .

§ 49 Inkrafttreten des Gesetzes
Dieses Gesetz tritt am 1. November 1962 in Kraft.

Hessische Bauordnung (HBO)

Vom 31. August 1976 mit späteren Änderungen — Auszug —

§ 2 Begriffe

(1) Bauliche Anlagen sind mit dem Erdboden verbundene, aus Baustoffen und Bauteilen hergestellte Anlagen. Eine Verbindung mit dem Boden besteht auch dann, wenn die Anlage durch eigene Schwere auf dem Boden ruht oder auf ortsfesten Bahnen begrenzt beweglich ist oder wenn die Anlage nach ihrem Verwendungszweck dazu bestimmt ist, überwiegend ortsfest benutzt zu werden. Als bauliche Anlagen gelten auch

1. Aufschüttungen und Abgrabungen,
2. künstliche Hohlräume unterhalb der Erdoberfläche,
3. Lager-, Abstell- und Ausstellungsplätze,
4. Sport-, Spiel-, Camping- und Zeltplätze sowie sonstige mit festen Einrichtungen versehene Anlagen für Erholung und Freizeit,
5. Stellplätze für Kraftfahrzeuge,
6. Fliegende Bauten und
7. Gerüste.

(2) Gebäude sind selbständig benutzbare, überdeckte bauliche Anlagen, die von Menschen betreten werden können und geeignet oder bestimmt sind, dem Schutze von Menschen, Tieren oder Sachen zu dienen.

(3) Hochhäuser sind Gebäude, bei denen der Fußboden mindestens eines Aufenthaltsraumes mehr als 22 m über der festgelegten Geländeoberfläche liegt.

(4) Vollgeschosse sind Geschosse, deren Fußboden überwiegend oberhalb der festgelegten Geländeoberfläche liegt und die im Lichten entweder vollständig mindestens 2 m oder über mehr als zwei Drittel ihrer Grundfläche mindestens 2,30 m hoch sind. Vollgeschosse sind auch

1. teilweise unter der festgelegten Geländeoberfläche liegende Geschosse, deren Deckenoberkanten im Mittel mehr als 1,40 m über die Geländeoberfläche hinausragen, und
2. Garagengeschosse, deren Deckenoberkanten im Mittel mehr als 2,20 m über die festgelegte Geländeoberfläche hinausragen.

Nicht als Vollgeschosse gelten untergeordnete Aufbauten über Dach und untergeordnete Unterkellerungen zur Unterbringung von maschinentechnischen Anlagen für das Gebäude.

(5) Bauarbeiten sind Arbeiten zur Errichtung, Änderung oder Unterhaltung einer baulichen Anlage, wenn sie auf der Baustelle oder an der baulichen Anlage ausgeführt werden; Abbrucharbeiten gelten als Bauarbeiten.

(6) Bauart ist die Art, in der Baustoffe und Bauteile zusammengefügt werden.

§ 4 Bebauung der Grundstücke mit Gebäuden und Einrichtung von Lager-, Abstell-, Ausstellungs-, Camping- und Zeltplätzen

(1) Gebäude dürfen nur errichtet werden, wenn

1. das Grundstück nach Lage, Form, Größe und Beschaffenheit für die beabsichtigte Bebauung geeignet ist,
2. das Grundstück in einer solchen Breite an eine befahrbare öffentliche Verkehrsfläche grenzt oder eine solche öffentlich-rechtlich gesicherte Zufahrt zu einer befahrbaren öffentlichen Verkehrsfläche hat, daß der Einsatz von Feuerlösch- und Rettungsgeräten ohne Schwierigkeiten möglich ist, und
3. bei Einrichtung von Aufenthaltsräumen gesichert ist, daß bei Ingebrauchnahme der Gebäude die Verkehrsflächen sowie die Wasserversorgungs-, Abwasser- und Energieversorgungsanlagen in dem erforderlichen Umfang benutzbar sind.

Auf die Befahrbarkeit von Wohnwegen kann im Einzelfall verzichtet werden, soweit wegen des Brandschutzes Bedenken nicht bestehen.

(2) Camping- und Zeltplätze sind nur auf Flächen zulässig, die in einem Bebauungsplan für sie festgesetzt sind. Grundstücke dürfen nicht zu Zwecken genutzt werden, die

1. im Widerspruch zur Zielsetzung eines Bebauungsplans stehen, oder,
2. soweit kein Bebauungsplan besteht, im Widerspruch zu der vorhandenen Bebauung oder Nutzung stehen oder öffentliche Belange beeinträchtigen.

Lager-, Abstell- und Ausstellungsplätze sind im Außenbereich (§ 19 Abs. 2 des Bundesbaugesetzes) nur zulässig, wenn durch sie oder ihre Nutzung öffentliche Belange nicht beeinträchtigt werden. Öffentliche Belange werden insbesondere beeinträchtigt, wenn die Ordnung des Wasserhaushalts oder die Energieversorgung gefährdet, die Sicherheit, Ordnung oder Leichtigkeit des Verkehrs gestört oder die natürliche Eigenart der Landschaft nachteilig beeinflußt wird.

§ 7 Bauwiche

(1) Von den Grundstücksgrenzen, die nicht an öffentlichen Verkehrsflächen liegen, müssen Gebäude nach Maßgabe der folgenden Absätze Mindestabstandsflächen (Bauwiche) einhalten. Maßgebend hierfür ist der grenznächste

Gebäudeteil eines jeden Geschosses; Umwehrungen und vor die Außenwand vorspringende untergeordnete Gebäudeteile wie Gesimse, Dachvorsprünge und Eingangsüberdachungen, bleiben außer Betracht, wenn sie nicht mehr als ein Drittel der Bauwichbreite, höchstens jedoch 1,50 m vortreten.

(2) Abs. 1 gilt nicht, soweit nach den planungsrechtlichen Vorschriften über die Bauweise an die Grundstücksgrenze gebaut werden muß. Soweit nach den planungsrechtlichen Vorschriften über die Bauweise an die Grundstücksgrenze gebaut werden darf, kann auf die Einhaltung der Bauwiche verzichtet werden, wenn öffentlich-rechtlich gesichert ist, daß vom Nachbargrundstück her angebaut wird. Ist auf dem Nachbargrundstück bereits ein Gebäude an oder auf der Grenze errichtet, so kann ein Anbau zugelassen werden; es kann verlangt werden, daß angebaut wird. Innerhalb der im Zusammenhang bebauten Ortsteile, für die Festsetzungen über die Bauweise nicht bestehen, gelten Satz 1 und 2 entsprechend der vorhandenen Bebauung.

(3) Die Breite des Bauwichs beträgt

1. für das erste und zweite Vollgeschoß mindestens 3 m,
2. für alle anderen Vollgeschosse je Geschoß mindestens 1,50 m.

Ist auch nur ein Vollgeschoß höher als 3,50 m oder auch nur ein Zwischengeschoß vorhanden oder vorgesehen, das kein Vollgeschoß ist, so ist je angefangenen 3,50 m der gesamten Höhe der Geschosse ein Vollgeschoß zu rechnen, mindestens jedoch die tatsächliche Zahl der Vollgeschosse. In Kerngebieten, Gewerbegebieten und Industriegebieten und mit ihnen nach Art ihrer baulichen und sonstigen Nutzung vergleichbaren Sondergebieten sowie in im Zusammenhang bebauten Ortsteilen, die diesen Gebieten nach Art ihrer tatsächlichen baulichen oder sonstigen Nutzung entsprechen, beträgt das in Satz 2 angegebene Maß 4 m. Geschosse im Sinne dieser Vorschrift sind auch nicht umschlossene Abschnitte eines Gebäudes.

(4) Im Bauwich eines Gebäudes und – außerhalb der Bauwiche – innerhalb einer Abstandsfläche von 3 m entlang der Grundstücksgrenze nach Abs. 1 Satz 1 sind bauliche Anlagen nicht zulässig; das gilt nicht für Einfriedigungen, Wege, unterirdische oder die Geländeoberfläche nur unwesentlich überragende Anlagen und Kinderspielplätze sowie Anlagen, die wohnungswirtschaftlichen Zwecken oder der Gartengestaltung dienen.

(5) In den Bauwich und die Abstandsfläche hineinragen dürfen erdgeschossige Hauseingangstreppen, Kellerlichtschächte, Kellertreppen und Kellerrampen; das Hineinragen von Balkonen und ähnlichen Vorbauten kann zugelassen werden, jedoch soll mindestens ein Grenzabstand von 2,50 m erhalten bleiben. Im Bauwich und der Abstandsfläche zugelassen werden können Stellplätze, Garagen bis zu einer Außenwandhöhe von 2,50 m und einer Dachneigung bis 45° zur Grundstücksgrenze, Nebenanlagen für die örtliche Versorgung mit

Elektrizität, Gas, Wärme, Kälte oder Wasser, Stützmauern, Maste, Abfallbehältnisse und ihre Standplätze sowie bei Wahrung eines Grenzabstandes von 2,50 m Freisitze, offene Schwimmbecken und Kompostbehältnisse; soweit es sich hierbei um Gebäude handelt, können sie auch ohne eigenen Bauwich zugelassen werden.

§ 8 Abstände und Abstandsflächen

(1) Gebäude und Gebäudeteile müssen von anderen vorhandenen oder auf Nachbargrundstücken zulässigen Gebäuden oder Gebäudeteilen einen Abstand von mindestens 3 m einhalten. Befinden sich Öffnungen in gegenüberliegenden Wänden, so beträgt der Abstand mindestens 5 m. Wände liegen sich gegenüber, wenn sie einander in einem Winkel von weniger als 75° zugekehrt sind. Ausnahmen von Satz 1 und 2 können für Garagen, Gewächshäuser und Nebenanlagen für die örtliche Versorgung mit Elektrizität, Gas, Wärme, Kälte oder Wasser zugelassen werden, wenn wegen des Brandschutzes Bedenken nicht bestehen. Größere Abstände können aus Gründen der öffentlichen Sicherheit, insbesondere des Brandschutzes, verlangt werden.

(2) Zwischen Wänden gegenüberliegender vorhandener oder auf Nachbargrundstücken zulässiger Gebäude oder Gebäudeteile muß vor notwendigen Fenstern eine Abstandsfläche eingehalten werden; dies gilt auch, wenn andere bauliche Anlagen notwendigen Fenstern gegenüberliegen. Die Abstandsfläche ist so zu bemessen, daß die Aufenthaltsräume ausreichend belichtet werden. Es sind jedoch Mindestabstände zur Wahrung des Nachbarfriedens einzuhalten. Die Landesregierung wird ermächtigt, den notwendigen Abstand nach Satz 1 bis 3 durch Rechtsverordnung zu regeln.

(3) Zwischen baulichen Anlagen und Wäldern, Mooren und Heiden ist ein zur Vermeidung einer Gefahr erforderlicher Abstand zu wahren.

§ 9 Übernahme der Bauwiche, Abstände und Abstandsflächen auf Nachbargrundstücke

(1) Soweit nach diesem Gesetz oder nach Vorschriften auf Grund dieses Gesetzes Bauwiche, Abstände und Abstandsflächen auf dem Grundstück selbst liegen müssen, kann zugelassen werden, daß sie sich ganz oder teilweise auf andere Grundstücke erstrecken, wenn öffentlich-rechtlich gesichert ist, daß sie nicht überbaut und auf die auf diesen Grundstücken erforderlichen Bauwiche, Abstände und Abstandsflächen nicht angerechnet werden. Vorschriften, nach denen eine Überbauung zulässig ist oder ausnahmsweise zugelassen werden kann, bleiben unberührt. Als öffentlich-rechtliche Sicherung gelten die Begründung einer Baulast (§ 109), Festsetzungen eines Bebauungsplanes oder sonstige

öffentlich-rechtliche Vorschriften, nach denen eine Grundstücksfläche von baulichen Anlagen freigehalten werden muß.

(2) Die bei der Errichtung eines Gebäudes vorgeschriebenen Bauwiche, Abstände und Abstandsflächen dürfen auch bei nachträglichen Grenzänderungen und Grundstücksteilungen nicht unterschritten oder überbaut werden. Abs. 1 gilt entsprechend.

§ 10 Grundstücksfreiflächen, Kinderspielplätze

(1) Die nicht überbauten Flächen der bebauten Grundstücke (Grundstücksfreiflächen) sind gärtnerisch anzulegen und zu unterhalten, soweit sie nicht als hauswirtschaftliche Flächen, als Arbeits-, Lager- oder Stellplatzflächen, als Zufahrten oder als Flächen sonstiger Nutzung erforderlich sind. Zur gärtnerischen Gestaltung gehört auch die Bepflanzung mit Bäumen und Sträuchern. Auf den nicht für eine Bebauung vorgesehenen Flächen sollen bei der Errichtung baulicher Anlagen vorhandene gesunde Bäume erhalten bleiben, sofern sie nicht unzumutbare Nachteile oder Belästigungen für die Benutzer der baulichen Anlage oder für die Nachbarschaft bewirken. Die gärtnerische Anlage der Grundstücksfreiflächen muß innerhalb eines Jahres nach Ingebrauchnahme der Gebäude hergestellt sein; die Frist kann bis zu einem weiteren Jahr verlängert werden, wenn sie wegen besonderer Umstände nicht eingehalten werden kann. Die Wasserdurchlässigkeit des Bodens wesentlich beschränkende Befestigungen, wie Asphaltierung und Betonierung sind nur so weit zulässig, soweit ihr Zweck eine derartige Ausführung erfordert.

(2) Werden mehr als drei Wohnungen errichtet, so ist auf dem Baugrundstück oder öffentlich-rechtlich gesichert in der Nähe ein Spielplatz für Kleinkinder (bis zu sechs Jahren) anzulegen. Auf seine Herstellung kann verzichtet werden, wenn in unmittelbarer Nähe ein für Kleinkinder geeigneter, auch für das Baugrundstück bestimmter Spielplatz als Gemeinschaftsanlage geschaffen wird oder vorhanden ist oder wenn die Art der Wohnungen einen Kinderspielplatz nicht erfordert. Bei bestehenden Gebäuden nach Satz 1 kann die Herstellung von Kinderspielplätzen verlangt werden, wenn dies die Gesundheit und der Schutz der Kinder erfordern.

(3) – (8) . . .

§ 11 Einfriedung der Grundstücke

(1) Grundstücke, die mit Gebäuden bebaut sind oder nach öffentlichem Recht mit Gebäuden bebaut werden können, sind entlang der öffentlichen Verkehrsfläche einzufrieden oder abzugrenzen, wenn die öffentliche Sicherheit oder Ordnung oder die Gestaltung dies erfordert. Aus denselben Gründen sind auch

Aufschüttungen, Abgrabungen, Lager-, Abstell- und Ausstellungsplätze sowie Camping- und Zeltplätze einzufrieden oder abzugrenzen.

(2) Für Einfriedigungen, Abgrenzungen und Grenzmarken, die keine baulichen Anlagen sind, gelten § 3 Abs. 1 Satz 1, § 14 und § 23 entsprechend.

§ 14 Baugestaltung

(1) Bauliche Anlagen sind nach Form, Maßstab, Werkstoff, Farbe und Verhältnis der Baumassen und Bauteile zueinander so zu gestalten, daß sie nicht verunstaltet wirken.

(2) Bauliche Anlagen sind mit ihrer Umgebung derart in Einklang zu bringen, daß sie das Straßen-, Orts- und Landschaftsbild nicht verunstalten und deren beabsichtigte Gestaltung nicht beeinträchtigen. Auf bauliche Anlagen von geschichtlicher, baugeschichtlicher, künstlerischer oder städtebaulicher Bedeutung, auf Naturdenkmale und auf erhaltenswerte Eigenarten der Umgebung ist soweit Rücksicht zu nehmen, daß eine Störung nicht eintritt.

§ 16 Standsicherheit und Dauerhaftigkeit

(1) Jede bauliche Anlage muß im ganzen, in ihren einzelnen Teilen und für sich allein standsicher und dauerhaft sein. Die Standsicherheit muß auch während der Errichtung sowie bei der Änderung und dem Abbruch sichergestellt sein.

(2) Die Verwendung gemeinsamer Bauteile für mehrere bauliche Anlagen ist zulässig, wenn rechtlich und technisch gesichert ist, daß die gemeinsamen Bauteile beim Abbruch einer der baulichen Anlagen stehen bleiben können.

§ 24 Belichtung und Lüftung

Räume müssen ihrem Zweck entsprechend durch Tageslicht belichtet werden können, soweit dieses Gesetz oder Vorschriften auf Grund dieses Gesetzes nichts anderes bestimmen. Räume müssen zu lüften sein.

§ 31 Gründungen

(1) Bauliche Anlagen sind so zu gründen, daß ihre Standsicherheit durch die Beschaffenheit des Baugrundes und durch Grundwasser nicht beeinträchtigt wird.

(2) Bei der Gründung baulicher Anlagen darf die Standsicherheit anderer baulicher Anlagen nicht gefährdet und die Tragfähigkeit des Baugrundes des Nachbargrundstückes nicht beeinträchtigt werden.

§ 40 Dächer

(1) Dächer müssen die Niederschläge sicher ableiten. Die Dachhaut muß gegen die Einflüsse der Witterung sowie gegen Flugfeuer und strahlende Wärme widerstandsfähig sein (harte Bedachung).

(2) Das Tragwerk der Dächer muß den Belastungen sicher standhalten und die auftretenden Kräfte sicher auf ihre Auflager übertragen.

(3) An Dächer, die Aufenthaltsräume abschließen, können wegen des Brandschutzes besondere Anforderungen gestellt werden.

(4) Bei Gebäuden bis zu zwei Vollgeschossen in offener Bauweise kann eine Dachhaut, die keinen ausreichenden Schutz gegen Flugfeuer und strahlende Wärme bietet (weiche Bedachung), zugelassen werden, wenn die Gebäude von bestehenden oder nach den baurechtlichen Vorschriften zulässigen künftigen Gebäuden mit harter Bedachung mindestens 15 m, mit weicher Bedachung mindestens 25 m, von kleinen, nur Nebenzwecken dienenden Gebäuden ohne Feuerstätten mindestens 5 m entfernt sind. Von diesen Abständen muß mindestens die Hälfte auf dem eigenen Grundstück liegen. Zur Befestigung weicher Bedachungen dürfen nur nichtbrennbare Baustoffe verwendet werden. Eingänge weichgedeckter Gebäude sind gegen herabrutschende brennende Dachteile zu schützen.

(5) Niederschlagwasser ist so abzuführen, daß Bauteile nicht durchfeuchtet werden.

(6) Dachvorsprünge, Dachgesimse und Dachaufbauten, Glasdächer und Oberlichte sind so anzuordnen und herzustellen, daß Feuer nicht auf andere Gebäudeteile oder Nachbargebäude übertragen werden kann.

(7) Unter Glasflächen in Dächern ist ein Schutz gegen herabfallende Glasstücke anzuordnen, wenn nicht die verwendete Glasart Sicherheit bietet. Dies gilt nicht für Ateliers und Gewächshäuser, soweit sie nicht allgemein zugänglich sind.

(8) Zum Betreten durch Menschen bestimmte Dächer müssen umwehrt sein. Öffnungen und nicht begehbare Flächen dieser Dächer sind gegen Betreten zu sichern.

(9) Bei Dächern an öffentlichen Verkehrsflächen und über Eingängen können Vorrichtungen zum Schutz gegen das Herabfallen von Schnee, Eis und Dachteilen verlangt werden.

(10) Für die vom Dach aus vorzunehmenden Arbeiten sind sicher benutzbare Vorrichtungen anzubringen.

(11) Dächer müssen wärme- und schalldämmend sein, wenn sie Aufenthaltsräume abschließen. Sie müssen in diesen Räumen eine übermäßige Erwärmung und die Bildung von Tauwasser verhindern. Dächer über Arbeitsräumen brauchen nicht wärme- und schalldämmend zu sein, wenn dies wegen der Art der Benutzung des Raumes unmöglich oder unnötig ist.

(12) Der Dachraum muß zu lüften und vom Treppenraum aus zugänglich sein. In Einfamilienhäusern genügt auch ein Zugang aus anderen Räumen.

§ 51 Rauchschornsteine

(1) Schornsteine von Feuerstätten für feste oder flüssige Brennstoffe (Rauchschornsteine) sind in solcher Zahl und Lage herzustellen und anzuordnen, daß die in den Gebäuden erforderlichen Feuerstätten ordnungsgemäß angeschlossen werden können.

(2) Rauchschornsteine sind möglichst in Gruppen zusammenzufassen und so anzuordnen, daß sie gegen Abkühlung geschützt sind und möglichst nahe beim Dachfirst austreten. Schornsteine dürfen nicht ineinander geführt werden.

(3) Rauchschornsteine müssen den Rauch so ins Freie führen, daß Gefahren oder unzumutbare Nachteile und Belästigungen nicht entstehen. Ihr lichter Querschnitt muß der Zahl, Art und Größe der anzuschließenden Feuerstätten entsprechen.

(4) Rauchschornsteine sind lotrecht und unmittelbar vom Baugrund oder von einem feuerbeständigen Unterbau aus standsicher zu errichten. Schräggeführte (gezogene, geschleifte) Rauchschornsteine können zugelassen werden, wenn Zug, Standsicherheit und Reinigung nicht beeinträchtigt werden.

(5) Rauchschornsteine müssen wärmedämmend, gegen Feuer-, Wärme- und Rauchbeanspruchung widerstandsfähig und dicht sein. Die Innenflächen müssen glatt sein und der Beanspruchung durch die Kehrgeräte widerstehen.

(6) Bauteile aus brennbaren Baustoffen müssen von Rauchschornsteinen so weit entfernt oder so geschützt sein, daß keine Brandgefahr entsteht.

(7) Für den Anschluß der Rauchrohre sind in den Wangen Öffnungen in ausreichender Zahl vorzusehen. Die Öffnungen müssen, solange Rauchrohre nicht

angeschlossen sind, mit nichtbrennbaren, dauerhaften und wärmedämmenden Stoffen dicht verschlossen werden.

(8) Rauchschornsteine müssen leicht und sicher gereinigt und auf ihren freien Querschnitt hin geprüft werden können. Reinigungsöffnungen müssen dichte, widerstandsfähige und wärmedämmende Verschlüsse aus nichtbrennbaren Baustoffen haben. In Wohn- und Schlafräumen, Ställen, Lagerräumen für Lebensmittel und Räumen mit erhöhter Brandgefahr dürfen keine Reinigungsöffnungen sein.

(9) Aufsätze können zugelassen werden, wenn Zug und Reinigung nicht beeinträchtigt werden.

(10) Rauchschornsteine aus Metall ohne wärmedämmende Ummantelung können für gewerblich oder entsprechend genutzte Gebäude zugelassen werden, wenn wegen des Brandschutzes Bedenken nicht bestehen sowie sonstige Gefahren oder unzumutbare Nachteile und Belästigungen nicht zu befürchten sind.

(11) Besondere Anforderungen können gestellt werden

1. an Rauchschornsteine von Feuerstätten besonderer Art (§ 49 Abs. 4 Nr. 1),
2. an freistehende Schornsteine und
3. an Schornsteine in baulichen Anlagen und Räumen mit erhöhter Brandgefahr.

§ 54 Wasserversorgungsanlagen

(1) Gebäude mit Aufenthaltsräumen oder mit Ställen dürfen nur errichtet werden, wenn die Versorgung mit Trinkwasser dauernd gesichert ist. Zur Brandbekämpfung muß eine ausreichende Wassermenge zur Verfügung stehen; Ausnahmen können für Einzelgehöfte zugelassen werden, wenn sie in der freien Feldflur liegen.

(2) Wasserversorgungsanlagen sind so anzuordnen und herzustellen, daß Gefahren und Schäden nicht entstehen und der Betrieb der Anlagen nicht gestört wird.

(3) Bei Gebäuden mit Wohnungen über dem Erdgeschoß müssen alle Wohnungen an eine Druckwasserleitung angeschlossen werden.

(4) Für jede Wohnung und für jede selbständige Betriebs- und Arbeitsstätte muß mindestens eine Wasserzapfstelle mit Ausgußbecken vorhanden sein, die außerhalb der Abort- und Waschräume liegt.

§ 62 Aufenthaltsräume

(1) – (5) . . .

(6) Aufenthaltsräume müssen unmittelbar ins Freie führende und lotrechtstehende Fenster von solcher Zahl, Größe und Beschaffenheit haben, daß die Räume ausreichend belichtet und gelüftet werden können (notwendige Fenster). Geneigte Fenster sowie Oberlichte anstelle von Fenstern können zugelassen werden, wenn wegen des Brandschutzes, der Verkehrssicherheit und der Gesundheit Bedenken nicht bestehen.

(7) – (9) . . .

§ 63 Wohnungen

(1) – (2) . . .

(3) Jede Wohnung muß mindestens einen ausreichend besonnten Aufenthaltsraum haben. Nordlage aller Aufenthaltsräume einer Wohnung ist unzulässig.

(4) – (8) . . .

(9) Stellplätze und Garagen müssen so angeordnet und ausgeführt werden, daß ihre Benutzung die Gesundheit nicht schädigt sowie das Arbeiten und Wohnen, die Ruhe und die Erholung in der Umgebung durch Lärm oder Gerüche nicht über das zumutbare Maß hinaus stört. Von Hauseingängen zu Wohngebäuden mit mehr als zwei Vollgeschossen und von Kinderspielplätzen sollen Stellplätze, Garageneinfahrten, Zu- und Abfahrten zu Stellplätzen und Garagen sowie Abluftöffnungen von Garagen mindestens 5 m entfernt bleiben. Eine Abschirmung der Stellplätze und Garagen durch Schutzwände und -dächer oder durch Bäume und Sträucher kann verlangt werden.

§ 88 Anzeigebedürftige Vorhaben

Anzeigebedürftig sind

1. – 7. . . .

8. die Errichtung und Änderung von Einfriedigungen, die nicht an öffentlichen Verkehrsflächen liegen und mehr als 1,50 m hoch sind,

9. – 18. . . .

§ 89 Genehmigungs- und anzeigefreie Vorhaben

(1) Genehmigungs- und anzeigefrei sind

1. – 4. . . .

5. die Errichtung und Änderung von Einfriedigungen, die nicht an öffentlichen Verkehrsflächen liegen und bis 1,50 m hoch sind, außer im Außenbereich,

6. − 30. ...

31. die Errichtung und Änderung von baulichen Anlagen, die wohnungswirtschaftlichen Zwecken, der Gartengestaltung oder der zweckentsprechenden Einrichtung von Spiel- und Sportplätzen dienen, wie Wäschepfählen, Teppichklopfstangen, Pergolen, Trockenmauern, Klettergerüsten und Toren für Ballspiele,

32. − 36. ...

(2) ...

§ 90 Bauantrag und Bauvorlagen

(1) Der Antrag auf Baugenehmigung (Bauantrag) ist schriftlich vom Bauherrn bei der Gemeinde einzureichen, die ihn mit ihrer Stellungnahme unverzüglich an die Bauaufsichtsbehörde weiterleitet.

(2) Mit dem Bauantrag sind alle für die Beurteilung des Vorhabens und die Bearbeitung des Bauantrages erforderlichen Unterlagen (Bauvorlagen) einzureichen. Die Bauaufsichtsbehörde kann zulassen, daß einzelne Bauvorlagen nachgerecht werden. Der Minister des Innern, im Zusammenhang mit Verordnungen nach § 117 Abs. 1 Nr. 2 und 3 die Landesregierung, erläßt über Umfang, Inhalt und Zahl der Bauvorlagen durch Rechtsverordnungen nähere Vorschriften.

(3) In besonderen Fällen kann zur Beurteilung der Einwirkung der baulichen Anlage auf die Umgebung verlangt werden, daß die bauliche Anlage in geeigneter Weise auf dem Grundstück dargestellt wird.

(4) Den Bauantrag und die Bauvorlagen haben Bauherr und Entwurfsverfasser durch Unterschrift anzuerkennen. Die von den Sachverständigen nach § 78 Abs. 2 bearbeiteten Unterlagen müssen auch von diesen unterschrieben sein. Ist der Bauherr nicht Grundstückseigentümer, so kann die Bauaufsichtsbehörde den Nachweis verlangen, daß der Grundstückseigentümer gegen das Vorhaben keine Bedenken erhebt.

§ 94 Ausnahmen und Befreiungen

(1) ...

(2) Die Bauaufsichtsbehörde kann von zwingenden Vorschriften dieses Gesetzes oder von zwingenden Vorschriften auf Grund dieses Gesetzes auf schriftlichen und zu begründenen Antrag befreien, wenn

1. Gründe des Wohles der Allgemeinheit die Abweichung erfordern oder
2. die Durchführung der Vorschrift im Einzelfall zu einer offenbar nicht beabsichtigen Härte führen würde und die Abweichung mit den öffentlichen Belangen vereinbar ist.

(3) – (16) . . .

§ 96 Baugenehmigung und Baubeginn

(1) – (3) . . .

(4) Weicht ein Vorhaben nur in einzelnen Teilen von den öffentlich-rechtlichen Vorschriften ab, so kann die Baugenehmigung unter Auflagen erteilt werden, welche die Rechtmäßigkeit des Vorhabens sichern. Bei Maßnahmen, die an einer baulichen Anlage von geschichtlicher, baugeschichtlicher oder städtebaulicher Bedeutung oder an einem Naturdenkmal oder in deren Umgebung vorgenommen werden sollen, können Auflagen festgesetzt werden, die der Erhaltung der baulichen Anlage, des Naturdenkmals oder des ihnen innewohnenden schutzwürdigen Wertes dienen oder deren Verlegung an eine andere Stelle bezwecken. Auflagen können auch im Rahmen der Befugnis, besondere Anforderungen zu stellen, festgesetzt werden. Die Baugenehmigung für Werbeanlagen und Warenautomaten kann befristet erteilt werden.

(5) . . .

(6) Die Baugenehmigung wird unbeschadet der Rechte Dritter erteilt. Sie läßt auf Grund anderer Vorschriften bestehende Verpflichtungen zum Einholen von Genehmigungen, Bewilligungen, Erlaubnissen und Zustimmungen oder zum Erstatten von Anzeigen unberührt.

(7) – (10) . . .

§ 97 Bauanzeige und Baubeginn

(1) Der Bauherr hat die Bauanzeige für anzeigebedürftige Bauvorhaben bei der Bauaufsichtsbehörde und eine Zweitfertigung der Bauanzeige bei der Gemeinde einzureichen. § 90 Abs. 2 bis 4 und § 93 gelten entsprechend.

(2) Die Bauaufsichtsbehörde hat dem Bauherrn den Tag des Eingangs der Bauanzeige unter Hinweis auf die Rechtsfolge nach Abs. 4 Satz 1 unverzüglich schriftlich mitzuteilen.

(3) Das Vorhaben ist zu untersagen, wenn öffentlich-rechtliche Vorschriften entgegenstehen. Verstößt das Vorhaben in einzelnen Teilen gegen öffentlich-rechtliche Vorschriften, so können Anordnungen getroffen werden, welche die Rechtmäßigkeit des Vorhabens sichern.

(4) Mit der Ausführung anzeigebedürftiger Vorhaben darf zwei Monate nach Eingang der Bauanzeige bei der Bauaufsichtsbehörde begonnen werden, wenn die Bauaufsichtsbehörde das Vorhaben auf Grund des Abs. 3 nicht untersagt hat. Die Bauaufsichtsbehörde kann einem früheren Baubeginn zustimmen.

(5) Die Bauaufsichtsbehörde kann die in Abs. 4 bestimmte Frist verlängern, wenn die Beteiligung anderer Behörden oder die Zuziehung von Sachverständigen nach § 93 Abs. 4 innerhalb der Frist nicht möglich ist.

(6) Die Bauaufsichtsbehörde kann auch nach ungenutztem Ablauf der Fristen nach Abs. 4 und 5 Beseitigung rechtswidriger Zustände verlangen.

§ 99 Geltungsdauer der Genehmigungen

(1) Die Baugenehmigung und die Teilbaugenehmigung erlöschen, wenn innerhalb von zwei Jahren nach Erteilung der Genehmigung mit der Ausführung des Bauvorhabens nicht ernsthaft begonnen oder die Bauausführung ein Jahr unterbrochen worden ist.

(2) Die Frist nach Abs. 1 kann auf schriftlichen Antrag jeweils bis zu einem Jahr verlängert werden.

§ 105 Bauzustandsbesichtigungen

(1) Zur Bauüberwachung genehmigungsbedürftiger Gebäude hat der Bauherr der Bauaufsichtsbehörde die Fertigstellung des Rohbaues und die abschließende Fertigstellung des Gebäudes mindestens zwei Wochen vor Beendigung der jeweiligen Bauarbeiten anzuzeigen. Sollen Aufenthaltsräume vor abschließender Fertigstellung des Gebäudes in Benutzung genommen werden, so ist dies ebenfalls der Bauaufsichtsbehörde zwei Wochen vorher anzuzeigen. In der Anzeige ist anzugeben, ab wann eine Besichtigung des Bauzustandes durchgeführt werden kann. Der Anzeige der Fertigstellung des Rohbaues ist eine Bescheinigung des Bezirksschornsteinfegermeisters über die Tauglichkeit der Schornsteine, der Anzeige der abschließenden Fertigstellung des Gebäudes und der Anzeige nach Satz 2 eine Bescheinigung des Bezirksschornsteinfegermeisters über die sichere Benutzbarkeit der Schornsteine, ihrer Anschlüsse und der vorhandenen Feuerstätten für feste und flüssige Brennstoffe beizufügen; so-

weit diese Bescheinigung der Anzeige nach Satz 2 beigefügt war, bedarf es bei Anzeige der abschließenden Fertigstellung des Gebäudes keiner Bescheinigung mehr.

(2) – (7) . . .

§ 109 Baulasten

(1) Durch Erklärung gegenüber der Bauaufsichtsbehörde können Grundstückseigentümer öffentlich-rechtliche Verpflichtungen zu einem ihre Grundstücke betreffenden Tun, Dulden oder Unterlassen übernehmen, die sich nicht schon aus öffentlich-rechtlichen Vorschriften ergeben (Baulasten). Baulasten sind auch gegenüber dem Rechtsnachfolger wirksam.

(2) Die Erklärung nach Abs. 1 bedarf der Schriftform; die Unterschrift muß öffentlich beglaubigt oder von der Bauaufsichtsbehörde geleistet oder vor ihr anerkannt werden.

(3) Die Bauaufsichtsbehörde kann auf die Baulast verzichten. Der Verzicht ist zu erklären, wenn ein öffentliches Interesse an der Baulast nicht mehr besteht. Vor dem Verzicht sind der Verpflichtete und die durch die Baulast Begünstigten zu hören.

(4) Der Verzicht wird mit der Eintragung in das Baulastenverzeichnis wirksam; von der Eintragung soll den Beteiligten Mitteilung gemacht werden.

§ 111 Betreten der Grundstücke und der baulichen Anlagen

(1) Die mit dem Vollzug dieses Gesetzes beauftragten Personen sind berechtigt, in Ausübung ihres Amts oder Auftrages Grundstücke und bauliche Anlagen einschließlich der Wohnungen zu betreten.

(2) Soweit Abs. 1 und sonstige Vorschriften Grundrechte der Art. 13 und 14 des Grundgesetzes und der Art. 8 und 45 Abs. 1 der Verfassung des Landes Hessen berühren, werden diese Rechte eingeschränkt.

§ 118 Satzungen der Gemeinden

(1) Die Gemeinden können durch Satzung besondere Vorschriften erlassen über

1. die äußere Gestaltung baulicher Anlagen, Werbeanlagen und Warenautomaten zur Durchführung baugestalterischer Absichten in bestimmten, genau ab-

gegrenzten bebauten oder unbebauten Teilen des Gemeindegebietes; dabei können sich die Vorschriften über Werbeanlagen auch auf deren Art, Größe und Anbringungsort erstrecken;

2. besondere Anforderungen an bauliche Anlagen, Werbeanlagen und Warenautomaten zum Schutz bestimmter Bauten, Straßen, Plätze oder Gemeindeteile von geschichtlicher, baugeschichtlicher, künstlerischer oder städtebaulicher Bedeutung sowie zum Schutz von Naturdenkmalen; dabei können nach den örtlichen Gegebenheiten insbesondere bestimmte Arten von Werbeanlagen und Warenautomaten ausgeschlossen oder auf Teile baulicher Anlagen oder auf bestimmte Farben beschränkt werden;

3. die Gestaltung der Gemeinschaftsanlagen, der Kinderspielplätze, der Lagerplätze, der Camping- und Zeltplätze und der Stellplätze für bewegliche Abfallbehältnisse sowie die Notwendigkeit, Art, Gestaltung und Höhe von Einfriedigungen;

4. die Gestaltung, Größe und Zahl der Stellplätze für Kraftfahrzeuge;

5. die gärtnerische Gestaltung der Grundstücksfreiflächen; dabei kann die Bepflanzung mit umweltnützlichen Bäumen und Sträuchern nach Art, Zahl und Verteilung geregelt werden; auch kann allgemein oder für einzelne Bereiche vorgeschrieben werden, daß bestimmte Teile der Grundstücksfreiflächen, wie Vorgärten, nur gärtnerisch angelegt und unterhalten werden, nicht jedoch als hauswirtschaftliche Flächen, als Arbeits-, Lageroder Stellplatzflächen oder auf sonstige Weise genutzt werden dürfen; auch kann bestimmt werden, daß die gärtnerisch anzulegende und zu unterhaltende Fläche je nach Art der baulichen oder sonstigen Nutzung einen bestimmten Anteil der Grundstücksfreifläche nicht unterschreiten darf;

6. geringere als die in den §§ 7 und 8 oder in einer Rechtsverordnung auf Grund des § 8 Abs. 2 Satz 4 vorgeschriebenen Maße für Bauwiche, Abstände und Abstandsflächen zur Wahrung der baugeschichtlichen Bedeutung oder der sonstigen erhaltenswerten Eigenart eines Gemeindeteiles; die Gemeindeteile sind in der Satzung genau zu bezeichnen;

7. die Beschränkung von Werbeanlagen und Warenautomaten in Sondergebieten.

Die Vorschriften nach Nr. 1 bis 4 können über die Anforderungen der §§ 14 und 15 hinausgehen.

(2) Die Gemeinden können ferner durch Satzung bestimmen, daß

1. . . .

2. die Beseitigung von Bäumen ihrer Genehmigung bedarf; dies gilt nicht für Bäume bis zu 60 cm Stammumfang, gemessen in 1 m Höhe, außer sie sind Teil einer Baumgruppe mit überwiegend größerem Stammumfang, für Obst-

bäume und für Baumbestände in Gärtnereien, öffentlichen Grünanlagen und Friedhöfen; die Voraussetzungen für die Versagung der Genehmigung sind in der Satzung festzulegen;

3. — 4. . . .

(3) — (4) . . .

Anmerkungen

[1]   RGBl. S. 159
[2]   GVBl. S. 417 – in der Fassung vom 16.3.1970 – GVBl. S. 234
[3]   RGBl. S. 604
[4]   Vom 15.3.1951 – BGBl. I. S. 175, ber. S. 209, zuletzt geändert durch Gesetz vom 8.12.1982 – BGBl. I. S. 1615
[5]   ErbbaurechtsVO vom 15.1.1919 – RGBl. S. 72
[6]   Vom 18.12.1899 – RGBl. S. 705
[7]   BGBl. 1981 I. S. 62 ff.
[8]   BGBl. 1980 I. S. 1310 ff.
[9]   BGBl. I. S. 721 ff.
[10] BGBl. I. S. 3017
[11] BGBl. I. S. 3574
[12] GVBl. I. S. 309
[13] BGBl. I. S. 41
[14] GVBl. S. 124, zuletzt geändert durch Gesetz vom 14.7.1977 – GVBl. I. S. 319
[15] In der Fassung vom 2.4.1980 – GVBl. I. S. 113
[16] BGH, Urteil vom 28.11.1980 – Az.: V ZR 148/79, – veröffentlicht in BauR 1981 S. 405; LG Heidelberg, Urteil vom 26.10.1984 – Az.: 1 0 104/83 – veröffentlicht in DWW 1985 S. 182
[17] Vom 9.10.1962 – GVBl. S. 437
[18] Bundesfernstraßengesetz in der Fassung vom 1.10.1974 – BGBl. I. S. 2413, ber. S. 2908, zuletzt geändert durch Gesetz vom 19.12.1986 – BGBl. I. S. 2669
[19] BGH, Urteil vom 15.5.1970 – Az.: V ZR 20/68 – veröffentlicht in NJW 1970 S. 1541; BGH, Urteil vom 15.11.1974 – Az.: V ZR 83/83 – veröffentlicht in NJW 1975 S. 170
[20] BGH, Urteil vom 9.2.1979 – Az.: V ZR 108/77 – veröffentlicht in NJW 1979 S. 1408; BGH, Urteil vom 23.11.1984 – Az.: V ZR 176/83 – veröffentlicht in NJW 1985 S. 1458
[21] BGH, Urteil vom 30.4.1976 – Az.: V ZR 188/74 – veröffentlicht in NJW 1976 S. 1888; BGH, Urteil vom 9.2.1979 – Az.: V ZR 108/77 – veröffentlicht in NJW 1979 S. 1408
[22] AG Frankfurt am Main, Urteil vom 14.7.1986 – Az.: 31 C 384/86 – 15
[23] Näheres hierzu vergl. Meisner/Stern/Hodes ’Nachbarrecht im Bundesgebiet (ohne Bayern) und in Westberlin”, 5. verbesserte und vermehrte Auflage Berlin 1970. S. 175

[24] Verordnung über die bauliche Nutzung der Grundstücke — Baunutzungsverordnung — BauNVO — in der Fassung der Bekanntmachung vom 15.9.1977 — BGBl. I. S. 1763, geändert durch 3. Änderungsverordnung vom 15.12.1986 — BGBl. I. S. 2665

[25] Vergleiche insbesondere BGH, Urteil vom 12.7.1984 — Az.: IX ZR 124/83 — veröffentlicht in NJW 1985 S. 789

[26] GVBl. S. 10, zuletzt geändert durch Gesetz vom 4.9.1974 — GVBl. I. S. 361

[27] BGH, Urteil vom 16.3.1979 — Az.: V ZR 38/75 — veröffentlicht bei Schäfer/Finnern/Hochstein, § 912 BGB Nr. 1

[28] LG Bochum, Urteil vom 23.9.1985 — Az.: 5 S 256/58 — veröffentlicht in MDR 1959 S. 128

[29] Vergl. hierzu Vogels "Grundstücks- und Gebäudebewertung marktgerecht", 2. neu bearbeitete und erweiterte Auflage Wiesbaden und Berlin, Bauverlag 1982 S. 190, Tabelle 56a: Bauwert des Kapitals

[30] OLG Frankfurt am Main, Urteil vom 6.11.1979 — Az.: 8 U 48/79 — veröffentlicht in MDR 1980 S. 229

[31] BGH, Urteil vom 21.1.1983 — Az.: V ZR 154/81 — veröffentlicht in NJW 1983 S. 1112

[32] BGH, Urteil vom 4.4.1986 — Az.: V ZR 17/85 — veröffentlicht in MDR 1986 S. 834

[33] BGH, Urteil vom 194.1985 — Az.: V ZR 152/83 — veröffentlicht in BauR 1985 S. 516

[34] Urteil vom 20.9.1960 — Az. S. 56/59 — veröffentlicht in MDR 1960 S. 1013

[35] BGH, Urteil vom 28.5.1976 — Az.: V ZR 159/74 — veröffentlicht in DNotZ 1977 S. 366

[36] BGH, Urteil vom 26.11.1981 — Az.: V ZR 314/81 — veröffentlicht in NJW 1983 S. 872

[37] BGH, Urteil vom 19.1.1979 — Az.: V ZR 115/76, veröffentlicht in MDR 1979 S. 65

[38] GVBl. I. S. 179

[39] GVBl. I. S. 317

[40] VGH Kassel, Beschluß vom 4.9.1979 — Az.: IV TG 74/79 — veröffentlicht in HessVGRspr 1979 S. 87; VGH Kassel, Urteil vom 20.2.1980 — Az.: IV OE 49/79 — veröffentlicht in HessVGRspr 1980 S. 33

[41] VGH Kassel, Beschluß vom 6.5.1980 — Az.: IV TG 100/79 — veröffentlicht in HessVGRspr 1980 S. 49

[42] Vergl. näher hierzu: Meisner/Stern/Hodes/Dehner "Nachbarrecht im Bundesgebiet (ohne Bayern) mit West-Berlin", 6. Auflage 1982, A § 7 IV

Anmerkungen

[43] Ernst/Hoppe "Das öffentliche Bau- und Bodenrecht, Raumplanungs-recht", 2. Auflage München 1981, Randnummer 460 mit eingehenden weiteren Nachweisen

[44] VGH Kassel, Beschluß vom 27.4.1977 -- Az.: IV TG 26/77 — veröf-fentlicht in BlGBW 1978 S. 32

[45] Beschluß vom 12.4.1979 — Az.: IV TG 94/87 — veröffentlicht in HSGZ 1981 S. 279 ff.

[46] LG Frankfurt am Main, Urteil vom 3.2.1976 — Az.: 2/16 S 186/75 — veröffentlicht in ZMR 1978 Seite 203

[47] In der Fassung der Bekanntmachung vom 16.10.1976 — BGBl. I. S. 3017, zuletzt geändert durch Gesetz vom 23.3.1980 — BGBl. I. S 373

[48] BGH, Urteil vom 15.11.1974 — Az.: V ZR 83/73 — veröffentlicht in NJW 1975 S. 170

[49] Urteil vom 10.5.1983 — Az.: 29 C 80/83 — veröffentlicht in NJW 1983 S. 2886 f.

[50] BGH, Urteil vom 2.3.1984 — Az.: V ZR 54/83 — veröffentlicht in Versicherungsrecht 1984 S. 655

[51] VGH Kassel, Beschluß vom 22.11.1984 Az.: III OE 82/82 — veröf-fentlicht HZGZ 1985 S. 131

[52] Siehe Anmerkung 51

[53] In der Fassung vom 22.2.1979, Städtische Mitteilungen für 1979 S. 213

[54] VGH Kassel, Beschluß vom 4.1.1983 -- Az.: III TG 57/82 — veröf-fentlicht in BuR 83 S. 238

[55] OLG Düsseldorf, Urteil vom 6.7.1979 — Az.: 4 U 18/79 — veröffent-licht in NJW 1979 S. 2618

[56] OLG Nürnberg, Urteil vom 25.7.1985 — Az.: 2 U 1585/85 — veröf-fentlicht in DWW 1986 S. 17

[57] Vergl. z.B. für die Stadt Frankfurt am Main: Bauschutzsatzung vom 24.2.1977, Städtische Mitteilung 1977 S. 145; Wiesbaden Satzung vom 26.7.1978, veröffentlicht in Wiesbadener Kurier, Wiesbadener Tageblatt sowie Mainzer-Allgemeine-Zeitung vom 28.2.1978, Kassel Satzung vom 26.3.1984, veröffentlicht in Hessisch Niedersächsische Allgemeine Zeitung vom 15.4.1984; Darmstadt Satzung vom 22.9. 1983, veröffentlicht in Darmstädter Echo vom 31.12.1983 Wetzlarer Satzung vom 26.2.1981, veröffentlicht in Wetzlarer Neue-Zeitung vom 7.4.1981 u.v.m.

[58] AG Büdingen, Urteil vom 18.5.1979 — Az.: 2 C 642/78 — veröffent-licht in NJW 1980 S. 193

[59] LG München II, Urteil vom 10.12.1974 — Az.: 9 0 518/74 — veröf-fentlicht in NJW 1976 S. 973

[60] OLG Oldenburg, Urteil vom 31.7.1984 — Az.: 1 S 361/84 — veröffentlicht in WM 1986 S. 283

[61] LG Saarbrücken, Urteil vom 5.6.1986 — Az.: 2 S 185/84 — veröffentlicht in NJW-RR 1986 S. 1341 f.

[62] LG Bielefeld, Urteil vom 4.11.1959 — Az.: 1 S 250/59 — veröffentlicht in NJW 1960 S. 678

[63] LG Saarbrücken a.a.O. m.w.N. — Anmerkung [61]

[64] AG Hamburg-Altona, Urteil vom 10.12.1971 — Az.: C 581/71 — veröffentlicht in Hamburger-Grundeigentum 1972 S. 119; LG Aachen, Urteil vom 2.12.1960 — Az.: 5 S 249/60 — veröffentlicht in NJW 1961 S. 734

[65] OLG Düsseldorf, Urteil vom 11.6.1986 — Az.: 9 U 51/86 — veröffentlicht in NJW 1986 S. 2648 ff.

[66] BGH, Urteil vom 7.3.1986 — Az.: V ZR 92/85 — veröffentlicht in NJW 1986 S. 2640

[67] LG Stuttgart, Urteil vom 28.5.1980 — Az.: 13 S 15/80 — veröffentlicht in NJW 1980 S. 2087

[68] Urteil vom 22.12.1967 — Az.: V ZR 11/67 — veröffentlicht in NJW 1968 S. 549 ff.

[69] Urteil vom 6.7.1978 — Az.: 1 S 421/77 — veröffentlicht in NJW 1979 S. 2617

[70] Urteil vom 6.7.1978 — Az.: 6 U 150/82 — veröffentlicht in NJW 1983 S. 2886

[71] Urteil vom 9.12.1983 — Az.: 9 S 248/83 — veröffentlicht in MDR 1984 S. 401

[72] LG Stuttgart, Urteil vom 16.7.1985 — Az.: 27 O 310/85 — veröffentlicht in NJW 1985 S. 2340

[73] OLG Stuttgart, Urteil vom 22.5.1986 — Az.: 13 U 290/84 — veröffentlicht in NJW 1986 S. 2768

[74] LG Limburg, Urteil vom 6.5.1983 — Az.: 3 S 188/84 — veröffentlicht in NJW 1986 S. 595

[75] So entschieden für Nordrhein-Westfalen durch Urteil des BGH vom 18.11.1977 — Az.: V ZR 151/75 — veröffentlicht in MDR 1978 S. 565

[76] KG Berlin, Urteil vom 21.4.1982 — Az.: 24 U 5979/81 — veröffentlicht in BlGBW 1982 S. 217

[77] LG Frankfurt am Main, Urteil vom 21.1.1986 — Az.: 2/8 S 150/85 — veröffentlicht in NJW-RR 1986 S. 503

[78] OLG Düsseldorf in OLGZ 1978 S. 190 ff.

[79] In der Fassung vom 4.7.1978 — BGBl. 1978 I S. 424, geändert durch Gesetz vom 28.6.1983 — BGBl. I S. 143

Anmerkungen

[80] In der Fassung vom 5.9.1986 – GVBl. 1986 I S. 270

[81] Artikel 14 Abs. 3 Satz 2 GG-Analog

[82] Vergl. mit weiteren Schriftnachweisen, Bassenge in Palandt "Bürgerliches Gesetzbuch", Kommentar, 46. neubearbeitete Auflage, München 1987, Schrifttum 1 und Anmerkung 5 zu § 906

[83] OLG Koblenz, Urteil vom 5.2.1987 – Az.: 5 U 1135/86 – veröffentlicht in DWW 1987 S. 128 f.

[84] OLG Koblenz, a.a.O. Anmerk. 83

[85] Weitere Einzelheiten vergleiche Bassenge in Palandt "Bürgerliches Gesetzbuch", Kommentar, 46. neubearbeitete Auflage, München 1987, Überblick von § 903 BGB mit weiteren Nachweisen

[86] Vergleiche OLG Koblenz, a.a.O. Anmerk. 83

[87] BGH, Urteil vom 16.12.1977 – Az.: V ZR 91/75 – veröffentlicht in NJW 1978 S. 419

[88] BGH, Urteil vom 29.3.1984 – Az.: III ZR 11/83 – veröffentlicht in NJW 1984 S. 1876 ff.

[89] OLG Koblenz, Urteil vom 28.11.1979 – Az.: 1 U 62/79 – veröffentlicht in MDR 1980 S. 578 f.

[90] OLG Düsseldorf, Urteil vom 11.5.1977 – Az.: 9 U 183/75 – veröffentlicht in MDR 1977 S. 931

[91] BGH, Urteil vom 22.10.1976 – Az.: V ZR 36/75 – veröffentlicht in NJW 1977 S. 146

[92] OLG Nürnberg, Urteil vom 11.3.1980 – Az.: 3 U 148/79 – veröffentlicht in MDR 1980 S. 667 f

[93] BGH, Urteil vom 1.3.1974 – Az.: V ZR 82/82 – veröffentlicht in NJW 1974 S. 987

[94] Noch nicht rechtskräftige Entscheidung vom 6.2.1986 – Az.: 11 O 444/82 – veröffentlicht in NJW-RR 1986 S. 947

[95] Entscheidung vom 10.11.1977 – Az.: III ZR 166/75 – veröffentlicht in DVBl. 1978 S. 110

[96] BImSchG vom 15.3.1974 in der Fassung vom 13.8.1980 – BGBl. 1980 Teil I S. 1310

[97] BGH, Urteil vom 13.1.1977 – Az.: III ZR 6/75 – veröffentlicht in MDR 1977 S. 562; NJW 1977 S. 894

[98] BGH, Urteil vom 20.5.1975 – Az.: III ZR 215/71 – veröffentlicht in NJW 1975 S. 1406

[99] Az.: III ZR 184/73 – veröffentlicht in DVBl. 1976 S. 776

[100] Vergl. Anmerkung 95

[101] Vergl. Anmerkung 97

[102] BGH, Urteil vom 20.3.1975 Az.: III ZR 215/71 – veröffentlicht in NJW 1975 S. 1406

[103] Vergl. Anmerkung 102

[104] BGH, Urteil vom 12.6.1975 — Az.: III Zr 25/73 — veröffentlicht in BauR 1975 S. 330

[105] BGH, Urteil vom 17.4.1986 — Az.: III ZR 202/84 — veröffentlicht in DWW 1986, S. 267 ff.; BGH, Urteil vom 23.10.1986 — Az.: III ZR 112/85 — veröffentlicht in ZMR 1987 S. 146 ff.

[106] FStrG in der Fassung vom 1.6.1980 — BGBl. 1980 Teil I S. 649

[107] VG Frankfurt am Main, Urteil vom 26.4.1977 — Az.: VI/2 G 40/74

[108] In seinem Urteil vom 10.12.1979 — Az.: II OE 96/77

[109] Urteil des Hess. VGH vom 2.11.1976 — Az.: II OE 89/75 — veröffentlicht in Hess. VGRspr. 1977 S. 53

[110] Az.: IV C 24/77 — veröffentlicht in DÖV 1980 S. 516

[111] BVerwG, Urteil vom 21.5.1976 — Az.: IV C 80/74 — veröffentlicht in NJW 1976 S. 1760 ff

[112] BVerwG, Urteil vom 17.9.1979 — Az.: IV C 58 und 59/76 — veröffentlicht in Dokumentarische Berichte aus dem Bundesverwaltungsgericht, Ausgabe A 1979 S. 375

[113] Vergl. Anmerkung [111]

[114] Urteil vom 2.11.1976 a.a.O. — Anmerkung [109]

[115] BVerwG in NJW 1976 S. 1760 ff. — Anmerkung [111]

[116] Vergl. Anmerkung [109]

[117] BGH, Urteil vom 30.10.1981 — Az.: V ZR 191/80 — veröffentlicht in NJW 1982 S. 440

[118] BGH, Urteil vom 11.11.1983 — Az.: V ZR 231/82 — veröffentlicht in NJW 1984 S. 1242 f

[119] OVG Koblenz, Urteil vom 17.9.1985 — Az.: 7 A 21/85 — veröffentlicht in DWW 1985 S. 292

[120] VGH München, Beschluß vom 20.2.1984 — Az.: 20 CE 83 A 2159 — veröffentlicht in DWW 1986 S. 20 f

[121] Urteil vom 21.8.1980 — Az.: 12 A 1859/78 — veröffentlicht in NJW 1981 S. 701

[122] Nichtzulassungsbeschluß vom 30.1.1986 — Az.: III ZR 34/85 — veröffentlicht in DWW 1986 S. 174

[123] Urteil vom 3.3.1983 — Az.: III ZR 93/81 — veröffentlicht in NJW 1983 S. 1657 ff

[124] BGH, Urteil vom 15.6.1974 — Az.: 5 ZR 44/75 — veröffentlicht in NJW 1977 S. 1917 ff

[125] BGH, Urteil vom 18.10.1979 — Az.: III ZR 177/77 — veröffentlicht in MDR 1980 S. 655

[126] Vergleiche hierzu die kritische Anmerkung von Pfeifer zum Beschluß des BGH vom 30.1.1986 in DWW 1986 S. 175 f

[127] BGH, Urteil vom 26.11.1980 — Az.: V ZR 126/78 — veröffentlicht in NJW 1981 S. 1369 ff

Anmerkungen

[128] GVBl. 1970 Teil I S. 745

[129] Bay.ObLG, Beschluß vom 4.2.1987 — Az.: REMiet 2/86 — veröffentlicht in BM 1987 S. 112 ff

[130] Beschluß vom 22.8.1984 — Az.: 20 W 148/84 — veröffentlicht in DWW 1984 S. 237 f

[131] Urteil vom 8.2.1957 — Az.: 2 C 1085/56 — veröffentlicht in BlGBW 1957 Se

[131] Urteil vom 8.2.1957 — Az.: 2 C 1085/56 — veröffentlicht in BlGBW 1957 Seite 256

[132] OLG Frankfurt am Main, Beschluß vom 29.8.1984 — Az.: 20 W 190/84 — veröffentlicht in DWW 1985 S. 26

[133] Urteil v.20.6.1963 — Az.: 8 Q 16/63 — veröffentlicht in ZMR 1967 S 273

[134] Vergleiche mit eingehenden Hinweisen unter sorgfältiger Herausarbeitungen eines Wertungsrasters zu der Beurteilung der Frage, ob eine unzumutbare Überschreitung der Zimmerlautstärke auch bei Pegeln unter 40 dB(A) vorliegt, vergl. Pfeifer "Lärmstörungen — Musiklärm und Nachbarschrift — Zimmerlautstärke als Maßstab — Wertungsraster beschafft Beweiserleichterung "ZV-Materialien, Verlag Deutsche Wohnungswirtschaft GmbH, Cecilienallee 45, 4000 Düsseldorf 30, 2. Auflage Oktober 1986

[134a] Urteil v. 19.1.1987 — Az.: 36 C 635/85 — veröffentlicht in DWW 1987 S. 131 f

[135] In seinem Urteil vom 18.3.1969 — Az.: 1 U 136/57 — veröffentlicht in NJW 1960 S. 2241 ff

[136] Physikalische Blätter 1956, Heft 12, AS II 253

[137] Urteil vom 18.3.1964 — Az.: V ZR 44/62 - veröffentlicht in NJW 1964 S. 1472 ff

[138] Urteil vom 29.7.1983 — Az.: 4 A 1063/82 — veröffentlicht in NVwZ 1984 S. 531 ff., bestätigt durch BVerwG, Urteil vom 3.3.1987 — Az.: 1 C 15/85 — veröffentlicht in NVwZ 1987 S. 494 ff

[139] GVBl. 1978 Teil I S. 526

[140] Urteil vom 26.4.1985 — Az.: 7 K 137/84 — veröffentlicht in DWW 1987 S. 106

[141] Beschluß des Länderausschusses für Emissionsschutz zur Beurteilung von Freizeitlärm vom 27./28.10.1982 — veröffentlicht in NVwZ 1985 S. 98

[142] VG Würzburg, Urteil vom 22.4.1987 — Az.: W 2 K 85 A, 0011 — veröffentlicht in DWW 1987 S. 168

[142a] VG Würzburg, Beschluß vom 2.6.1987 — Az.: B 6 S 87.508 — veröffentlicht in DWW 1987 S. 300; bestätigt durch VGH München, Beschluß vom 14.10.1987 — Az.: 15 CS 87.0260

[143] Vergl. Birk, "Umwelteinwirkungen durch Sportanlagen", Aufsatz in NVwZ 1985 S. 689 ff
[144] Urteil vom 7.8.1985 — Az.: 4 U 46/85 — veröffentlicht in NVwZ 1985 S. 784
[145] Urteil vom 17.12.1982 — Az.: V ZR 55/82 — veröffentlicht in NJW 1983 S. 751
[146] LG Kempten/Allgäu, Urteil vom 22.8.1985 — Az.: 2 O 1860/83 T — veröffentlicht in DWW 1986 S. 18
[147] LG Siegen, Urteil vom 7.11.1986 — Az.: 2 O 216/85 — veröffentlicht in DWW 1987 S. 48 f
[148] Urteil vom 6.3.1984 — Az.: 7 O 448/83 — veröffentlicht in MDR 1985 S. 1029
[149] Urteil vom 15.10.1985 — Az.: Bf VI 10/82 — veröffentlicht in NJW 1986 S. 2333 f
[150] In der Fassung vom 1.4.1981 — GVBl. I 1981 — S. 66 ff
[151] VGH Kassel, Urteil vom 3.2.1981 — Az.: II OE 50/79 - veröffentlicht in NJW 1981 S. 2315
[152] Vergl. Dürr "Probleme der Nachbarklage gegen einen Kinderspielplatz" in NVwZ 1982 S. 296 ff., mit weiteren Nachweisen
[153] OVG Lüneburg, Urteil vom 17.11.1983 — Az.: 6 A 16/83 — veröffentlicht in NJW 1985 S. 217 ff
[154] Vergl. § 1 Abs. 5 BauGB
[155] BVerwG, Urteil vom 25.2.1977 — Az.: IV C 22/75 — veröffentlicht in NJW S 62 ff
[156] OVG Münster, Urteil vom 8.7.1976 — Az.: X A 310/77 — veröffentlicht in NJW 1977 S. 643
[157] OVG Berlin, Urteil vom 24.9.1971 — Az.: 2 B 12.71 — veröffentlicht in BRS 24 Nr. 164
[158] VG Braunschweig, Urteil vom 29.1.1987 — Az.: 2 A 98/84 — veröffentlicht in DWW 1987 S. 167 ff
[159] Urteil vom 22.11.1968 — Az.: 5 S 266/68 — veröffentlicht in DWW 1969 S. 264
[160] Urteil vom 5.11.1968 — Az.: I C 29/67 - veröffentlicht in ZMR 1971 S. 901
[161] GVBl. für das Land Hessen 1971 Teil I S. 96
[162] GVBl. für das Land Hessen 1971 Teil I S. 89
[163] Urteil vom 8.1.1967 — Az.: IV A 937/67 — veröffentlicht in DB 1968 S. 570
[164] BVerwG, Urteil vom 13.1.1961 — Az.: VII C 219/59 — veröffentlicht in NJW 1961 S. 1129
[165] VGH Mannheim, Beschluß vom 9.4.1984 — Az.: 14 S 789/84 — veröffentlicht in DWW 1986 S. 297

Anmerkungen

[166] VGH Mannheim, Beschluß vom 7.9.1986 – Az.: 14 S 1961/86 – veröffentlicht in DWW 1986 S. 274

[167] VGH Mannheim, Urteil vom 24.9.1984 – Az.: 5 S 2883/83 – veröffentlicht in DWW 1986 S. 247 f

[168] VGH Mannheim, Urteil vom 30.11.1983 – Az.: 6 S 2587/81 – veröffentlicht in DWW 1985 S. 291 f

[169] BGH, Urteil vom 16.10.1970 – Az.: V ZR 10/68 – veröffentlicht in DWW 1971 S. 90 f

[170] LG Stuttgart, Urteil vom 29.4.1986 – Az.: 25 O 90/85 – veröffentlicht in DWW 1986 S. 271

[171] LG Aachen, Urteil vom 26.2.1986 – Az.: 4 O 49/85 – veröffentlicht in NJW-RR 1986 S. 818 f

[172] Vom 16.7.1968 – Bundesanzeiger Nr. 137 mit den Richtwerten für Gebiete
– mit nur gewerblichen Anlagen 70 dB(A)
– mit vorwiegend gewerblichen Anlagen tags 65/nachts 50 dB(A)
–– mit gewerblichen Anlag
– mit gewerblichen Anlagen und Wohnungen tags 60/nachts 45 dB (A)
– mit vorwiegend Wohnungen tags 55/nachts 40 dB(A)
– mit ausschließlich Wohnungen tags 50/nachts 35 dB(A) und
– für Kurgebiete, Krankenhäuser usw. tags 50/nachts 35 dB(A)

[173] Vergl. das Wertungsraster bei Pfeifer a.a.O. S. 28

[174] Zuletzt geändert durch Gesetz vom 4.9.1974 – GVBl. 1974 I. S. 361

[175] LG Würzburg, Urteil vom 30.12.1965 – Az.: 3 S 142/65 – veröffentlicht in NJW 1966 S. 1031

[176] LG Baden-Baden, Urteil vom 30.12.1957 – Az.: 2 S 58/57 – veröffentlicht in MDR 1958 S. 604

[177] Hanseatisches OLG Hamburg, URteil vom 2.2.1977 – Az.: 5 U 85/76 – veröffentlicht in MDR 1977 S. 492 f

[178] LG Würzburg, Urteil vom 30.12.1965, a.a.O. – Anmerkung [175]

[179] Urteil vom 19.10.1962 – Az.: 46 Cs 531/62 – veröffentlicht in ZMR 1965 S. 223

[179a] OLG Stuttgart, Urteil vom 5.2 1986 – Az.: 13 U 110/85 – veröffentlicht in NJW-RR 1986 S. 1141 f

[180] LG Kiel, Urteil vom 14.5.1965 – Az.: 8 S 37/65 – veröffentlicht in MDR 1966 S. 412

[181] AG Passau, Urteil vom 9.3.1983 – Az.: 11 C 708/82 – veröffentlicht in NJW 1983 S. 2885

[182] Vergl. OLG Celle, Urteil vom 27.3.1986 – Az.: 4 U 64/85 – veröffentlicht in NJW-RR 1986 S. 821; LG Augsburg, Urteil vom 24.8. 1984 – Az.: 4 S 2099/84 – veröffentlicht in NJW 1985 S. 499;

LG Offenburg, Beschluß vom 15.11.1985 — Az.: 9 T 1009/85 — veröffentlicht in NJW-RR 1986 S. 883

[183] Urteil vom 6.11.1984 — Az.: 2 S 343/84 — veröffentlicht in NJW 1985 S. 500

[184] Kunz "Tierlärm als Rechtsproblem" ZMR 1985 S. 397 f

[185] Urteil vom 12.5.1986 — Az.: 5 U 202/84 — veröffentlicht in NJW-RR 1986 S. 884 f

[186] BVerwG, Urteil vom 7.10.1983 — Az.: 7 C 44/81 — veröffentlicht in NJW 1984 S. 989 f

[187] Vergl. auch VGH München, Beschluß vom 14.3.1980 — Az.: Nr. 157 VII/72 — veröffentlicht in NJW 1980 S. 1973 f

[188] OLG Schleswig, Urteil vom 19.9.1979 — Az.: 4 V 192/78 — veröffentlicht in ZMR 1980 S. 146 ff

[189] OLG Stuttgart, Urteil vom 29.1.1986 — Az.: 13 U 240/84 — veröffentlicht in NJW-RR 1986 S. 1339 ff

[190] 8. Verordnung zur Durchführung des Bundes-Immissionsschutzgesetzes vom 23.7.1987 — BGBl. 1987 Teil I S. 1687 f

[191] Urteil vom 26.11.1982 — Az.: V ZR 314/81 — veröffentlicht in NJW 1983 S. 872 ff

[192] Urteil vom 13.2.1976 — Az.: V ZR 55/74 — veröffentlicht in NJW 1976 S. 797 ff

[193] BGH, Urteil vom 21.10.1983 — Az.: V ZR 166/82 — veröffentlicht in MDR 1984 S. 387

[194] BGH, Urteil vom 12.7.1985 — Az.: V ZR 172/84 — veröffentlicht in DWW 1985 S. 231

[195] Vergl. hierzu Untergliederung 14.4.: Laub von Nachbargrundstücken

[196] LG Memmingen, Urteil vom 25.2.1987 — Az.: I S 550/86 — veröffentlicht in NJW-RR 1987 S. 530 f

[197] Urteil vom 21.6.1985 — Az.: 1 S 48/85 — 1- — veröffentlicht in NJW 1985 S. 2339 f

[198] Hanseatisches OLG Hamburg Urteil vom 27.2.1972 — Az.: 6 U 39/72 — veröffentlicht in MDR 1972 S. 1034

[199] VG Regensburg, Beschluß vom 11.9.1985 — Az.: RO 5 E 85 A 1623 — veröffentlicht in DWW 1986 S. 128 — Der Antrag auf Erlaß einer einstweiligen Anordnung auf Einhaltung des ursprünglichen Beleuchtungsplans der Gemeinde wurde damit begründet, die Straßenlaternen würden an einer Stelle errichtet, so daß deren Schein die ganze Nacht in sein Schlafzimmer dringe und er nicht mehr schlafen könne

[200] OVG Koblenz, Urteil vom 26.9.1985 — Az.: 1 A 89/84 — veröffentlicht in NJW 1986 S. 953 ff

[201] VG Regensburg, Urteil vom 26.11.1984 - Az.: RN 5 K 83 A 2395 — veröffentlicht in DWW 1986 S. 128 f

Anmerkungen

[202] BGH, Urteil vom 2.3.1984 – Az.: V ZR 54/83 – veröffentlicht in MDR 1984 S. 745 f

[203] Vom 1.8.1959 – BGBl. I. S. 565, zuletzt geändert durch Gesetz vom 9.12.1986 – BGBl. I. S. 2326

[204] Vom 13.12.1935 – RGBl. I. S. 1478 – zuletzt geändert durch Gesetz vom 18.8.1980 – BGBl. I. S. 1502

[205] Vom 18.6.1980 – BGBl. I. S. 689

[206] GVBl. 1975 Teil I S. 30, geändert durch Gesetz vom 31.1.1978 – GVBl. I. S. 109

[207] Staatsanzeiger für das Land Hessen 1985 S. 2264 ff

Stichwortverzeichnis

(Die Zahlen verweisen auf die entsprechenden Seiten)

Abenteuerspielplätze 117
Abfallbeseitigungsgesetz 17
Alarmsirenen 125
Angriffsnotstand 16 f.
Anpflanzungen 72 ff.
– Baumschutzsatzungen 73 f.
– Beseitigungs- und Unter-
  lassungsansprüche 72
– Grundstücksfreiflächen 72 f.
– nachbarrechtliche Bestim-
  mungen 73
– Schädlingsbekämpfungs-
  mittel 72
– Vorgartensatzung 73
Abschattung von Funkwellen 127
Ausgleichsanspruch, siehe auch
  Einwirkungen 93, 95
Abwägungsgebot, siehe auch
  Planfeststellungsbeschluß 102

Bauarbeiten 126 f.
Baugenehmigung 14
Baulast, siehe auch Notwege-
  recht 46 f.
Baumschutzsatzungen 79 f.
Beratungshilfe 130
Beseitigungsanspruch, siehe
  auch Unterlassungsanspruch 91
Besitz 15
– mittelbarer 15
– unmittelbarer 15
– und Eigentum 14 f.
Beweislast bei Unterlassungs-
  anspruch 120
Bienenvölker 128

Blütenflug 128
Bolzplätze 117
Bundesfernstraßengesetz 61, 89
Bundesimmissionsschutzgesetz,
  siehe auch Enteignungsent-
  schädigung 17, 100
Bundesnaturschutzgesetz 17
Bußgeld 121

Cellospiel 108

Dachtraufe 56 ff.
– Anbringen von Sammel-
  und Abflußleitungen 58 f.
– Anzeigepflicht 58 f.
– Dienstbarkeit 58
– Traufbesichtigung 58
Dienstbarkeit 92
Diskothekenlärm 120
Dispens, siehe auch Fenster-
  recht, Befreiung von 55
Duldung von Leitungen,
  siehe auch Notleitungs-
  rechte 64 ff.
Duldungspflichten, siehe auch
  Einwirkungen 92 ff.
Durchfahrverbot 105

Eigenmacht, verbotene 107
Eigentum
– Alleineigentum 15
– Gesamteigentum 15
– Miteigentum 15
– und Besitz 14 f.
Eigentumsbeschränkungen 17

Einstellung des Spielbetriebes,
  siehe auch Sportanlagen 115
Einwirkungen 91 ff.
enteignender Eingriff, siehe
  auch Einwirkungen 95
Enteignungsentschädigung 99 ff.
Einfriedung
— Anzeigepflicht bei Er-
  richtung 23
— Art der — 26
— Beseitigungsanspruch 26
— Einfriedungsverpflichtung 24
— Kosten der Errichtung 26
— öffentlich-rechtliche An-
  forderungen 23
— ortsübliche — 25
— Unterhaltungskosten 28—
— Überblick 27
— Verunstaltungsverbot 23
— wechselseitige Einfriedungs-
  verpflichtung 24
— zivil-(nachbar)rechtliche An-
  forderungen 23
Erbbaurecht 15

Fenster- und Lichtrecht 52 ff.
Fensterrecht
— Abstände 54 f.
— Abstandsflächen 54 f.
— Aufenthaltsräume 55
— Befreiung (Dispens) von
  öffentlich-rechtlichen Ab-
  standsvorschriften 55
— Belichtung von Räumen 55
— Belüftung von Räumen 55
— Beseitigungsanspruch 55 f.
— Einwilligung des Nachbarn 54
— Inhalt 52 f.
— Mindestabstände zur Wahrung
  des Nachbarfriedens 55

— Nachbarschutz durch öffent-
  lich-rechtliche Abstandsvor-
  schriften 55
— notwendige Fenster 55 f.
— Rücksichtnahmegebot 56
— Schutzstreifen 56
— zulässige und unzulässige
  Fenster (Fallgruppen) 53
Fluglärm 106 f.
Fluorabgase 96
Frösche 124
Früchte, siehe auch Grenz-
  baum 75 f.
— Aneignungsrechte 76
— Fallobst, Aneignungs-
  recht 76
Fußballplatz 114

Gartengeräte 126
Gassen und Winkel 40
Gaststätten 118 ff.
Gebäudeeinsturz 50 f.
— Anspruchsgegner 52
— Unterlassungsanspruch 51 f.
Gebietscharakter, siehe auch
  auch Enteignungsent-
  schädigung 100
gefahrdrohende Anlagen 50 f.
Geräusche 99 ff.
Gerichtsstand, siehe auch
  unterlassungsanspruch 93
Grenzabstände bei Anpflanzungen
— Allee- und Parkbäume 83 f.
— Ausnahmen 88
— Ausschlußfrist 86
— Beerenobststräucher 83 f.
— Beseitigungsanspruch 87
— lebende Hecke 85 f.
— Meßweise 85
— Obstbäume 83 f.
— Rebstöcke 83 f., 88 f.
— Waldbegründung 89

— Waldverjüngung 89
— Ziersträucher 83 f.
Grenzbaum 74 f.
— Beseitigung 74 f.
— Beseitigungskosten 75
— Eigentumsverhältnisse 75
— Früchte 76
Grenzabmarkung
— Abmarkungsanspruch 18
— Abmarkungsbescheid 20
— Abmarkungsgesetz 18 f.
— Abmarkungstermin 20
— Abmarkungsverfahren 19
— Art der Abmarkung 19
— Grenzfeststellungsvertrag 20
— Grenz- und Vermessungs-
   marken 19
— öffentlich-rechtliche Ab-
   markungspflicht 20
— Vermessungsstellen 19
— Vollstreckung des Ab-
   markungsanspruches 18
Grenzeinrichtung, siehe
   auch Winkel und Gassen 40
Grenzeinrichtungen, siehe auch
   Einfriedung 22 f.
— Benutzungsrecht 22
— Eigentumsverhältnisse 22
— Unterhaltungskosten 22
Grenzstreitigkeiten 17 ff.
Grenzverwirrung 21
— Eigentumsfeststellungsklage 21
— Grundbuchberichtigung 21
— Grenzscheidungsverfahren 21
Grenzwand 37 ff.
— Anbau 37
— besondere Gründung 39
— Eigentumsverhältnisse nach
   Anbau 39
— Einwilligung nach Anbau 38
— Unterhaltungskosten nach
   Anbau 39

— Vergütung nach Anbau 38
Grunddienstbarkeit 116
Grundstücksabsenkung und
   Vertiefung 49 f.
— Beseitigungsanspruch 49
— Schadensersatzanspruch 49
— Unterlassungsanspruch 49
— Zulässigkeit und Unzulässig-
   keit 49
Grundstücksvertiefung 49
Grundwasserspiegel 69 ff.
— Aufschüttungen 70
— Grundstückserhöhungen 70
— Schadensersatz 70
— Veränderung 69

Hahnenkrähen 123
Halte- und Parkverbot 118
Hammerschlags- und
   Leiterrecht 59 ff.
— Anzeigepflicht 62 f.
— Ausübungsberechtigung 59
— Ausübungsvoraussetzungen 59 f.
— Baugenehmigung 60
— Duldungsklage 59
— Einreden des Nachbarn 61
— Gemeingebrauch 61 f.
— gesteigerter Gemein-
   gebrauch 62
— Rücksichtnahmegebot 61
— Schadensersatz 63
— Sicherheitsleistung 63
— Sondernutzung 61
— Sondernutzungserlaubnis 61
Handlungsstörer 91
Haus- und Grundbesitzer-
   verein 130
Hecke als Grenzscheidung 87
Hessisches Naturschutz-
   gesetz 17
Hessisches Straßengesetz 62,89

Stichwortverzeichnis

Höherführen von Schornsteinen 63 ff.
- Anzeigepflicht 64
- Duldungspflicht des Nachbarn 64
- Rücksichtnahmegebot 63
- Schadensersatz 64
Hühnerhaltung 123
Hundegebell 122
Hundezwinger 123

Imponderabilien 94
Industrielärm 125
Industriestaub 98

Jugendheim 120

Katzen 124
Kinderspielplätze 116 ff.
Kirchenglocken 125
Klavierspiel 108
Kläranlage 96 f.
Kündigung, fristlose bei Mietverhältnis 107 f.

Lärmschutzbereich 106
Laubfall 79 ff., 128
- Ausgleichsanspruch 81
- Duldungspflicht 80 f.
Leistungsklage 93
Luftverkehrsgesetz 16

Mängel der Mietsache 107
Motorenlärm 109 f.
Müllbehälter 97
Musikausübung 107 f.
Musikdarbietungen, siehe auch Volksfeste 113

Nachbarklage, öffentlich-rechtliche 14, 116
Nachbarschutz 112
Nachbarwand 29 ff.
- Abriß 36
- Abriß vor Anbau 35
- Anbaurecht 33
- Art und Dicke 33
- Ausgleichsanspruch bei Nichtbenützung 34
- Beschaffenheit 33
- Beseitigung 34
- Eigentumsverhältnisse 31 f.
- Erhöhen 36
- Funktionen 29 f.
- Schadensersatz 36
- Unterhaltungskosten nach Anbau 34
- Vergütungsanspruch nach nach Anbau 33
- Verstärkung 33, 37
- zivilrechtliche Zulässigkeit 30 f.

Niederschlagswasser, siehe auch Dachtraufe
- Ver- und Gebote 56 f.
Notleitungsrechte 64 ff.
- Anwendungsfälle 65 f.
- Anzeigepflichten 67
- Duldungsvoraussetzungen 66 f.
- Kostentragung bei Beeinträchtigung 69
- Schadensersatz 67
- Unterhaltungskosten 67
- Ver- und Entsorgungsleitungen 64
Notstand 16
Notwegerecht 45 ff.
- Ausübungsbefugnis 47
- Duldung nach Grundstücksteilung 48
- Duldungspflicht 45 f.

– Geldrente 47 f.
– Grunddienstbarkeit 46
– Höhe der Notwegerente 48
– Streupflicht im Winter 47
– Umfang 46 f.
– Unterhaltung des Not-
  weges 47
– Verjährung der Notwege-
  rente 48
– Wegfall 48

Öffnungszeiten, siehe auch
  Volksfeste 113
Ölheizungsanlage 97
Omnibushaltestelle 105
Ortsgericht
– Mitwirkung bei Festsetzung
  und Erhaltung von Grund-
  stücksgrenzen 21
Ortsgerichtsgesetz 21

Parkplätze 105
Phonogeräte 108
Planfeststellungsbeschluß 101 f.
Ponderabilien 95

Rasenmäher 126
Rechtsberatung 130
Rechtsweg, siehe auch
  Unterlassungsanspruch 94, 111
Rundfunkgeräte 108

Samenflug 128
Schiedsmann 130
Schließzeiten, siehe auch
  Sportanlagen 115
Schornsteine, siehe auch
  Höhenführen von Schorn-
  steinen 63 ff.

Schutzanlagen gegen Lärm-
  einwirkungen 103
Schutzanlagen gegen Ver-
  kehrslärm 99 f.
Schweinemästerei 97
Sperrzeiten 119
Sportanlagen 114 ff.
Sprengungen 127
Straßenlärm 99 f.
Straßenverkehrslärm 105

Tanzveranstaltungen 120
Taxenstand 105
Telegraphenwegegesetz 65
Tennisplätze 114
Tierhaltung in Mietwohnung 122
Tierlärm 121 ff.

Überbau 41 ff.
– Abkaufrecht 43
– Berechnung der Über-
  baurente 43 f.
– Beseitigungsanspruch 42
– Duldungspflicht 41 f.
– Eigentumsverhältnisse 32
– Entschädigung durch
  Geldrente 42
– entschuldigter – 42
– Erlöschen des Überbau-
  rentenrechts 45
– Schadensersatzanspruch 42
– schuldhafter – 42
– unrechtmäßiger – 42
– Verjährung des Anspruchs
  auf Rentenzahlung 45
Überhang, siehe auch
  Wurzeln und Äste 76 ff.
– Eigentumsstörung 77
– Leitungsverwurzelung 78
– Schadensersatz 77 f.
– Selbsthilferecht 76 f.

Stichwortverzeichnis

Unkrautvernichtungsmittel 129
Unterlassungsanspruch, siehe
  auch Beseitigungsanspruch
  19, 93, 94, 107, 109 f., 114,
  118, 122
— im Mietrecht 107
— öffentlich-rechtlicher — 115 f.
Unterlassungs- und Beseitigungsanspruch, siehe auch Einwirkungen 93

Vegetationsschäden 98
Verjährung, siehe auch
  Unterlassungsanspruch 93
Verkehrslärmschutzbelange 104
Verteidigungsnotstand 16 f.
Verwaltungsrechtsweg, siehe
  auch Unterlassungsanspruch 94
Vogelhaltung 122
Vollstreckung, siehe auch
  Leistungsklage 93
Volksfeste 109 ff.
vorläufiger Rechtsschutz
  des Nachbarn im öffent-
  lichen Baurecht 60
vorläufiger Rechtsschutz
— einstweilige Anordnung 60

Wasserhaushaltsgesetz 17, 70
wild abfließendes Wasser 70 f.
— Duldungspflicht 71
— Hinderung des Zuflusses 70
— Naturereignisse 71
— Schadensersatz 71
— Verbietungsrechte 71
— Verstärken des Zuflusses 70
— Wiederherstellen des ursprüng-
  lichen Zustandes 71
Winkel und Gassen, siehe
  auch Grenzeinrichtungen 22
Wohnfunktion, siehe auch
  Enteignungsentschädigung 101
Wohnungseigentum 15
— Miteigentumsanteil 15
— Sondereigentum 15
— Teileigentum 15
Wurzeln und Äste, siehe
  auch Überhang 76 ff.

Zivilrechtsweg, siehe auch
  Unterlassungsanspruch 94
Zu- und Abgangsverkehr 120
Zustandsstörer 91

Hessische Bauordnung (HBO)

Textausgabe in der Fassung vom 10.7.1979

Herausgegeben von Prof. Dipl.-Ing. E. Rohrer und Dr.-Ing. S. Severain jun., Architekten. (Schriften zur Bauordnung von Hessen). 5. Auflage. 113 Seiten DIN A 5. Kartoniert DM 12,80

HBO – Bestimmungen

Sammlung wichtiger Rechtsverordnungen und Verwaltungsvorschriften zur Durchführung der Hessischen Bauordnung (HBO)

Herausgegeben von Prof. Dipl.-Ing. E. Rohrer und Dr.-Ing. S. Severain jun., Architekten. (Schriften zur Bauordnung von Hessen). Format DIN A 5. Kartoniert.

Band 1: Für allgemeine Bauaufgaben. 2. Auflage. 303 Seiten. DM 38,–

Verzeichnis der Technischen Baubestimmungen für das Land Hessen

mit Ergänzungen zur bauaufsichtlichen Einführung Stand Januar 1986

Von Dipl.-Ing. D. Eschenfelder, Ministerialrat (Schriften zur Bauordnung von Hessen). 143 Seiten DIN A 5. Kartoniert DM 29,–

Preise Stand Juli 1988;
Preisänderungen vorbehalten.

HBO
BESTIMMUNGEN
zur Hessischen Bauordnung (HBO)

Band 1
Für allgemeine Bauaufgaben

Rohrer/Severain jr.
Schriften zur Bauordnung
von Hessen

Eschenfelder

Verzeichnis der Technischen Baubestimmungen für das Land Hessen

mit Ergänzungen zur bauaufsichtlichen Einführung Stand Januar 1986

Rohrer/Severain jr.
Schriften zur Bauordnung
von Hessen

Wohnen unter Glas

Faszinierende Glashäuser, Wintergärten und Veranden von gestern und heute. Ein farbiger Atlas der schönsten Glashäuser

Von J. Tresidder und S. Cliff. 166 Seiten mit 229 farbigen und 70 schwarzweißen Abbildungen. Format 21,5 x 28 cm. Leinen mit Schutzumschlag. DM 88,—

Auf mehr als 200 farbigen Fotos präsentiert dieses Buch eine Auswahl unterschiedlichster Glashäuser aus Amerika, England und dem übrigen Europa.

Mit hunderten von ungewöhnlichen Ideen und Vorschlägen hilft Ihnen Wohnen unter Glas, Ihren Traum vom Glashaus oder Wintergarten Realität werden zu lassen.

Wohnen in Lofts

Großzügige Appartements und Ateliers in alten Speichern und Produktionshallen

Von S. Slesin, S. Cliff und D. Rozensztroch. 248 Seiten mit 370 farbigen und 36 schwarzweißen Fotos. Format 21,5 x 28 cm. Leinen mit Schutzumschlag DM 128,—

Die 370 vollfarbigen Fotos und ein Anhang mit den Grundrissen und Architekturplänen zeigen Lofts aus New York, Los Angeles, London, Paris, Berlin und Mailand, zeigen Einflüsse verschiedener Kulturkreise und individuelle Lebensstile, die von konventionellen Einrichtungen bis zu avantgardistischem Innenraumdesign reichen. **Ein Augenschmaus!**

Preise Stand Juli 1988;
Preisänd. vorbehalten.

Bauverlag GmbH · Wiesbaden und Berlin

Bauschaden — was nun?
Ratgeber für Bauhandwerker und Hausbesitzer

Von K.-M. Velt, Berat. Ing. 1987. 114 Seiten mit 146 schwarz-weißen Abbildungen. Format 21 x 20 cm. Gebunden DM 45,— ISBN 3-7615-2550-1 (Best.-Nr.)

Der Verfasser gibt dem Hausbesitzer und Bauhandwerker eine Sammlung der häufigsten Bauschäden an die Hand. Er erläutert, wann Alarmzeichen zu beachten sind, will man den Schaden im Ansatz, d.h. preiswert abstellen.

Mein Haus wird älter — was tun?
Ratgeber mit Checklisten zur Vermeidung von Bauschäden durch preiswerte Pflege und Unterhaltung

Von Dipl.-Ing. W. Klocke, Architekt. 1988. 188 Seiten mit ca. 50 Abbildungen. Format 21 x 20 cm. Gebunden DM 39,— ISBN 3-7625-2626-5 (Best.-Nr.)

Dieses Buch quillt über von Hinweisen für die Praxis! Bauherren und Architekten, Bauleiter, Sachverständige, Bauhandwerker aller Gewerke und Bauunternehmer profitieren davon. Hinweise auf technische Ausführungen und Überwachungsabläufe, Kosten in harter Mark, Terminpläne, Daten aller Art werden übersichtlich in Tabellen und Checklisten von der Bauabnahme bis zum möglichen Schadensfall genannt — ein richtiges Bedienungs- und Wartungsbuch, wie Sie es sonst nur von Ihrem Auto oder technischen Großgeräten kennen.

Karl-Martin Velt
Bauschaden–was nun?
Ratgeber für Bauhandwerker und Hausbesitzer

BAUVERLAG

Wilhelm Klocke
Mein Haus wird älter–was tun?
Ratgeber mit Checklisten zur Vermeidung von Bauschäden durch preiswerte Pflege und Unterhaltung

BAUVERLAG

Preise Stand Juli 1988; Preisänd. vorbehalten.